YI BEN SHU
DU DONG
SHENG HUO ZHONG DE
FA LÜ CHANG SHI

一本书读懂生活中的法律常识

林仁聪 著

化学工业出版社
·北 京·

图书在版编目（CIP）数据

一本书读懂生活中的法律常识 / 林仁聪著．— 北京：化学工业出版社，2024.8

ISBN 978-7-122-45664-9

Ⅰ．①一… Ⅱ．①林… Ⅲ．①法律－基本知识－中国 Ⅳ．① D920.4

中国国家版本馆 CIP 数据核字（2024）第 097611 号

责任编辑：周天闻　李岩松　　　版式设计：今亮后声 HOPESOUND pankouyugu@163.com

责任校对：李　爽

出版发行：化学工业出版社（北京市东城区青年湖南街 13 号　邮政编码 100011）

印　　装：德富泰（唐山）印务有限公司

710mm × 1000mm 1/16　印张 19　字数 320 千字　2024 年 8 月北京第 1 版第 1 次印刷

购书咨询：010-64518888　　　售后服务：010-64518899

网　　址：http://www.cip.com.cn

凡购买本书，如有缺损质量问题，本社销售中心负责调换。

定　价：48.00 元

序

本书的前身——《法律枕边书》在2012年出版，上市后受到读者的欢迎。2013年2月，修订后第二次印刷。之后，由于相关法律、法规、司法解释和司法实践的变化，曾陆陆续续对书稿内容进行修改，由于工作繁忙，书稿修改之后法律往往又有改变，一直没能下决心重印。2020年5月，《中华人民共和国民法典》（以下简称《民法典》）颁布，很多相关的司法解释也根据《民法典》进行了修订，并自2021年1月1日起同步施行。2023年12月，《中华人民共和国公司法》（以下简称《公司法》）也进行了修订，自2024年7月1日起施行。结合这些变化，在律所同仁的协助下，我们对书中内容进行了系统的修改，并将书名定为《一本书读懂生活中的法律常识》。

法律总在我们身边，不管我们学与不学，知或不知。法律的每一次修改，没有及时学习的人，都很有可能吃亏，甚至吃大亏。比如这次《民法典》相较于《中华人民共和国担保法》，担保的规定变化就很大。毫不夸张地说，很多人借钱给别人，让借款人找个单位或个人做担保，要求他们在借条上签字、盖章，几乎等于没有担保。也就是说，很多人并不懂借条怎么写！又比如，2023年12月《公司法》修订后，帮别人代持股权、在公司里担任董事或其他高管，风险比以往更大了。一旦股东出资不足，代持者如果不懂得正确履行职责，可能会赔得倾家荡产！还有关于诉讼时效，很多人没有真正弄明白。遇到纠纷时可能觉得简单，自己去打官司。到头来别人尽管确实欠他们的钱，但是官司偏偏就会打输。类似的重要且与大家工作、生活息息相关的法律知识太多了。

多学法律少吃亏，这句话永远没有错。市场经济时代，必然要依靠法治。脑子里没有法律成本的概念，一旦付出代价，往往会难以承受。笔者做律师三十多年，见过太多的人在法律问题上犯错，甚至是在很简单的法律问题上犯大错，吃大亏，令人惋惜。

以通俗易懂的语言，通过文章、短视频传播实用法律知识，强化大众的法律风险意识，提高处理日常法律问题的水平，是我们法律人义不容辞的责任。几十年来，我也一直在这样做。无论是亲朋好友，还是关注我的粉丝，或者有缘通过网络、购书等与我相遇的陌生人，我都希望大家能够更轻松地学到实用的法律知识，好好利用法律保护自己。

这次出版，要感谢化学工业出版社编辑的催促与鼓励，还要感谢放下手中的业务帮我修改书中文章的关妙香、梁添明、毛丹、李光杰、卢萌、黄彬安、李文胜、陈乐、陈政、李青、林思聪、林君龙、陆仕平律师，以及律所新秀党俊瑶、卢俊伶、陈俐君、黄丹等。这几年，他们也写了不少很好、很实用的文章发在公众号上。下一步，我们会进行整理，结集出版，奉献给大家。

铁肩担道义，妙手著文章。我们还做得不够，但仍会一直这样要求自己。作为律师，我们希望传播的是专业的、不会误导公众的法律知识。我们一直很认真，很谨慎。当然，也难免会出错。若读者朋友发现书中有误，请不吝赐教，让我们重印时予以订正。

林仁聪

2024 年 3 月

目录

CONTENTS

第一章　婚姻家庭

第二章　劳动关系

第四章　人身损害赔偿

第五章　其他侵权纠纷

第六章　合同实务

第九章　刑事

第一章　婚姻家庭

Marriage and family

1. 结婚前必须知道的几个婚姻与财产问题

婚姻不能只谈感情，更多的是在于实实在在的生活，这就不可避免地会涉及许多物质的因素。在十几年前，谁结婚前要是想搞个婚前财产公证，对方基本不可能接受，旁人也不会理解。而现在，社会舆论、社会环境以及人们的观念都发生了很大的变化。所以，准备走进婚姻殿堂的朋友，不妨先了解一下关于夫妻婚前财产与夫妻共同财产方面的法律规定。

一、婚前财产归各自所有，且不会因婚姻关系的延续而转化为夫妻共同财产

夫妻双方婚前的财产归各自所有，这一点很多人都清楚，以前的法律也是这么规定的。只要有证据证明是夫妻一方结婚前就拥有的财产，不会受婚姻期间以对方名义举债的影响，离婚时也无须分割。那么，这些婚前财产，尤其是不动产，在结婚后由夫妻共同使用，会不会演化成为夫妻共同财产呢？不会。当然，为了避免争议和证据缺失导致产权界定不清，最简单的办法是办理婚前财产公证。

二、哪些属于夫妻共同财产，哪些属于一方的财产，《民法典》及相关司法解释与以前的规定有很大的不同

仅属于夫妻一方的财产有以下几类：（1）婚前财产；（2）因本人身体受到损害获得的赔偿或补偿；（3）遗嘱或赠与合同中确定只归夫或妻一方的财产；（4）一方专用的生活用品；（5）军人的伤亡保险金、伤残补助金、医药生活补助费；（6）结婚前，父母为双方购置房屋出资的，该出资应当认定为对自己子女个人的赠与（父母明确表示赠与双方的除外）。

以下几类应当认定为夫妻共同财产：（1）工资、奖金、劳务报酬，生产、经营、投资的收益，知识产权的收益，未确定只归一方的继承或者受赠的财产；（2）住房补贴、住房公积金，基本养老金、破产安置补偿费；（3）婚后用共同财产购买的房屋，以及婚后父母出资为双方购置的房屋（没有约定给哪一方的）。

三、夫妻可以约定婚姻生活期间所得财产的归属和分配

现代社会有现代的思想观念和家庭模式。很多年轻的夫妇，对家庭财产通常采取 AA 制或约定管理和归属的模式，这样各人有更多的空间和更多的独立性。夫妻双方可以以书面形式约定，婚姻关系存续期间所得的财产以及婚前财产归各自所有、共同所有或者部分各自所有、部分共同所有，充分体现与时俱进、尊重个人的自由和选择的现代法治精神。

四、夫妻关于婚内财产归属的约定，第三方不知道的，不能对抗善意的第三方

夫妻对婚姻关系存续期间所得的财产约定归各自所有的，夫或妻一方对外所负的债务，第三人知道该约定的，以夫或妻一方所有的财产清偿。

前面我们说夫妻之间可以约定婚姻关系存续期间所得财产的归属，但是一般来说，没有特别约定的，都是双方的共同财产。从这点上说，外人如果不了解夫妻双方的内部约定，与夫或妻一方发生经济往来的时候，都会相信今后对方会以家庭财产偿还的。所以，法律特别规定，如果别人不知道这对夫妻双方之间有特别约定，那么夫妻双方之间的约定只对夫妻有效，对外人无效。法律保护善意的第三方，也就是没有刻意串通、使坏的第三方。

五、离婚时一方故意行为导致对方应分得的财产被对方恶意占有，离婚后发现可再起诉要求分割

离婚时，如果一方隐藏、转移、变卖、毁损夫妻共同财产，或伪造债务企图侵占另一方财产的，分割夫妻共同财产时，对隐藏、转移、变卖、毁损夫妻共同

财产或伪造债务的一方，可以少分或不分。离婚后，另一方发现有上述行为的，可以向人民法院提起诉讼，请求再次分割夫妻共同财产。一方离婚后发现对方有上述行为的，可以在发现之次日起三年内提起诉讼。当然，这涉及诉讼时效的问题，具体可参阅本书关于诉讼时效的内容。

六、父母赠送给结婚子女的房屋权属问题

结婚前后双方父母赠送给子女的房屋是不是夫妻共同财产呢?

结婚前，父母为双方购置房屋出资的，该出资应当认定为对自己子女个人的赠与，属于个人财产，但父母明确表示赠与双方的除外；结婚后，父母为双方购置房屋出资的，依照约定处理；没有约定或者约定不明确的，一般认定为对夫妻双方的赠与，属于夫妻共同财产。

这里，尊重当事人的意愿，如果没有明确的赠与夫妻双方的意思表示，只能认定是出资人对其子女一方的赠与，不能算是夫妻共同财产。

如认定为个人财产，在婚姻存续期间，使用夫妻共同财产还贷，离婚时该不动产由双方协议处理。如不能达成协议的，人民法院可以判决该不动产归登记一方，尚未归还的贷款为不动产登记一方的个人债务。双方婚后共同还贷支付的款项及其相对应财产增值部分，离婚时应认定其为共同财产，按照照顾子女、女方和无过错方权益原则处理，并由不动产登记一方对另一方进行补偿。

七、离婚时以夫妻一方名义投资企业形成的权益，也可以分割

对于以夫妻一方名义投资设立的独资企业，对企业资产评估后由取得企业一方给予对方相应补偿，双方均主张取得企业的，在竞价的基础上由取得一方给予对方补偿，均不愿意经营该企业的，按《中华人民共和国个人独资企业法》有关规定处置企业资产予以分割。

对于夫妻一方以自己名义在合伙企业中投资，另一方不是该企业合伙人的，“当夫妻双方协商一致，将其合伙企业中的财产份额全部或者部分转让给对方时，按以下情形分别处理：（一）其他合伙人一致同意的，该配偶依法取得合伙人地位；（二）其他合伙人不同意转让，在同等条件下行使优先受让权的，可以对转让所得的财产进行分割；（三）其他合伙人不同意转让，也不行使优先受让

权，但同意该合伙人退伙或者退还部分财产份额的，可以对退还的财产进行分割；（四）其他合伙人既不同意转让，也不行使优先受让权，又不同意该合伙人退伙或者退还部分财产份额的，视为全体合伙人同意转让，该配偶依法取得合伙人地位”。

可见，夫妻离婚时，只要是夫妻共同财产，尽管有时并不是夫妻手中直接掌管的很直接的有形资产，都可以依照法律规定进行合理的分割。

2. 同居期间的财产、子女法律问题

时代在发展，思想在更新。现在，男、女之间未办理婚姻登记手续就同居的情况屡见不鲜。其中，有同居双方都是自由之身的，也有一方已婚或双方都已婚有家室的。同居者有的最后走进了婚姻的殿堂；但劳燕分飞的也不少，有些甚至在分手时因补偿、财产分割和孩子抚养问题争吵不休，对簿公堂。

一、法律保护婚姻关系，不保护同居关系

未婚同居受法律保护吗？答案是否定的。1994 年 2 月 1 日《婚姻登记管理条例》颁布实施后，男女双方未办理结婚登记而同居生活的，一律只能视为“同居关系”，不能视为“事实婚姻”。尤其是 2001 年的《中华人民共和国婚姻法》司法解释实施以后，除非双方办理了结婚登记，否则同居了多少年也不可能获得法律的确认而变成夫妻关系。这一点上，很多朋友（尤其是年轻的女孩子）可能会有错误的认识，必须搞明白！对于有配偶而与他人同居者，那是严重违反法律的行为。如果是以夫妻名义长期共同生活，便构成重婚罪，要受到刑事处罚，甚至要坐牢的。而即使没有构成重婚罪，非法同居的双方，也构成了对合法婚姻的另一方的合法权益的侵害，要承担损害赔偿责任。因重婚或有配偶而与他人同居导致离婚的，无过错的一方可以请求损害赔偿。

我们说未婚同居不受法律保护，是不是说同居者不需要对同居期间产生的任何问题承担法律责任呢？当然不是。不受法律保护，是指一方不能因同居关系而主张法院判决确认这种关系的合法延续，也不能要求法院判决对方按照婚姻关系承担义务。也就是说，那是针对其“同居关系”而言的，对于同居期间的财

产问题、子女问题等，法律还是有约束的。

二、对于同居期间所生育的子女，双方都负有抚养的义务

非婚生子女享有与婚生子女同等的权利，任何人不得加以危害和歧视。不直接抚养非婚生子女的生父或生母，应当负担子女的生活费和教育费，直至子女能独立生活为止。未办理结婚手续同居的男、女之间生下来的孩子，其父亲和母亲也都有抚养的义务。

三、因同居而产生财产分割问题发生争议，协商不下的可以起诉到法院，法院必须受理

根据法律规定，同居生活期间双方共同所得的收入和购置的财产，按一般共有财产处理；具体分割财产时，应照顾妇女、儿童的利益，考虑财产的实际情况和双方的过错程度，妥善分割。但是在很多具体的案件中，双方究竟是不是以夫妻名义同居，是不是长期、持续地同居等，容易产生争议。各人名下的财产究竟是个人自己的财产还是同居期间共同取得的财产，往往不太好认定。法院对此类案件的判决也不尽统一。

必须看到，同居关系与夫妻关系属于两个性质完全不同的法律关系。夫妻关系存续期间基于合法的婚姻关系，夫妻一方名下的财产在双方无约定的情形下，依法应直接认定属双方共同共有，此种情形属于法律对共有财产所作的特别规定。

而同居关系的双方当事人因不存在婚姻关系这一法律基础，对其同居期间的财产能否认定为共有及如何分割，只能依照一般共有财产的形成及处理原则予以分割，而不能适用法律有关夫妻共同共有财产的规定作出处理，即同居期间一方名下的财产不应直接认定属于双方共有。很多司法界的人士认为，对于所谓的“同居关系”，一方必须提供证据证明双方长期、持续地共同生活。另外，要求分割财产，还应该举证证实其与对方有共同的投入并经营，共同创造形成该财产。否则，不能简单地认为对方名下的财产都是双方共同财产。

因此，我们还是奉劝正在同居或准备同居的年轻人，如果双方感情确实好，就应该办理结婚登记，获得法律的保护；如果不行，就不要同居，否则很多你以为应该得到的权益其实不一定能得到。

3. 未婚小伙为何要支付孩子的抚养费？

小娟（化名）与铁柱（化名）交往并同居多年，一直没有办理结婚登记。2021 年 2 月，小娟生下一个儿子，不久两人劳燕分飞。小娟作为一个年轻的未婚妈妈，既要打工赚钱又要独自抚养儿子，心力交瘁。为此，小娟多次找铁柱协商生活费、抚养费等问题，但铁柱怀疑孩子不是他亲生的，并强调双方没有登记结婚、孩子出生前曾多次要求小娟堕胎，是小娟自己执意要生下来，因此应由小娟自己抚养。协商无果，小娟只好将铁柱告上法庭，要求铁柱支付孩子的抚养费。法院最终支持了小娟的诉讼请求，判决铁柱承担孩子的抚养费等相关费用。

这是一起典型的非婚生子女抚养纠纷案件。非婚生子女，是指没有婚姻关系的男女所生育的子女。现实生活中，未婚同居、婚外情甚至婚外同居等导致非婚生子女的情形并不少见，因非婚生子女引发的纠纷也时有发生。那么，非婚生子女的权益是否受到法律保护呢？

根据《民法典》规定，非婚生子女享有与婚生子女同等的权利，任何人不得加以危害和歧视。不直接抚养非婚生子女的生父或生母，应当负担子女的生活费和教育费，直至子女能独立生活为止。和婚生子女一样，非婚生子女享有接受生父、生母抚养教育的权利。这是法定的权利，任何人都不得剥夺。

在现实生活中，由于各种各样的原因，非婚生子女往往由生父或生母一方抚养，这就需要不直接抚养非婚生子女的另一方支付子女的抚养费，包括生活费、教育费、医疗费等费用。而支付抚养费的前提就是确认非婚生子女和生父母之间的亲子关系，如果对子女的血缘关系存在争议，最有效的方法就是 DNA 亲子鉴定，也就是我们俗称的“亲子鉴定”。

DNA 亲子鉴定就是利用医学、生物学和遗传学的理论和技术，从子代和亲代的形态构造或生理机能方面的相似特点分析遗传特征，判断父母与子女之间是否存在血缘关系。在目前的科技条件下，DNA 亲子鉴定准确性高达 99.9999%。在确认亲子关系的诉讼中，亲子鉴定结论是最有力的证据。

本案中，铁柱认为孩子不是自己的，小娟提供了她与铁柱同居的相关证据，并申请了 DNA 亲子鉴定。法院委托了鉴定机构之后，铁柱拒不配合。结果法院推定铁柱是孩子的父亲，判决孩子由小娟抚养，铁柱须支付孩子十八周岁前 50% 的抚养费。

本案最终并没有做 DNA 鉴定，为什么法院会推定铁柱是孩子的父亲？《民法典》婚姻家庭编的司法解释（一）规定，当事人一方起诉请求确认亲子关系，并提供必要证据予以证明，另一方没有相反证据又拒绝做亲子鉴定的，人民法院可以推定请求确认亲子关系一方的主张成立。因此，法院如此判决是正确的。

4. 夫或妻一方对外举债都属夫妻共同债务吗？

有这么一个案例。丈夫做生意，东奔西跑。妻子无所事事，沉迷于赌博，买六合彩，打麻将，经常几千、几万元地赌，有时一个晚上输掉十几万元。相当长一段时间，丈夫对此浑然不觉。后来丈夫发现了，多次劝阻无效，就断了妻子的经济来源，除了家里生活必需外，不再给妻子闲钱。但是妻子恶习不改，最终两人分道扬镳。没想到，离婚一年多后，官司来了。别人拿着前妻写的上百万元的借条起诉到法院，要求他和前妻共同偿还。更令他不安的是，有朋友反映，前妻在离婚前因为赌博还借了很多钱，几万元、十几万元、几十万元大小数额不等，总额达数百万元！

这个当事人在离婚前和离婚时确实不知道有这些债务，签订离婚协议时，前妻也声称没有其他债务。在分割共同财产的同时，约定若有未发现债务各自负责。案经法院审理，由于借款的事实确实存在，当事人无法举证证明借款人明知道前妻是用于赌博而借款给她，法院遂以借款在婚姻存续期间产生，是夫妻共同债务为由，判决当事人对借款承担连带偿还责任。

这个案例，涉及夫妻共同债务的认定问题。什么是夫妻共同债务，在《中华人民共和国婚姻法》（以下简称《婚姻法》）修改前后，有不同的规定。

以前，根据《最高人民法院关于人民法院审理离婚案件处理财产分割问题的若干具体意见》的规定，婚姻关系存续期间，一方未经对方同意，独自筹资从事经营活动，其收入确未用于共同生活所负的债务，不属于夫妻共同债务。在这种情况下，债权人往往很难举证证明夫或妻一方借款后是否用于家庭，而为了逃避债务，借款人及其配偶往往根据这个规定推卸责任。

2001 年《婚姻法》修订后，立法上有了改变，对以一方名义对外举债能否认定为夫妻共同债务问题做了明确规定。2003 年 12 月 26 日发布的《最高人民法院关于适用〈中华人民共和国婚姻法〉若干问题的解释（二）》（以下简称《婚姻法司法解释（二）》）规定，债权人就婚姻关系存续期间夫或妻一方以个人名义所负债务主张权利的，应当按夫妻共同债务处理。但夫或妻一方能够证明债权人与债务人明确约定为个人债务，或者能够证明夫妻对婚姻关系存续期间所得的财产约定归各自所有的，债权人知道该约定的，不视为夫妻共同债务，由夫妻中举债一方以其个人所有的财产清偿。

立法上这一重大的改变，对于保护债权人的合法权益，避免某些人逃避债务，尤其是借离婚的名义逃避债务起了重要的作用，同时，也带来了一些问题，给一些人在离婚后串通他人伪造婚姻期间债务，恶意追索原配偶提供了“法律依据”，但是学术界和司法界对此规定有不同的看法。现实司法实践中，法院很多时候都严格适用前述规定认定夫妻共同债务。但是，根据具体的案情，对于婚姻关系存续期间夫或妻一方名义所负债务，即使举债时没有约定为个人债务或无法证明举债时债权人知道夫妻之间有约定，也有认定为个人债务的。此时若婚姻关系尚存，其理由往往基于夫妻已经实际分居多年、债权人明知举债一方是为了吸毒、赌博等非法用途等。

2018 年，《最高人民法院关于审理夫妻债务纠纷案件适用法律有关问题的解释》对夫妻共同债务的认定又发生了重大变化，规定夫妻一方在婚姻关系存续期间以个人名义超出家庭日常生活需要所负的债务，不属于夫妻共同债务；但是，债权人能够证明该债务用于夫妻共同生活、共同生产经营或者基于夫妻双方共同意思表示的除外，举证责任在于债权人。现行《民法典》关于夫妻共同债务认定的有关条款与 2018 年的司法解释是一致的。

法律和司法实践对夫妻共同债务认定的变化和反复再次证明，法律是双刃剑。偏重于保护债权人利益的时候，往往只要夫或妻一方对外举债，都认定是夫妻共同债务；偏重于保护婚姻中配偶权利的时候，很多夫妻一方的举债，会认定为个人债务而不是夫妻共同债务。今后大家借钱的时候，如果对方是家庭所需而借款（尤其是超出他们日常生活需要的大额借款），不能仅仅让夫或妻一方签借据或借款合同。因为这样容易被认定为一方的债务，日后找他们还款时，对方的配偶很可能以不知情、超出日常生活所需为由主张是个人债务予以逃避。需要特别注意：夫妻共同签字很重要！如果确实是他们双方找你借款，只有一方签字，不要贸然去打官司，可以通过微信或 QQ 聊天记录、手机往来短信、当面（或电话追讨）录音等方式，拿到对方配偶也知情甚至一起找你借款、还款的证据后，再去起诉。

5. 分居两年就能自动离婚吗?

笔者不止一次遇到这样的咨询：夫妻分居两年是不是就算自动离婚？其实，这是出于对法律关于感情破裂认定的误解。夫妻双方任何一方要求离婚，只有两种途径：一是协议离婚，即通过协商双方同意并办理离婚登记手续；二是诉讼离婚，即夫或妻一方向人民法院起诉，经过人民法院调解离婚，出具民事调解书或判决准予离婚。法律上没有“自动离婚”的说法。法院审理离婚案件时，是否准予离婚，关键看双方感情是否确已破裂。《民法典》关于感情确已破裂，主要列举了以下情形：

（一）重婚或者与他人同居；

（二）实施家庭暴力或虐待、遗弃家庭成员的；

（三）有赌博、吸毒等恶习屡教不改的；

（四）因感情不和分居满二年的；

（五）其他导致夫妻感情破裂的情形。

另外，法律还规定，一方被宣告失踪，另一方提起离婚诉讼，应当准予离婚。经人民法院判决不准离婚后，双方又分居满一年的，一方再次提起离婚诉讼的，应当准予离婚。

从上述规定可以看出，夫妻分居两年不能视为自动离婚，但是可以作为感情确已破裂判决准予离婚的法定理由之一。而且，这个分居满两年仅仅是个时间条件，如果要作为法院认定为夫妻感情破裂的证据，还要重点注意分居的原因必须是“因感情不和”，对此，笔者认为应从以下几方面考虑：

第一，必须是因感情不和而分居。夫妻分居，有客观原因造成的、感情不和造成的，以及双方自愿协议分居的等多种情况。比如，夫妻分别在两地工作，因相隔遥远而没有同居条件。这种夫妻分居，并不是因感情不和而造成的，即使分居的时间再长，也不符合“因感情不和而分居”的法定应准予离婚的情形。

有些夫妻由于某种原因分居，此时感情尚好，但随后一方以分居为由提出离婚。这种情况，也不符合“因感情不和而分居”的法定应准予离婚的条件。

第二，分居必须是连续的，且已满两年。首先，从夫妻实际分居的第二日算起，到向法院立案提起离婚诉讼时为止，时间必须满两年。其次，分居必须是持续的，分居时间必须连续计算。如果分居后又同居，则应从同居后又分居的次日重新计算，不能把前后几次分居的时间累加计算。

“夫妻分居满两年”须有证据证明。法律虽然将“因感情不和分居满两年”规定为法定的可以准予离婚的情形之一，但是，在实践中要想凭借这条规定而达到离婚之目的却着实不易。因为，打官司就是打证据，证据是诉讼的基础，法院判决必须要靠证据的支持。特别是在一方坚决要求离婚，而另一方坚持不离婚的情形下，这种个人隐私性极强的证据就更难举出。而作为左邻右舍一般也不愿意站出来作证。对于双方在微信或者其他聊天记录以及电话、谈话录音中一方自认（尤其是多次自认）分居的事实，一般法院都会采信。

在此提醒读者朋友，协议离婚并不是双方到民政局就可以马上办理。2021年1月1日《民法典》施行后，法律规定了离婚的冷静期，就是双方签订离婚协议到婚姻登记机关提出离婚申请之日起三十日内任何一方不愿意离婚的，可以向婚姻登记机关撤回离婚登记申请；过了三十日冷静期双方仍然决定离婚的，可以再到婚姻登记机关办理离婚登记手续。

如果双方都同意离婚，最快捷的离婚方法是一方起诉到法院，然后双方在法院主持下调解离婚，往往几天到一个星期就可以办妥。

6. 彩礼可以索回吗？

“彩礼”一词相信大家都不会陌生。如今，赠送彩礼的习俗仍然在我国的一些地区盛行。在许多地区（尤其是农村），男方如果想要娶老婆就一定要先给对方彩礼。随着物质生活水平的提高，彩礼的多少甚至成了许多女方家庭衡量男方诚意大小的“尺子”，给付彩礼也成了结婚时不可回避的问题。一旦男女双方由于种种原因结不成婚，彩礼的处置又往往会引发许多纠纷。

一、什么是彩礼

从古至今，我国就有男方在婚约初步达成而尚未正式成婚时将聘金、聘礼赠送给女方的习俗，这种聘金、聘礼就是我们俗称的“彩礼”。“彩礼”并非规范而严谨的法律术语。法院在审理由彩礼引发的纠纷案件中将此归类为婚约财产纠纷。这种财产，既包括男方送给女方的财物，也包括女方送给男方的财物。

二、给付彩礼是民间习俗

《民法典》并未对收取彩礼做出规定，反而规定了禁止买卖婚姻和禁止借婚姻索取财物，所以，男方赠送女方彩礼，并不是结婚的法律前提，而是一种民间习俗。严格来说，属于“周瑜打黄盖，一个愿打一个愿挨”。一般情况下，男方多数出于自愿将财物赠送给女方，当然也有女方或其家长以必须给付一定数额的彩礼才同意结婚来索取彩礼的情形。

三、给付彩礼一方索回彩礼的条件

笔者曾经遇到过这样一个案例：有一对青年男女在认识两个月后就匆匆订婚。根据村里的习俗，男方给付了女方 3 万余元的彩礼并订下了婚约。然而，在结婚之前，两人因感情出现变故而分手。男方向女方索回彩礼，女方以彩礼收下就归女方为由不愿返还。于是男方只好向法院起诉，要求女方返还彩礼，法院最终支持了男方的诉讼请求。

按照《最高人民法院关于适用〈民法典〉婚姻家庭篇的解释（一）》，以及《最高人民法院关于审理涉彩礼纠纷案件适用法律若干问题的规定》，可以要求返还彩礼的情形有以下几种：

没有办理结婚登记的；

虽然办了结婚登记但是没有共同生活的；

婚前给付导致给付人生活困难的。

对于没有办理结婚登记，但是已经共同生活的，一方请求返还彩礼，法院会综合考虑共同生活和孕育情况、双方过错等事实，确定返还比例；已经办理结婚登记并且已经共同生活的，离婚时给付彩礼一方提出返还彩礼要求的，如果共同生活时间较短且彩礼数额过高，法院也会综合考虑，确定返还一定比例的彩礼。

近年来，骗婚骗财的情形常有发生。比如某省法院审理过一个案件，男女双方认识不久后就登记结婚，男方付了 28 万元彩礼。婚后共同生活两个多月后，女方以感情不和为由提出离婚。男方要求返还彩礼，女方以双方结婚了，也一起生活了，并自己怀过孕，因胎儿畸形做了流产等理由抗辩，一、二审法院判决驳回男方的请求，彩礼不予返还。单独就这个案件来看，判决没什么毛病。后来男方找到女方其他的彩礼纠纷案件，联系了其他的受害人，向法院申请再审。最终法院查明，女方一段时期以来，先后以同样手段跟七个男子结婚或举办婚礼，都收取了高额彩礼，都是结婚后两三个月就怀孕、打胎、提出离婚。因此判决女方返还彩礼 18 万元。这个案件中，女方属于借婚姻索取彩礼，严格来说，完全可以判决她全额返还。另外，她是否真的怀孕、真的有胎儿畸形的情况并为此打胎？如果不是事实，女方的行为就构成了诈骗犯罪！

四、司法实践中对于“彩礼”的认定

尽管给付彩礼的习俗一般存在于农村地区，但是在城市中许多恋爱中的男女也会有彩礼纠纷。在城市中一般没有给付和收受彩礼的习俗，但是年轻人在恋爱到了瓜熟蒂落时，往往会赠送比较珍贵的礼物给对方。如果双方感情破裂而分手，这些礼物是否可以索回？在司法实践中，出现这种情形，赠送礼物的一方提出请求返还的，法院一般会考虑到双方恋爱的事实，赠送方之所以赠送贵重的礼物，依照常理理解，应该是以结婚为目的。依照法律，这属于附条件的赠与，既然双方最终未结婚，条件未成就，赠送方主张返还，符合法律的规定，同时也符合公平原则。

前些年，某女嘉宾通过电视节目《非诚勿扰》与某男嘉宾相识相恋后分手，男方起诉女方返还其作为彩礼赠送的“宝马”牌轿车一案，北京市朝阳法院一审判决女方返还男方车款 28 万元即属于这种情形。男方于 2010 年 9 月参加《非诚勿扰》节目，期间结识女嘉宾，后两人确定恋人关系，并商量结婚。本着结婚的目的，男方应女方要求购买了一辆“宝马”牌轿车登记在女方名下。法院认为，《非诚勿扰》本身就是征婚节目，两人参加该节目相识并确立男女朋友关系，表明双方交往之初具有缔结婚姻的意图。随后双方的交往情况，可确定双方曾有缔结婚姻的意愿。男方在此基础上为女方购买的轿车属贵重物品，与恋爱期间男女朋友赠送的一般性礼物有区别，具备彩礼性质。因轿车已登记在女方名下，结合车辆价值及使用时间，法院酌情判处女方返还男方大部分车款。

婚姻需要物质作为基础，但是仅有财富不能带来感情，更不能直接带来幸福的婚姻生活。以结婚为契机索取贵重彩礼，悔婚后依然要承担法律责任。而给付的一方，也要量力而行。

7. 离婚后发现对方离婚前隐瞒、转移财产怎么办?

刘某与丈夫李某生活多年后，因感情破裂无法继续共同生活而走上了法庭。最终法院判决二人离婚，并对夫妻共有财产进行了分割。离婚半年后，刘某从朋友处得知，李某离婚前在银行另有定期存款，并持有一家公司的股权。离婚时，李某隐瞒了这些财产，并未分割。刘某感觉被欺骗了。双方经多次协商未果，再次走上法庭。法院经审理查明，李某在离婚时恶意隐瞒价值 80 万元的存款及股权属夫妻共同财产，遂判决李某向刘某支付 60 万元。

这是离婚后发现夫妻一方在离婚时隐瞒夫妻共同财产，另一方请求再次分割的案例，法院为什么没有进行平均分割呢?

《民法典》规定："夫妻一方隐藏、转移、变卖、毁损、挥霍夫妻共同财产，或者伪造夫妻共同债务企图侵占另一方财产的，在离婚分割夫妻共同财产时，对该方可以少分或者不分。离婚后，另一方发现有上述行为的，可以向人民法院提起诉讼，请求再次分割夫妻共同财产。"这就是为何法院判决刘某得到 80 万元共有财产中 60 万元的原因。

请求法院再次分割夫妻共同财产应注意以下几点。

一、可请求再次分割的财产范围

夫妻可以约定婚姻关系存续期间所得的财产以及婚前财产归各自所有、共同所有或部分各自所有、部分共同所有。如果没有约定，在婚姻关系存续期间夫妻一方或双方所得的财产归夫妻共同所有。包括：

（一）工资、奖金、劳务报酬；（二）生产、经营、投资的收益，包括用婚前财产投资取得的收益；（三）知识产权的收益；（四）继承或受赠的财产，但赠与合同中确定只归夫或妻一方的财产除外；（五）实际取得或者已经明确可以取得的财产性收益，比如住房补贴、住房公积金、养老保险金、破产安置补偿费；（六）其他应当归共同所有的财产。

法院审理离婚案件时都会要求双方申报夫妻共同财产，凡是离婚时一方没有申报、对方没有发现的夫妻共同财产，离婚后都可以请求再次分割。

二、行使权利的期限

根据《民法典》及有关司法解释的规定，离婚后原夫妻一方请求再次分割夫妻共同财产的诉讼时效为三年，从当事人发现或应当发现自己的权益受侵害（对方有隐藏、转移、变卖、毁损夫妻共同财产，或伪造债务的行为）之次日起计算。超过诉讼时效期间，该权益不再受法律保护。

三、掌握和取得证据很重要

现实中，对于一些积怨过深的夫妻，一方隐藏、转移、变卖、毁损夫妻共同财产的情况并不少见，离婚后双方再次对簿公堂分割共同财产的案件也不少。因此，在婚姻生活中，可以适当留意，对家庭财产和对方的财产情况要及时掌握和了解，尤其是主内的一方。必要时，可以持结婚证、户口本等证明夫妻关系的有效证件，向市场监督管理、房产、土地及车辆管理部门申请查询对方名下的财产，防患于未然。

离婚后，一方认为对方将夫妻共同财产登记在他人名下请求分割的，如果没有充分证据加以证明，法院是不会支持其主张的。现实中，很多人转移、隐藏夫妻共同财产的手法，往往就是将这些本应是共有的房产、土地、汽车等登记于自己的父母、兄弟姐妹或其他亲友名下。而主张权利的一方，必须通过各种方式找到确凿的证据。

四、分割股权或者投资份额需要注意的问题

如果对方在离婚时隐瞒了其在其他企业的股权或者投资，请求再次分割的一方，由于不了解企业的经营状况，尤其是企业的财务资料不能真实反映经营状

况，甚至显示严重亏损时，很容易接受对方提出的低价补偿方案，从而轻易放弃股权或投资份额。正确的做法是，先将股份、股权、投资份额登记到自己名下，如果对公司、企业经营状况不了解，可以依据《公司法》及司法解释的相关规定，行使知情权、监督权和管理权，请求分配利润甚至解散、清算企业，以维护自己的合法权益。有些人担心公司亏损会导致自己要承担责任，但实际上有限责任公司的股东只需要在认缴的出资范围内承担责任，如果配偶已经完成出资义务，即便公司亏损也不会增加自己的负担；反之，由于配偶对外投资收益往往都是用于家庭生活，配偶出资不足产生的法律责任，即便对方离婚时不要股权、股份，也属于夫妻共同债务，并不会因为离婚时不要股权、股份而免责。这类问题由于涉及《公司法》等比较复杂的法律关系，最好请专业的律师指导解决。

8. 离婚案件中的房产处理

人人都希望婚姻生活幸福美满，但总有些夫妻会因各种各样的原因劳燕分飞。当婚姻最终无法挽回，妥善处理财产、债务、子女抚养等问题既需要双方的互谅互让，也需要一些法律知识保驾护航。房产往往是夫妻共有财产中的大额财产，如何分割、处理，情况比较复杂，因此也成了很多人关注的问题。下面根据房产的来源和类型，结合《民法典》及相关司法解释，和大家谈一谈。

一、离婚诉讼时，如何认定房产产权

1. 属于夫妻共有的房产

（1）婚姻关系存续期间，由夫妻双方共同出资建设或购买的自建房、商品房、房改房等，属于夫妻共同财产。

（2）婚姻关系存续期间，一方父母出资为其子女购买的房产，登记在夫妻双方名下的，视为父母对夫妻双方的赠与，属于夫妻共同财产。

（3）婚姻关系存续期间，根据遗嘱或赠与合同获得的房产，属于夫妻共同财产，遗嘱或赠与合同中确定只归夫或妻一方的财产除外。

（4）由双方父母出资共同购买的房产，产权登记在其中一方的子女的名下的，在没有约定的情况下，可以认定为双方按份共有该房产，按份共有的比例为各自父母的出资份额。

2. 属于夫或妻一方的个人房产

（1）在遗嘱或赠与合同中明确只归夫或妻一方的房产。

（2）婚后一方父母出资为其子女购买并登记在其子女名下的房产。

（3）当事人结婚前，父母为双方购置房屋出资的，该出资应当认定为对自己子女的个人赠与，但父母明确表示赠与双方的除外。

二、离婚诉讼中自建房产及商品房的分割处理方式

1. 属夫妻共同财产的分割处理

夫妻离婚时，首先可以就共同财产中房产的归属通过双方协议决定。双方对夫妻共同财产中的房产价值及归属无法达成协议时，法院按以下情形分别处理：（1）双方均主张房产所有权并且同意竞价取得的，应当准许；（2）一方主张房产所有权的，由评估机构按市场价格对房产作出评估，取得房产所有权的一方应当给予另一方相应的补偿；（3）双方均不主张房产所有权的，根据当事人的申请拍卖房产，就所得价款进行分割。

2. 属夫或妻一方婚前按揭购买，婚后共同还贷的房产的处理

夫或妻一方婚前签订房产买卖合同，以个人财产支付首付款并在银行贷款，婚后用夫妻共同财产还贷，房产登记于首付款支付方名下的，离婚时该房产由双方协议处理。不能达成协议的，法院可以判决该房产归产权登记一方，尚未归还的贷款为产权登记一方的个人债务。双方婚后共同还贷支付的款项及其相对应财产增值部分，离婚时由产权登记一方对另一方进行补偿，而未还完的贷款的部分，由获得房产产权的一方继续还贷。

3. 属夫或妻一方个人财产的房产的处理

属于夫或妻一方的个人财产，另一方在离婚时不能主张房产的所有权。但如果另一方离婚后生活困难，没有住处的，有房产的一方应当为对方提供必要的帮助，包括让其暂时居住在自己的房产内，赠与部分房屋产权或给予经济资助等，具体由双方协商，协商不成由法院判决。

4. 家庭共有房产的处理

现实中也有许多这样的情况，夫妻结婚后，与一方的家庭成员一起生活。这时，夫妻的共同财产与其他家人的共同财产都未分开，房产也是大家共有的。在这种情况下，离婚时夫妻共同财产未从家庭共同财产中析出，一方要求析产的，可先就离婚和已查清的财产问题进行处理，对一时难以查清的财产的分割问题可告知当事人另案处理；或者中止离婚诉讼，待析产案件审结后再恢复离婚诉讼。

5. 对房产增值部分的处理

房产的增值包括两部分：一部分是指由于房地产市场的发展而自然增值的部分；另一部分是指婚后，夫妻双方出资对房产进行修缮、装修或者扩建等行为对房产造成的人为的增值。婚前，一方所有的房产的增值部分属于个人财产。婚后，夫妻双方将一方原有的房产进行修缮、装修或扩建但并未进行变更产权登记的，房产仍归原有产权一方所有，此时修缮、装修或扩建产生的增值部分，属于夫妻共同财产。在离婚财产分割时，增值部分中属于另一方应得的份额，由房产所有权人以合理折价款补偿给另一方。

三、其他类型房产的处理方式

1. 拆迁房产

离婚前房产拆迁的，所取得的补偿应当在离婚时作为共同财产进行分割。若其中一方取得回迁房产，则应当向另一方支付合理的补偿款。

2. 夫妻共有的“部分所有权房产”

“部分所有权房产”（也称“有限产权房”），主要是指职工根据福利政策以标准价格购买的不享有房产完全的所有权，仅享有使用权、占有权和有限处分权等部分所有权的福利房、房改房、市场运作商品房等。

总的来说，对于离婚诉讼中涉及房改房，单位的福利建房、集资建房等“部分所有权房产”的分割的处理方式，夫妻双方应当先进行协商。协商不成的，法院不宜判决权属，应当根据实际情况判决由当事人使用。

在司法实践中，夫妻离婚时，由于种种原因，对于尚未取得产权的房产、权属有争执的商品房、自建房等，也适用如上处理方式。

3. 房改房的财产权属认定

对于房改房，应结合参加房改的是一方或双方、参加房改的时间及价款的支付时间等因素综合考虑判断其系共同财产还是个人财产、共同财产在房改房中所占比例等。

夫妻一方婚前参加房改并支付价款的，属该方的个人财产，婚后以共有财产装修的，增值的部分为夫妻共同财产。

若夫妻中只有一方参加房改，用夫妻共同财产付购房款的，支付的款项和增值的部分都是共同财产。

若夫妻双方均参加了房改，并以共有财产支付价款的，为夫妻共同财产。

已经获得房改房完全产权的，按照上述原则认定后，结合本文第二点第 1 款处理。未获得完全产权而双方不能协商处理的，法院不判决权属。

婚姻关系存续期间，双方用夫妻共同财产出资购买以一方父母名义参加房改的房产，产权登记在一方父母名下，离婚时另一方主张按照夫妻共同财产对该房产进行分割的，人民法院不予支持。在这里，房产的产权不属于夫妻共有，若夫妻对于该房产的分割产生纠纷的，可以就购买房改房时双方的出资，作为债权处理。

此外，在离婚诉讼中，法院处理分割房产时，还应当遵循男女平等，照顾子女和女方利益，有利生活，方便生活，照顾无过错一方等原则，妥善处理。

9. 如何继承遗产？

说起遗产继承，好像离我们很远。其实生活中有关遗产继承纠纷的案例很多，因为遗产继承而父子反目、兄弟结怨甚至对簿公堂的情况屡见不鲜。如何生前安排好身后事，如何继承遗产是我们每个人生活中不容回避的问题。

一、尊重逝者遗愿，遗嘱继承优先

遗产继承有法定继承和遗嘱继承两种情况。

法定继承，是指按照法律直接规定的继承人范围、继承顺序和遗产分配原则等进行财产继承的一种继承制度。根据《民法典》及司法解释的有关规定，有下列情形之一的，适用法定继承：被继承人生前未设立遗嘱或遗赠，也没有遗赠扶养协议的；全部无效或部分无效遗嘱所涉及的遗产；遗嘱未处分的部分遗产；遗嘱继承人或受遗赠人放弃继承或受遗赠；遗嘱继承人丧失继承权；遗嘱继承人、受遗赠人先于遗嘱人死亡的。

遗嘱继承，又称指定继承，是相对于法定继承的称谓，是指被继承人生前通过立遗嘱的形式确定其个人财产在其死亡后的继承人及分配的法律制度。就是我们通常所说的生前安排、交代好身后事和财产处分的做法。

遗嘱继承优先于法定继承。也就是说，如果有有效遗嘱将全部或部分遗产确定给继承人之一或继承人以外的人，那么有效遗嘱中确定的相关遗产就按遗嘱办理。在没有遗嘱，遗嘱无效或部分无效，相关遗嘱继承人或受赠人放弃继承或受赠，继承人丧失继承权以及有些遗产遗嘱未处理的情况下，相关遗产由死者的法定继承人按顺序继承。

遗赠扶养协议又优先于遗嘱继承。如果有遗赠扶养协议（遗赠扶养协议是指公民与扶养人、集体所有制组织订立的有关扶养、遗赠的协议。这里的扶养人只能是法定继承人以外的人）的，遗赠扶养协议优先于遗嘱继承。

由此可见，遗嘱继承必须与遗赠扶养协议相区别，必须以一份合法有效的遗嘱为前提。因此，如何立遗嘱就显得相当重要。有关立遗嘱的注意事项很多，将在本书当中专门介绍。

二、遗产继承要遵循顺序，配偶子女父母列第一

根据《民法典》的相关规定，继承权主体可以通过法律的直接规定来认定，或者是由合法有效的遗嘱指定，也可以通过与被继承人签订的遗赠扶养协议指定。具体分为以下三类。

1. 法定继承人

即指被继承人的配偶、子女、父母、兄弟姐妹、祖父母、外祖父母。《民法典》规定，遗产按照下列顺序继承：第一顺序为配偶、子女、父母；第二顺序为兄弟姐妹、祖父母、外祖父母。继承开始后，由第一顺序继承人继承，第二顺序继承人不继承；没有第一顺序继承人继承的，由第二顺序继承人继承。顺序在前的排斥顺序在后的。《民法典》还规定，丧偶儿媳对公、婆，丧偶女婿对岳父、岳母，尽了主要赡养义务的，作为第一顺序继承人。

2. 遗嘱指定的继承人

根据《民法典》的规定，自然人可以立遗嘱将个人财产指定由法定继承人中的一人或者数人继承，也可以将个人财产赠与国家、集体或者法定继承人以外的组织、个人。

3. 遗赠扶养协议指定的继承人

《民法典》规定："自然人可以与继承人以外的组织或者个人签订遗赠扶养协议。按照协议，该组织或者个人承担该自然人生养死葬的义务，享有受遗赠的权利。"

在遗产继承纠纷中，首先要确定的是哪些人具有遗产继承资格。在没有遗嘱的情况下，应依照法定继承的情况来确定继承人。而法定继承人的确定，则应依据《民法典》中有关亲属关系及权利义务的规定来进行。

三、遗产平均分，胎儿留一份

在法定继承中，有第一顺序继承人的，由第一顺序继承人参与遗产分配，第二顺序继承人无权参与遗产分配；没有第一顺序继承人或第一顺序继承人均已放弃继承或继承权丧失的，由第二顺序继承人参与遗产分配。在分配遗产时应遵循以下原则。

1. 同一顺序继承人一般应当均等分配遗产。也就是说，在没有特殊情况时（如某一继承人尽了绝大部分赡养义务，而其他继承人则几乎没尽赡养义务），各继承人分得相同遗产。必须指出的是，在有的农村地区对出嫁女不分或少分遗产的做法是错误的，出嫁女儿也有平等的继承权，应分得相同的遗产份额，除非她自愿放弃，否则不能剥夺她的继承权。

2. 在一定情形下可以多分或少分遗产。如对生活有特殊困难的，缺乏劳动能力的继承人，可以适当比其他继承人多分一些遗产；对被继承人尽了主要扶养义务或与被继承人共同生活的继承人，可以多分一些遗产；对有扶养能力和扶养条件的继承人，不尽扶养义务的，应当不分或少分遗产，但若有扶养能力和扶养条件的继承人愿意尽扶养义务，而被继承人因有固定收入和劳动能力并明确表示不要求其扶养的，则不应因此而减少其遗产分配份额。另外，有关司法解释还指出，有扶养能力和扶养条件的继承人即使与被继承人共同生活，但对需要扶养的被继承人不尽扶养义务的，可以少分或不分配遗产。

此外，《民法典》还规定："遗产分割时，应当保留胎儿的继承份额。胎儿娩出时是死体的，保留的份额按照法定继承办理。"

四、互谅互让，和睦团结

在明确了谁可以继承遗产和通过何种方式继承遗产的问题之后，还要看遗产的产权变更是否需要登记公示。如房产、车辆、股权、股票等相关财产或财产性权利，需要在相关机构进行过户登记才能达到变更权利人的目的。在办理过户手续时通常会涉及相关继承人配合办理公证手续的问题，如果对遗嘱或法定继承的分割方式有争议，一般要通过诉讼的方式才能解决。

此外，根据《民法典》的规定，在遗产分配过程中要遵循"互谅互让、和睦团结的精神，协商处理继承问题"。遗产中如有现金等可以直接分割的财产，一般是直接依据相关继承人的份额分割即可。对于房产则要根据其实际使用情况、数量、结构，如果方便分割，可以分割继承；不便分割的房产和其他财产，应该以有利于生活和生产需要的原则确定给某一继承人取得，并向其他继承人支付相应补偿，或根据实际情况以变卖、共有等方式处理，以实现物尽其用与家庭和睦的目标。

10. 如何订立遗嘱?

长寿是每个人的追求，但人的生命总是有限的。在生前就为身后事做好准备，把应该交代的事情交代好，以免子女在老人身故后因财产伤感情，这才是明智的做法。但是，有时候由于不了解法律，没能及时订立遗嘱，或即使立了遗嘱，由于做法欠周到，最终却导致出现纷争的情况还是时有发生的。

一、什么是遗嘱

遗嘱，是死者生前对其包括财产处分在内的身后事的嘱咐和交代，是一种单方法律行为。涉及继承的，就是关于遗产的遗嘱。

二、遗嘱的形式

根据订立遗嘱的方式，可分为：自书遗嘱、代书遗嘱、打印遗嘱、录音录像遗嘱、口头遗嘱和公证遗嘱。这几种遗嘱的含义，不必解释大家也明白。但是，订立这些形式的遗嘱，在法律上有一定的要求，如果不按照法律要求订立，其效力就会出问题。

自书遗嘱，由遗嘱人亲笔书写，签名，并注明年、月、日即可。

代书遗嘱应当有两个以上见证人在场见证，由其中一人代书，并由遗嘱人、代书人和其他见证人签名，注明年、月、日。

打印遗嘱，应当有两个以上见证人在场见证，遗嘱人和见证人应当在遗嘱每一页签名，注明年、月、日。

以录音录像形式订立的遗嘱，应当有两个以上见证人在场见证。遗嘱人和见证人应当在录音录像中记录其姓名或者肖像，以及年、月、日。

遗嘱人在危急情况下，可以立口头遗嘱。口头遗嘱应当有两个以上见证人在场见证。危急情况解除后，遗嘱人能够用书面或者录音录像形式立遗嘱的，所立的口头遗嘱无效。

关于见证人，法律也有明确规定，“无行为能力人、限制行为能力人；继承人、受遗赠人；与继承人、受遗赠人有利害关系的人”，均不能作为遗嘱见证人。

公证遗嘱由遗嘱人到公证机关申请后由公证机关办理。

三、遗嘱的效力

对于数份不同时间或形式的遗嘱的效力，《民法典》规定，立有数份遗嘱，内容相抵触的，以最后的遗嘱为准。《民法典》施行前，公证遗嘱的效力高于其他遗嘱，立有公证遗嘱的情况下，不能通过立其他形式的遗嘱来推翻公证遗嘱。《民法典》施行后，公证遗嘱不再有高于其他遗嘱的效力，更加人性化。而究竟以什么方式订立遗嘱，要根据各人的具体情况来确定。

一般来讲，时间从容，考虑成熟了订立公证遗嘱比较好，清晰明了，不容易发生争议。但是，很多人订立遗嘱以后，由于自身和子女的情况有变化，常常会改变遗嘱，法律也规定：“遗嘱人可以撤回、变更自己所立的遗嘱。”而自书遗嘱，有时也会因为遗嘱人去世后继承人对遗嘱及签名的真实性提出怀疑而引起纠纷。总的来说，最好是请律师来协助订立遗嘱；其次是到公证处办理公证遗嘱；实在不行，也应该立自书遗嘱或代书遗嘱，这样表达清楚，不容易引起纠纷。

还有两点需要注意：1. 遗嘱应对缺乏劳动能力又没有生活来源的继承人保留必要的遗产份额；2. 应当为胎儿保留继承份额，否则，遗嘱会被认定全部或部分无效。《民法典》规定“遗嘱应当为缺乏劳动能力又没有生活来源的继承人保留必要的遗产份额。”并且规定：“遗产分割时，应当保留胎儿的继承份额。胎儿娩出时是死体的，保留的份额按照法定继承办理。”因此，作为遗嘱人在订立遗嘱时，如果自己配偶腹中怀有胎儿，不得在遗嘱中剥夺胎儿的继承份额。

11. 离婚案件中股权及投资的分割处理

离婚，在现今社会已经不再是一个热门话题。关于离婚的一般财产分割，大家都有所了解。随着经济的发展，夫妻共有财产已不仅限于存款、股票、基金、房产等，夫妻一方或双方拥有公司股权或企业股份的情形不再是什么新鲜事。夫妻离婚时，对这方面的财产分割，法律是怎么规定的？应注意些什么？下面笔者结合《民法典》及其司法解释和《公司法》等相关法律规定进行解读。

对于公司股权、企业股份等这些特殊的财产权益，因涉及《公司法》《中华人民共和国合伙企业法》等相关规定以及其他股东和合伙人的利益，不能简单地分割和处理，应遵循法律的特别规定。

一、夫妻双方分割共同财产中的股票、债券、投资基金份额等有价证券以及未上市股份有限公司股份时，协商不成或者按市价分配有困难的，人民法院可以根据数量按比例分配。

二、夫妻双方就一方在有限责任公司中拥有的出资额分割达成一致意见的，按以下办法处理。

股东因离婚将其在有限责任公司的部分或者全部出资转让给配偶，应将股权转让的数量、价格、支付方式和期限等事项书面通知其他股东，其他股东可以行使优先购买权，股东放弃优先购买权的（满三十日未做答复的视为放弃优先购买权），该股东的配偶可以成为该公司股东。

三、夫妻双方就在合伙企业中一方拥有的财产份额分割达成一致的，将其合伙企业中的财产份额全部或者部分转让给对方时，按以下情形分别处理。

1. 其他合伙人一致同意的，该配偶依法取得合伙人地位。

2. 其他合伙人不同意转让，在同等条件下行使优先受让权的，可以对转让所得的财产进行分割。

3. 其他合伙人不同意转让，也不行使优先受让权，但同意该合伙人退伙或者退还部分财产份额的，可以对退还的财产进行分割。

4. 其他合伙人既不同意转让，也不行使优先受让权，又不同意该合伙人退伙或者退还部分财产份额的，视为全体合伙人同意转让，该配偶依法取得合伙人地位。

四、夫妻双方对一方在有限责任公司拥有的出资额或在合伙企业拥有的财产份额的分割和处理无法达成一致意见时，按以下情形分别处理。

首先，人民法院应参照前述两点的规定，征求其他股东和合伙人的意见，并按照下列原则分割或处理。

1. 若双方均主张出资额或财产份额，且能够办理过户手续，应通过竞价的方式确定归属，价高者获得相应的出资额或财产份额，并向另一方支付相当于该出资额或财产份额一半价值的补偿。

2. 若一方主张而另一方不主张，双方应协商确定补偿数额；协商不成时，可委托鉴定机构对该出资额或财产份额进行价值评估，由取得一方支付另一方一半价值的补偿。

3. 若涉及出资额或财产份额的转让，其他股东或合伙人有权行使优先购买权。如果双方都不主张出资额或财产份额，应将其变卖或拍卖，所得价款平均分割。

五、夫妻以一方名义投资设立独资企业的共同财产，按以下情形分别处理。

1. 一方主张经营该企业的，对企业资产进行评估后，由取得企业的一方给予另一方相应的补偿。

2. 双方均主张经营该企业的，在双方竞价基础上，由取得企业的一方给予另一方相应的补偿。

3. 双方均不愿意经营该企业的，按照法律规定进行清算，双方对清算后公司的净资产进行分配。

以上为离婚纠纷案件中，法律对夫妻共同所有的企业股权及投资进行分割处理的规定。虽然规定得很明确，但要想更好地维护自己的权益，遇到问题时最好还是找律师详细咨询。

12. 监护人的设立、变更和职责

监护是指依照法律规定，对未成年人、无民事行为能力或限制民事行为能力的精神病人的人身、财产及其他合法权益进行监督和保护的法律制度。基于保护被监护人的合法权益这一目的，监护人的设立是非常严格的。

一、监护人的设立

监护依设立的方式，可分为法定监护、指定监护、意定监护和委托监护。

1. 法定监护

由法律直接规定监护人范围和顺序，法定监护人可以由一人或多人担任。

未成年人法定监护人顺序：父母；祖父母和外祖父母；兄、姐；关系密切的亲属或朋友；父母单位和未成年人住所地的居民委员会或村委会；民政部门。

成年精神病人法定监护人顺序：配偶；父母；成年子女；其他近亲属；关系密切的亲属或朋友；精神病人所在单位或住所地的居委会或村委会；民政部门。

法定监护人由顺序在前者担任，但法定顺序可以依监护人的协议而改变，前一顺序监护人无监护能力或对被监护人明显不利的，人民法院有权从后一顺序中择优确定监护人。

2. 指定监护

指定监护是指有法定监护资格的人之间对担任监护人有争议时，由法律规定的有关组织指定的监护。《民法典》规定的指定监护的有关组织，是指未成年人的父、母的所在单位，或者未成年人住所地的居民委员会、村民委员会；精神病人的所在单位或者住所地的居民委员会、村民委员会。指定监护可以用口头方式，也可以用书面方式，只要指定监护的通知送到被指定人，指定即成立。被指定人不服指定的，可以在接到指定监护通知次日起的30日内向人民法院起诉，由人民法院裁决。超过30日后可以起诉变更监护关系。

3. 意定监护

意定监护是具有完全民事行为能力的成年人，可以与其近亲属、其他愿意担任监护人的个人或者组织事先协商，以书面形式确定自己的监护人，在自己丧失或者部分丧失民事行为能力时，由该监护人履行监护职责。身体比较健康、具备完全民事行为能力的老年人，以及有精神病家族史的人，可以未雨绸缪，提前物色好自己比较信任的亲人、朋友或者单位，让自己年迈无法自理或者万一发病时可以得到更好的照料。

4. 委托监护

委托监护是根据合同意愿设立的监护。委托监护可以是全权委任，如父母将子女委托祖父母照料或配偶将精神病人委托精神病院照料；也可以是限权委任，如将子女委托给寄宿制学校、幼儿园等。

二、监护人的职责

1. 保护被监护人的身体健康和人身安全，防止被监护人受到不法侵害。

2. 妥善管理和保护被监护人的财产，对于被监护人财产的经营和处分，应尽善良管理人的义务。除为被监护人的利益外，不得处理被监护人的财产。

3. 作为被监护人的法定监护人进行诉讼，代理各项合法权益。

4. 被监护人造成他人损害的，由监护人承担侵权责任。

5. 对被监护人进行管理和教育。

三、监护人和被委托人的法律责任

1. 监护人未妥善管理和保护被监护人财产的责任

监护人应妥善管理和保护被监护人的财产，对于被监护人财产的经营和处分，应尽善良管理人的义务。现实生活中，未成年人的监护人往往是其父母，未成年人受赠与获得的贵重物品或是遗嘱继承的房产，因监护人未妥善管理和保护而导致损害的，应该承担什么责任？一般人会认为，我是你父亲，你的东西就应该是我的东西，我未尽到妥善管理，东西坏了就坏了吧。但是根据《民法典》，监护人不履行监护职责或者侵害被监护人的合法权益的，应当承担责任；给被监护人造成财产损失的，应当赔偿损失。

2.被监护人侵权造成他人损害时，监护人应该承担的责任

无民事行为能力人、限制民事行为能力人造成他人损害的，由监护人承担侵权责任。监护人尽到监护责任的，可以减轻其侵权责任。有财产的无民事行为能力人、限制民事行为能力人造成他人损害的，从本人财产中支付赔偿费。

3.监护人未对被监护人进行管理和教育应承担的责任

监护人有义务对未成年被监护人进行教育或配合学校及其他教育机构进行教育；有义务对被监护人进行管理，比如教育未成年监护人不做有危险的活动，不让精神病人单独外出等。

根据《中华人民共和国义务教育法》，适龄儿童、少年的父母或者其他法定监护人违反本法规定，不送其子女或者被监护人入学接受义务教育的，由当地乡镇人民政府或者县级人民政府教育行政部门给予批评教育，责令限期改正。

4.受监护人委托的被委托人应承担的责任

（1）学校、教育机构作为被委托人的

① 无民事行为能力人在幼儿园、学校或者其他教育机构学习、生活期间受到人身损害的，幼儿园、学校或者其他教育机构应当承担侵权责任；但是，能够证明尽到教育、管理职责的，不承担侵权责任。

② 限制民事行为能力人在学校或者其他教育机构学习、生活期间受到人身损害，学校或者其他教育机构未尽到教育、管理职责的，应当承担责任。

③ 无民事行为能力人或者限制民事行为能力人在幼儿园、学校或者其他教育机构学习、生活期间，受到幼儿园、学校或者其他教育机构以外的第三人人身损害的，由第三人承担侵权责任；幼儿园、学校或者其他教育机构未尽到管理职责的，承担相应的补充责任。幼儿园、学校或者其他教育机构承担补充责任后，可以向第三人追偿。

（2）朋友、其他亲属作为被委托人的

有很多人让朋友、亲属帮忙代管小孩，如果小孩太过调皮导致自身伤害或是受到第三人的伤害时，监护人应该承担什么责任？

委托监护不论是全权委托或是限权委托，委托人仍要对被监护人的侵权行为承担民事责任，但另有约定的除外；被委托人只有在确有过错时，才承担连带赔偿责任。也就是说，法定或指定监护人对被监护人应承担的民事责任，不因委托发生转移，被委托人只承担过错连带赔偿责任，其在尽到监护职责而无过错时，被监护人的行为如依法律仍须由监护人负责时，则由法定监护人承担。

四、监护的终止

出现下列情形的，监护终止。

1. 被监护人取得或者恢复完全民事行为能力。

2. 监护人丧失监护能力。

3. 被监护人或者监护人死亡。

4. 人民法院认定监护关系终止的其他情形。

监护关系终止后，被监护人仍然需要监护的，应当依法另行确定监护人。

五、监护人的变更

一般情况下，未成年人、无民事行为能力或限制民事行为能力的精神病人监护权变更的原因有以下两种。

1. 现有的监护人丧失了监护能力或死亡，例如，无生活来源、失去劳动能力、智力有障碍。

2. 监护人不履行监护职责，或者无法履行监护职责且拒绝将监护职责部分或者全部委托给他人，导致被监护人处于危困状态，严重损害被监护人身心健康、合法权益。

出现以上情况，其他有监护资格的人可请求有关单位或者向法院起诉要求变更监护关系。

第二章　劳动关系

Labor Relations

13. 小李离开原单位后为何不能在本地区同行业就职？

小李是一个从事计算机软件开发的专业技术人员，与 A 单位签订了三年的劳动合同。在单位就职期间，他利用单位的条件和自己的业务专长，为单位开发出不少在市场上很有竞争力的软件系统，单位也因此获得了不错的经济效益。合同期满后，小李离开原单位到另外一家软件公司继续从事软件开发工作，没干多久，原单位一纸诉状将小李告到了法院，要求他立即与现单位解除合同，并在两年内不得在本市同行业就职。

新单位不理解，很多小李身边的朋友也很纳闷：小李已经在原单位工作期满，换个单位工作有什么不可以呢？原单位怎么管得那么宽？难道还有权干涉小李？小李连工作的权利都没有吗？

大家没想到的是，最后法院支持了 A 单位的诉讼主张，判决小李两年内不得在本市范围内的计算机软件开发单位任职，并向原单位支付违约金三万元。通过这个案件，大家才知道，小李原来与 A 单位签订合同时订立了竞业限制的条款，A 单位就是根据这个条款起诉他的。

所谓竞业限制，是指根据用人单位与劳动者在劳动合同中的约定，负有保守用人单位商业秘密和与知识产权相关保密事项义务的劳动者，在解除或者终止劳动合同后一定期限内，不得到与原单位生产或者经营同类产品、从事同类业务的有竞争关系的其他用人单位任职，也不得自己开业生产、经营与原单位同类的产品，或从事与原单位同类的业务。

《中华人民共和国劳动合同法》（以下简称《劳动合同法》）第二十三条规定：“对负有保密义务的劳动者，用人单位可以在劳动合同或者保密协议中与劳动者约定竞业限制条款，并约定在解除或者终止劳动合同后，在竞业限制期限内按月给予劳动者经济补偿。劳动者违反竞业限制约定的，应当按照约定向用人单位支付违约金。”第二十四条进一步规定：“竞业限制的人员限于用人单位的高级管理人员、高级技术人员和其他负有保密义务的人员。竞业限制的范围、地域、期限由用人单位与劳动者约定，竞业限制的约定不得违反法律、法规的规定。在解除或者终止劳动合同后，前款规定的人员到与本单位生产或者经营同类产品、从事同类业务的有竞争关系的其他用人单位，或者自己开业生产或者经营同类产品、从事同类业务的竞业限制期限，不得超过二年。”

根据上述法律规定，竞业限制有以下几个要求和特点。

1. 竞业限制的范围、地域、期限必须在劳动合同或者保密协议中明确约定，并且不得违反法律、法规的规定。竞业限制的期限一般不能超过两年。

2. 竞业限制只适用于企业的高级管理人员或掌握企业重要的商业信息或技术的人员和其他负有保密义务的人员。企业对于一般员工，不能实行竞业限制。

3. 竞业限制期限内，企业必须按月给予劳动者相应的经济补偿。

4. 劳动者违反竞业限制约定的，应当按照约定向用人单位支付违约金。

5. 单位违反合同规定单方面辞退员工，不得适用竞业限制条款对被辞退者进行限制。

本案中的小李与原单位在劳动合同中签订有竞业限制的条款，而原单位依约向他支付了经济补偿后，他违反了劳动合同的约定，到与原单位经营同类业务的新单位任职，所以法院支持了小李原单位的主张。

14. 用人单位需要特别注意的几个问题

《劳动合同法》特别重视保护劳动者的权益，对于用人单位，设定了许多制约条款。很多人都说，《劳动合同法》是一部“偏心眼”的法律，没有公平保护用人单位和劳动者。

其实，在劳动法律关系中，劳动者往往是弱势群体，尤其是我国市场经济尚处在培植和起步阶段，劳动市场不够规范，以往的法律法规不健全，劳动者自我保护意识不够，劳动者权益受损的情况时有发生，因此当年制定《劳动合同法》时，关于保护劳动者合法权益的条款相对多一些，使人感觉往劳动者这边倾斜得比较多一些。用人单位必须认真学习、吃透这部法律和实施条例，避免在经营过程中因为劳动用工问题带来麻烦和损失。下面，笔者就用人单位特别要注意的几个问题跟大家探讨一下。

一、订立劳动合同要注意时间

根据《劳动合同法》的规定，用人单位自用工之日起超过一个月不满一年未与劳动者订立书面劳动合同的，应当向劳动者每月支付二倍的工资。如果用人单位超过一年未与劳动者签订劳动合同，还被视为与该劳动者签订了无固定期限的劳动合同。

在现实生活中，有些服务行业、营销行业等人员流动性大的企业，常会遇到用人单位要与劳动者签订劳动合同，而劳动者不愿签订合同的情况。实践中，甚至有个别劳动者想钻《劳动合同法》的空子，在用人单位要求订立书面劳动合同的情况下，拒绝或者拖延订立书面劳动合同，以期拿更长时间的二倍工资和订立无固定期限劳动合同。劳动者不愿签约，不能成为用人单位免除上述责任的理由，为了避免这种不利局面，根据《中华人民共和国劳动合同法实施条例》（以下简称《劳动合同法实施条例》）的规定，自用工之日起一个月内，经用人单位书面通知后，劳动者不与用人单位订立书面劳动合同的，用人单位应当书面通知劳动者终止劳动关系，无须向劳动者支付经济补偿。

二、用人单位不能随意解除与劳动者的劳动合同

合同期满前，用人单位要解除其与劳动者的劳动合同，必须遵循《劳动合同法》规定的条件和程序。《劳动合同法实施条例》第十九条则进一步明确规定，具有以下情形之一，用人单位才可以解除与劳动者的合同：

（一）用人单位与劳动者协商一致的；

（二）劳动者在试用期间被证明不符合录用条件的；

（三）劳动者严重违反用人单位的规章制度的；

（四）劳动者严重失职，营私舞弊，给用人单位造成重大损害；

（五）劳动者同时与其他用人单位建立劳动关系，对完成本单位的工作任务造成严重影响，或者经用人单位提出，拒不改正的；

（六）劳动者以欺诈、胁迫的手段或者乘人之危，使用人单位在违背真实意思的情况下订立或者变更劳动合同的；

（七）劳动者被依法追究刑事责任的；

（八）劳动者患病或者非因工负伤，在规定的医疗期满后不能从事原工作，也不能从事由用人单位另行安排的工作的；

（九）劳动者不能胜任工作，经过培训或者调整工作岗位，仍不能胜任工作的；

（十）劳动合同订立时所依据的客观情况发生重大变化，致使劳动合同无法履行，经用人单位与劳动者协商，未能就变更劳动合同内容达成协议的；

（十一）用人单位依照《中华人民共和国企业破产法》（以下简称《企业破产法》）的规定进行重整的；

（十二）用人单位生产经营发生严重困难的；

（十三）企业转产、重大技术革新或者经营方式调整，经变更劳动合同后，

仍需裁减人员的；

（十四）其他因劳动合同订立时所依据的客观经济情况发生重大变化，致使劳动合同无法履行的。

如果因其他情形被解约，劳动者申请仲裁后，用人单位的解约行为就会被认定为违法，用人单位必须继续履行劳动合同并向劳动者补发工资。

三、用人单位制定规章制度应该注意遵循程序，保证规章制度合法有效

内部规章制度是一个企业管理的基础，但绝不是说企业一方就能说了算。企业制定规章制度应当注意以下两点。

（一）程序合法。用人单位在制定、修改或者决定有关劳动报酬、工作时间、休息休假、劳动安全卫生、保险福利等直接涉及劳动者切身利益的规章制度或者重大事项时，应当经职工代表大会或者全体职工讨论，提出方案和意见，与工会或者职工代表平等协商确定。

（二）公示、告知义务。用人单位应当将直接涉及劳动者切身利益的规章制度和重大事项决定公示，或者告知劳动者。规章制度的公示可以通过劳动者人手一册、学习培训或者张贴等方式进行，最好是让每个员工都在规章制度的文本上签字确认。

四、劳动合同中的违约金只能适用于两种情形，不能滥用

《劳动合同法》规定，除劳动者违反服务期约定和竞业限制约定的外，用人单位不得与劳动者约定由劳动者承担违约金。

用人单位为劳动者提供专项培训费用，对其进行专业技术培训的，可以与该劳动者订立协议，约定服务期。劳动者违反服务期约定的，应当按照约定向用人单位支付违约金。

对负有保密义务的劳动者，用人单位可以在劳动合同或者保密协议中与劳动者约定竞业限制条款，并约定在解除或者终止劳动合同后，在竞业限制期限内按月给予劳动者适当的经济补偿。劳动者违反竞业限制约定的，应当按照约定向用人单位支付违约金。

五、招用劳动者严禁扣押证件、要求交纳押金

现实生活中许多用人单位招工时存在扣押劳动者居民身份证、学历证书、资格证书以及要求劳动者交付押金、保证金等现象，这样做是违法的。依据《劳动合同法》第八十四条，严禁用人单位扣押劳动者的居民身份证和其他证件，不得要求劳动者提供担保或者以其他名义向劳动者收取财物。用人单位应该予以注意，否则可能会被劳动行政部门行政处罚；给劳动者造成损害的，还应当承担赔偿责任。

六、三种情况下要签无固定期限劳动合同

劳动合同分为固定期限劳动合同、无固定期限劳动合同和以完成一定工作任务为期限的劳动合同。以下三种情况下除劳动者提出订立固定期限劳动合同外，用人单位应当订立无固定期限劳动合同。

（一）劳动者在该用人单位连续工作满十年的；

（二）用人单位初次实行劳动合同制度或者国有企业改制重新订立劳动合同时，劳动者在该用人单位连续工作满十年且距法定退休年龄不足十年的；

（三）连续订立二次固定期限劳动合同，且劳动者没有《劳动合同法》规定的用人单位可以直接解除劳动合同、履行提前通知义务或给予补偿后解除劳动合同的法定情形，续订劳动合同的。

用人单位违反《劳动合同法》规定不与劳动者订立无固定期限劳动合同的，自应当订立无固定期限劳动合同之日起向劳动者每月支付二倍的工资。

根据《劳动合同法》，企业要认真审视和完善自己的管理制度，摒弃以往不合理的制度和做法，自觉遵守《劳动合同法》的相关规定，营造融洽、和谐的劳动环境，促进企业的长远发展。

15. 恶意欠薪者，刑法来追责

讨薪难问题为何长期存在？我国先前的法律对此是不够严厉的。虽然《中华人民共和国劳动法》（以下简称《劳动法》）明确规定，不得克扣或者无故拖欠劳动者的工资，但在实际操作中，对讨薪者来讲，正常的如通过司法途径、仲裁途径等程序维权存在成本过高，甚至是法律执行不到位的问题。有时劳动者通过长时间的诉讼，即使赢得了官司，也是身心俱疲，得不偿失。维权途径匮乏，维权成本高昂，这也正是现实中屡屡出现劳动者用“跳楼秀”“跳桥秀”来维权讨薪的原因！而对于那些拖欠工资的人或者公司来讲，即使被查处也只需要支付工资和赔偿金，可以说是毫发无损，违法成本低廉。现实中鲜见欠薪“黑心老板”被追究刑责，反而有讨薪者因为“恶意讨薪”被暴打，甚至被治安处罚、被追究刑事责任。

《中华人民共和国刑法修正案（八）》（以下简称《刑法修正案（八）》）明确规定恶意欠薪者将被追究刑责。这一法律规定，对保护劳动者的合法权益，严厉追究恶意欠薪者的法律责任提供了有力的保障。该条款规定：“以转移财产、逃匿等方法逃避支付劳动者的劳动报酬或者有能力支付而不支付劳动者的劳动报酬，数额较大，经政府有关部门责令支付仍不支付的，处三年以下有期徒刑或者拘役，并处或者单处罚金；造成严重后果的，处三年以上七年以下有期徒刑，并处罚金。单位犯前款罪的，对单位判处罚金，并对其直接负责的主管人员和其他直接责任人员，依照前款的规定处罚。有前两款行为，尚未造成严重后果，在提起公诉前支付劳动者的劳动报酬，并依法承担相应赔偿责任的，可以减轻或者免除处罚。”也就是说，恶意拖欠劳动者的工资、数额较大，经政府有关部门责令后仍不支付的，将追究恶意欠薪者或单位负责人的刑事责任。

实践表明，只靠一般的民事法律和行政规章来遏制恶意欠薪行为，力度是远远不够的，效果也是有限的。将恶意拖欠工资的行为确定为刑事犯罪，是因为这种行为严重侵害了劳动者的合法权益，会造成劳动者的家庭生活困难，产生社会矛盾，给社会带来不稳定因素，甚至引发社会动荡，所以必须予以严厉打击。从民事、行政制裁到刑事处罚，就上升了一个层级，震慑作用就大得多了。“黑心老板”就不得不考虑违法的成本。

上述条款同时规定，若恶意欠薪尚未造成严重后果，在提起公诉前支付劳动者的劳动报酬，并依法承担相应赔偿责任的，可以不追究刑事责任，既加大了法律惩处的力度，又给恶意欠薪者纠正错误的机会，这体现了惩罚是手段，教育是目的，以及宽严相济的立法精神，同时有利于被拖欠工资的劳动者及时得到报酬。

16. 外出打工必知的几个重要法律问题

这篇文章，是专门为刚刚步入社会的年轻人，尤其是为外出打工的农民工兄弟姐妹们而写的。当然，“农民工”不是个准确的称谓。笔者只是想特别提醒那些从农村（包括小乡镇、偏僻小县城等）走出来、未受过大中专院校培训的年轻人，他们由于自身文化基础相对较差，见识也不多，特别需要加强法律意识，增强自我保护的能力。下面，重点谈谈外出打工者必须知道的几个简单而又重要的法律问题。

一、打工要签订劳动合同

没有劳动合同，打工者的权益被用人单位侵犯时，很难得到法律保护。如果没有劳动合同，有时难以证明自己与用人单位存在劳动关系，甚至想打官司（劳动争议仲裁、诉讼），仲裁机构和法院都不会受理。

从到一个新单位上班之日起，如果超过一个月不满一年用人单位不跟你签订劳动合同，用人单位从第二个月起每月要给你支付双倍的工资，一直到用工一年期满的前一日为止；如果超过一年用人单位仍然不和你签订劳动合同，从一年期满的次日起，根据法律的规定，就视为用人单位和你签订了无固定期限劳动合同，也就是说用人单位今后不能以合同到期为由终止或解除劳动合同。你等于拿到了一个“铁饭碗”。

根据《劳动合同法》，用人单位包括企业、个体经济组织、民办非企业单位等。《劳动合同法实施条例》进一步规定，依法成立的会计师事务所、律师事务所等合伙组织、基金会等也属于用人单位。特别需要强调的是，如果你是国家机关、事业单位、社会团体等单位聘用的工勤人员，也适用《劳动合同法》。办理了工商登记的个体工商户属于个体经济组织，也要和打工者签订劳动合同。

二、注意劳动时间、加班工资的相关规定

你每周的工作时间一般不应超过 40 小时，超过此时间为加班；如果是工作日加班，用人单位应该支付你 150% 的工资；双休日加班又不能安排补休的，用人单位要支付你 200% 的工资；法定节假日加班，无论是否安排补休，用人单位都要支付你 300% 的工资。

三、试用期的规定

如果用人单位跟你签订的合同有试用期，请留意，按照法律规定，劳动合同期限三个月以上不满一年的，试用期不得超过一个月；一年以上不满三年的，试用期不得超过二个月；三年以上固定期限和无固定期限的劳动合同，试用期不得超过六个月。

同一用人单位与同一劳动者只能约定一次试用期。以完成一定工作任务为期限的劳动合同或者劳动合同期限不满三个月的，不得约定试用期。

试用期超过前述期限的，用人单位必须按照转正的工资支付，且试用期工资不得低于本单位相同岗位最低档工资或者劳动合同约定工资的百分之八十，并不得低于用人单位所在地的最低工资标准。

四、劳动合同期满未能续约的可以要求经济补偿

经济补偿按劳动者在本单位工作的年限，以每满一年支付一个月工资的标准向劳动者支付。六个月以上不满一年的，按一年计算；不满六个月的，向劳动者支付半个月工资的经济补偿。

劳动者月工资高于用人单位所在直辖市、设区的市级人民政府公布的本地区上年度职工月平均工资三倍的，经济补偿的标准按职工月平均工资三倍的数额支付，经济补偿的年限最高不超过十二年。

五、用人单位违法解除合同或单方终止劳动合同，应支付经济赔偿金

劳动者遭遇此种情形，可以向用人单位要求支付赔偿金。赔偿金的标准按照上述第四点标准的二倍执行。

六、劳动者有权要求用人单位购买社会保险

单位有义务为劳动者购买养老保险、医疗保险、失业保险、生育保险、工伤保险等社会保险，这就是人们通常所说的“五险”。其中生育保险和工伤保险由用人单位按国家规定缴纳保险费，职工本人不承担相关费用；医疗保险、养老保险和失业保险由用人单位和职工按照国家规定共同缴纳基本保险费。

七、对女性劳动者的保护，几个特殊时期不能辞退女性劳动者

如果你是女工，在孕期、产期、哺乳期用人单位不能辞退你，并且法定产假期间你可以领取生育津贴和生育医疗费。如果用人单位已经缴纳生育保险的，前述费用由社会保险机构从生育保险基金中支付，否则，应由用人单位支付。生育津贴按照用人单位上年度职工月平均工资计发；生育医疗费包括女职工生育或流产的检查费、接生费、手术费、住院费和药费（超出规定的医疗服务费和药费由职工个人负担），以及女职工生育出院后因生育引起疾病的医疗费。

八、工伤认定及待遇

在工作时间、工作场所内受到伤害的，哪怕是你自己违章操作造成的伤害、因履行工作职责受到暴力等意外伤害，以及在上下班途中，受到非本人主要责任的交通事故或者城市轨道交通、客运轮渡、火车事故伤害的都属于工伤，应该按照《工伤保险条例》的规定得到相应的赔偿并享受相应的待遇，具体参阅本书关于工伤保险的内容。

17. 工伤认定和待遇

有个朋友来电咨询，说他的亲戚开办了一个食品加工厂，近来发生了几件让他不太理解的事。其一是有个员工下班回家的路上被汽车撞伤，留下残疾，除了由撞人的司机赔偿外，还要他亲戚的工厂赔偿。还有一个员工上班时违章操作，手被机器夹断，工厂也要赔钱，他们觉得很不合理，也不理解。其实，这两起事故都属于工伤。在这里，跟大家聊聊什么是工伤，发生了工伤事故该如何处理以及工伤待遇等。

一、什么是工伤

简单地说，工伤就是员工因工作原因受到的伤害。那么，如何认定工伤？不能完全简单地按照字面去理解。根据《工伤保险条例》的规定，职工在工作时间和工作场所内，因工作原因受到事故伤害的；工作时间前后在工作场所内，从事与工作有关的预备性或者收尾性工作受到事故伤害的；在工作时间和工作场所内，因履行工作职责受到暴力等意外伤害的；患职业病的；因工外出期间，由于工作原因受到伤害或者发生事故下落不明的；在上下班途中，受到非本人主要责任的交通事故或者城市轨道交通、客运轮渡、火车事故伤害的都是工伤。

职工存在以下情形的，视同工伤：在工作时间和工作岗位，突发疾病死亡或者在 48 小时之内经抢救无效死亡的；在抢险救灾等维护国家利益、公共利益活动中受到伤害的；职工原在军队服役，因战、因公负伤致残，已取得革命伤残军人证，到用人单位后旧伤复发的。

但是，职工因故意犯罪、醉酒或者吸毒以及自残或者自杀导致在工作岗位受伤的，不得认定为工伤或者视同工伤。

为了保障因工作遭受事故伤害或者患职业病的职工获得医疗救治和经济补偿，促进工伤预防和职业康复，分散用人单位的工伤风险，国家建立了工伤保险基金。《工伤保险条例》规定，所有企事业单位、社会团体、民办非企业单位、基金会、律师事务所、会计师事务所等组织和有雇工的个体工商户（以下称用人单位）应当依照条例规定参加工伤保险，为本单位全部职工或者雇工（以下称职工）缴纳工伤保险费，员工不必缴纳任何费用。依照条例应当参加工伤保险而未参加工伤保险的用人单位职工发生工伤的，由该用人单位按照条例规定的工伤保险待遇项目和标准支付费用。一些用人单位，比如文章开头所说的企业，因为未办理工伤保险，出了工伤事故，工伤保险基金当然不为他们买单，只能由他们自己负责。

二、如何申请工伤认定

职工发生事故伤害或者按照《中华人民共和国职业病防治法》规定被诊断、鉴定为职业病后，用人单位应自事故伤害发生之日或者职工被诊断、鉴定为职业病之日起 30 日内，向社会保险行政部门申请工伤认定。

用人单位未按前述规定提出工伤认定申请的，工伤职工或者其近亲属、工会组织在事故伤害发生之日或者被诊断、鉴定为职业病之日起 1 年内，可以直接向用人单位所在地社会保险行政部门提出工伤认定申请。

提出工伤认定申请应当提交下列材料：工伤认定申请表，与用人单位存在劳动关系（包括事实劳动关系）的证明材料，医疗诊断证明或者职业病诊断证明书（或者职业病诊断鉴定书）。工伤认定申请表应当包括事故发生的时间、地点、原因以及职工伤害程度等基本情况。

三、工伤的待遇

被认定为工伤后，受到伤害的员工或因工伤死亡职工的家属，可以获得的补偿和待遇，与一般的人身伤害是不同的。这一点，需要特别注意！

因工伤死亡的，其近亲属可以领取一次性工亡补助金，标准为上一年度全国城镇居民人均可支配收入的 20 倍，还可以领取相当于 6 个月的统筹地区上年度职工月平均工资的丧葬补助金，死者生前供养的亲属（因工死亡职工生前提供主要生活来源、无劳动能力的亲属）可以按照职工本人工资的一定比例领取抚恤金，具体为配偶每月 40%，其他亲属每人每月 30%，孤寡老人或者孤儿每人每月在上述标准的基础上增加 10%。当然，核定的各供养亲属的抚恤金之和不应高于因工死亡职工生前的工资。

对于受伤职工的治疗、陪护费用、住院伙食补助、康复费用和安装假肢、矫形器、假眼、假牙和配置轮椅等辅助器具的费用，治疗期间的工资福利等，条例都有详细的规定，给予受伤职工以比较充分的保护。

因工伤致残的，根据伤残等级评定结果，享受的待遇各有不同。分别如下。

一级至四级伤残的，保留劳动关系，退出工作岗位，享受以下待遇：领取一次性伤残补助金（一级到四级分别为 27、25、23、21 个月的工资），按月领取伤残津贴（一级到四级分别为本人工资的 90%、85%、80%、75%），达到退休年龄的，享受养老保险。

五级、六级伤残的，享受以下待遇：领取一次性伤残补助金（五级为 18 个月工资，六级为 16 个月工资），保留劳动关系，适当安排工作，不能安排的，向用人单位按月领取 70% 或 60% 的伤残津贴。单位还应继续为其缴纳社保费用，退休后享受养老保险待遇。经工伤职工本人提出，该职工也可以与用人单位解除或者终止劳动关系，由工伤保险基金支付一次性工伤医疗补助金，由用人单位支付一次性伤残就业补助金。

七级至十级伤残的，享受以下待遇：领取一次性伤残补助金（七级至十级分别为 13、11、9、7 个月的工资）。劳动、聘用合同期满终止，或者职工本人提出解除劳动、聘用合同的，由工伤保险基金支付一次性工伤医疗补助金，由用人单位支付一次性伤残就业补助金。

上述提到的费用中，由于细目比较多，不一一详细说明。除了本文或条例中注明由用人单位承担的以外，都是由工伤保险基金支付的。

通过上述的简单介绍，希望大家明白，工伤的受伤者或家属，要充分利用条例保护自己的权益；而用人单位则要及时参加工伤保险，缴纳保险费用，化解风险，同时，出了事故要及时依照条例规定申报和处理，避免单位承担本可以由保险基金承担的费用。

笔者认为，工伤应该如何认定，责任如何承担，是个比较复杂的问题，若发生此类事情，建议大家还是要咨询专业的律师，以便能得到及时妥善的处理。

18. 劳动者签订劳动合同要注意什么?

现在，年轻人参加工作除了少部分能进入机关做公务员之外，更多的人是应聘到事业单位、企业或类似的经济组织。不管你是进国企还是私企，也不管是进入大型企业还是个体店铺，签订劳动合同都是必需的。

目前，有一些企业或雇佣者，为了方便或仅顾自己的私利，故意拖延或不与劳动者签订劳动合同，逃避法定义务。而时下就业形势严峻，也使得很多就业者为了得到一份工作而忍气吞声，不敢提出签订劳动合同的要求。没有劳动合同，一旦出现欠薪、工伤等情况，作为劳动者很难得到应有的法律保护。所以，碰到用人单位不愿意签订劳动合同的情况，劳动者要据理力争。

那么，在签订合同的时候，又要注意些什么呢？下面，根据法律、法规的规定并结合现在的社会现状，给求职者提出几点建议。

一、尽可能采用行政主管部门的示范合同文本

一般来说，劳动行政管理部门都会制作劳动合同示范文本。求职者由于普遍缺乏专业的法律知识，采用劳动合同示范文本是最简单最有效的办法。如果用人单位没有这样的示范合同，可以到相关网站下载。笔者曾经见过只有一页纸甚至是只有几行字的劳动合同，双方权利义务约定不清楚，劳动者的权益很难得到保障。

二、如果没有采用劳动合同示范文本，要注意审查劳动合同的内容是否完备

劳动者在签订劳动合同时至少应从以下几个方面加以考虑：1. 劳动合同期限；2. 工作岗位和内容；3. 劳动报酬及支付时间、方式；4. 社会保险；5. 劳动

保护和劳动条件；6. 劳动纪律；7. 劳动合同的变更、解除、终止；8. 经济补偿金、医疗补助费和生活补助费的发放；9. 违反本合同的责任；10. 因履行本合同发生争议的解决办法等。

三、在劳动合同中特别需要注意的事项

（一）应由用人单位按照国家和地方政府有关规定办理社会保险。社会保险既是国家建立和完善社会保障制度的需要，更是劳动者日后老有所养的保障。国家规定用人单位必须为劳动者办理社会保险，劳动合同中应有相应的约定。社会保险一般包括养老保险、医疗保险、失业保险、工伤保险、生育保险。前述险种的缴费比例和分担均有统一规定，其中工伤和生育保险的费用全部由单位承担。在具体执行方面，各地会有些差异，若不清楚，可以到当地劳动行政管理部门咨询。如果用人单位不为劳动者办理社会保险，则损害了劳动者的利益。而有些劳动者本身也不愿意办理社会保险，把本该由用人单位缴纳的社会保险费连同工资一起领取，这种做法同时逃避了自己的缴纳义务，换得眼前宽裕，一旦生病、失业就没有救济，年纪大了以后，就更没有生活保障了。

（二）跑业务、拿效益工资的劳动者，尤其要注意在合同中写清楚如何书面确定你的工作成果，确保每次完成任务后能及时得到用人单位的确认，并且劳动者手上也要留有一份确认书。当用人单位拖欠或者拒付效益工资时，劳动者就有了最重要的讨薪证据。现实中，很多劳动者为单位作出了巨大的贡献，但是由于没有劳动合同，或者合同中没有明确，或者没有确认的方式和凭证，一旦出现纠纷，劳动者完成了多少工作任务全由用人单位说了算。

（三）工伤保险很重要。根据我国的《工伤保险条例》，职工因工作原因受到身体伤害，应该获得相应的待遇和补偿，用人单位应该为职工购买工伤保险。如果购买工伤保险，一旦出现工伤，绝大部分的费用从工伤保险基金中支付；没有购买的，由用人单位支付。但是，对于那些实力较弱的企业来说，一旦需要支付较大额的工伤赔款，又没有缴纳工伤保险费用的话，企业是没有能力支付的，到头来吃亏的还是受工伤的职工。因此，在小企业（尤其是在危险性较大的劳动岗位）就职的人，更要注意这一点，在签订劳动合同时要注明用人单位必须为劳动者购买工伤保险，并及时了解其履行情况。

19. 无固定期限劳动合同等于“铁饭碗”？

劳动合同分为固定期限的劳动合同、无固定期限的劳动合同和以完成一定任务为期限的劳动合同三种。有人问，什么是无固定期限的劳动合同？是不是不能解除劳动合同啊？那岂不是变成打不破的“铁饭碗”了？签订无固定期限的劳动合同是好事还是坏事呢？

我们先来了解一下什么是无固定期限的劳动合同，在什么情形下，用人单位必须和劳动者签订无固定期限的劳动合同。

无固定期限劳动合同，是指用人单位与劳动者约定无确定终止时间的劳动合同。在以下三种情形下，除非劳动者提出要求订立固定期限的劳动合同，否则用人单位必须与劳动者签订无固定期限劳动合同：1. 劳动者在该用人单位连续工作满十年的；2. 用人单位初次实行劳动合同制度或者国有企业改制重新订立劳动合同时，劳动者在该用人单位连续工作满十年且距法定退休年龄不足十年的；3. 连续订立二次固定期限劳动合同，且劳动者没有《劳动合同法》规定的用人单位可以解除合同的八种情形，续订劳动合同的。

另外，《劳动合同法》还特别规定，用人单位自用工之日起满一年不与劳动者订立书面劳动合同的，则视为用人单位与劳动者已订立无固定期限劳动合同。用人单位也必须与劳动者订立无固定期限的劳动合同。

这些规定，对于稳定用工，维护劳动者的合法权益，具有很重要的意义。同时，也对用人单位提出了新的挑战。

那么，无固定期限劳动合同，会不会成为新时代下的“铁饭碗”呢？当然不是。

所谓“铁饭碗”，是以前国有企业的“大锅饭”管理制度下的弊端，劳动者在单位里干与不干一个样，干好干坏一个样，随意“磨洋工”，混日子，而用人单位却不能辞退他。无固定期限劳动合同只是说没有一个确切的终止时间，劳动合同的期限不确定，但并不是完全不能解除。劳动者必须严格遵守用人单位的规章制度，必须能够不断提高自己，适应单位的发展需要，并且能够胜任岗位工作。否则，即使签订了无固定期限的劳动合同，用人单位也可以根据法律规定和合同约定解除劳动合同。

从另外一种意义上说，我们也可以把无固定劳动期限的劳动合同看作是“铁饭碗”甚至“金饭碗”。无固定期限合同对于劳动者和用人单位，是双赢的。谁都渴望稳定、有保障的工作，只要用人单位运转正常并不断发展壮大，签订了无固定期限劳动合同，劳动者就无须担心被无辜“炒鱿鱼”，可以保持良好的心态和工作状态，既可以更好地为单位服务，同时也保障了自己劳动待遇、福利，劳动者何乐而不为？对用人单位来说，稳定而优良的员工队伍是一笔巨大的资源和财富，对单位的发展也是至关重要的。从这个意义上讲，无固定期限劳动合同是个“铁饭碗”或者说是“金饭碗”。

当然，对于签订了无固定期限合同的劳动者，用人单位除了没有合同期限到期自然终止之外，《劳动合同法》其他关于用人单位可以行使解除权的规定都是适用的，劳动者严重损害单位利益，严重违反单位的规章制度，触犯刑法并被判刑，以及用人单位严重经营困难，签订劳动合同所依据的客观情况发生重大改变而双方又不能就变更劳动合同达成一致，劳动者不能胜任工作经培训换岗仍不能胜任等情形下，用人单位依法可以解除无固定期限劳动合同。因此，只要用人单位在无固定期限劳动合同中约定清楚，完善自己内部的规章制度，并对劳动者加强管理和科学考核，就可以避免让无固定期限劳动合同演变成“大锅饭”制度下的“铁饭碗”，变成用人单位的包袱。

20. 实施末位淘汰制，小心违反《劳动合同法》

末位淘汰制，是国外企业首先使用的一种企业内部人事管理制度。近年来，国内一些企业都在使用，并在提高企业的内部竞争力和效益等方面，发挥了很好的作用。所谓“末位淘汰制”，是指用人单位根据其自身的特点和发展需要，结合各个具体岗位的实际情况，制定的绩效考核指标体系，并以此为标准对员工进行考核，根据考核结果对绩效靠后的员工进行淘汰。

《劳动合同法》颁布实施以前，末位淘汰制的制定和执行，都是企业管理者一方说了算，作为职工，一般没有太多的发言权。那么，《劳动合同法》实施以后，企业是不是还可以简单地继续使用这一制度呢？或者说，这一制度是否存在违反《劳动合同法》的地方呢？

笔者认为，严格来说，末位淘汰制度是违反《劳动合同法》的。《劳动合同法》对于用人单位行使劳动合同解除权，有很严格的限制。根据该法和《劳动合同法实施条例》，用人单位可以行使解除权的情形限于：1. 用人单位与劳动者协商一致的；2. 劳动者在试用期间被证明不符合录用条件的；3. 劳动者严重违反用人单位的规章制度的；4. 劳动者严重失职，营私舞弊，给用人单位造成重大损害的；5. 劳动者同时与其他用人单位建立劳动关系，对完成本单位的工作任务造成严重影响，或者经用人单位提出，拒不改正的；6. 劳动者以欺诈、胁迫的手段或者乘人之危，使用人单位在违背真实意思的情况下订立或者变更劳动合同的；7. 劳动者被依法追究刑事责任的；8. 劳动者患病或者非因工负伤，在规定的医疗期满后不能从事原工作，也不能从事由用人单位另行安排的工作的；9. 劳动者不能胜任工作，经过培训或者调整工作岗位，仍不能胜任工作的；

10. 劳动合同订立时所依据的客观情况发生重大变化，致使劳动合同无法履行，经用人单位与劳动者协商，未能就变更劳动合同内容达成协议的；11. 用人单位依照《企业破产法》规定进行重整的；12. 用人单位生产经营发生严重困难的；13. 企业转产、重大技术革新或者经营方式调整，经变更劳动合同后，仍需裁减人员的；14. 其他因劳动合同订立时所依据的客观经济情况发生重大变化，致使劳动合同无法履行的。

根据上述规定，能为末位淘汰制提供法律依据的，就是上述第 9 点："劳动者不能胜任工作，经过培训或者调整工作岗位，仍不能胜任工作的"。但是，员工被考核排在末位，并不必然等于不能胜任岗位工作。所有能胜任岗位工作的员工放在一起考核，不管这些员工多么优秀，总有人被排在末位。反过来，如果员工总体素质较差，即使他并不能胜任岗位工作，但是由于比他差的也不能胜任工作的员工很多，他也不一定会排在末位。所以，"末位"在法律上不能等同于不能胜任本职工作。当用人单位按照末位淘汰制度解除与员工的合同时，如果不能证明员工不能胜任合同约定的岗位工作，或者虽有证据证明其不胜任工作，但是未对其进行培训和调岗且证明其仍不能胜任换岗后的工作的话，诉诸法律之后，严格适用目前的《劳动合同法》及其《劳动合同法实施条例》，企业会被裁决解除合同行为无效并承担法律责任。

但是，笔者也认为，抛开前面的担心，末位淘汰制仍然有其管理的优点，仍然是很多企业喜欢利用的一个很好的考核管理制度。考虑到前面所说的法律风险，企业如果仍然要实行末位淘汰制，就必须十分谨慎。应做到以下几点。

（1）在与员工签订劳动合同时，应在与员工充分协商的基础上，将末位淘汰制的内容详细写进合同，成为双方一致同意的解除劳动合同的条件之一。而企业所使用的合同，一般都是格式化合同。而根据有关法律规定，提供格式化合同的一方，如果没有履行详细的解释义务，在合同中约定免除己方责任或加重对方责任的条款会被认定为无效。所以要写进合同，还要对员工进行充分解释和说明，让其自愿接受此条款而不是强加于他。

（2）制定末位淘汰制，必须严格按照《劳动合同法》关于制定企业规章制度的法定程序：协商解决和公示告知，即：将末位淘汰制度提交职工代表大会或者全体职工讨论，与工会或者职工代表平等协商确定，并向全体劳动者公示或告知劳动者。

（3）制度的具体内容，必须符合企业的特点，具有公平合理性，并不损害劳动者的合法权益。

（4）在执行过程中，也必须严格依照《劳动合同法》及《劳动合同法实施条例》的有关规定。也就是说，即使要行使解除权，也要告知员工解除合同的理由，并按照有关规定给予补偿。并且在淘汰之前，应该有培训和换岗的程序。否则，就很容易引起纠纷，并可能被判定为违法。

21. 用工而未签订劳动合同，用人单位都要支付双倍工资吗？

《劳动合同法》及《劳动合同法实施条例》对劳动者提供了有效的保护。两者的内容十分丰富，对于用人单位和劳动者来说，认真学习这些法律和法规，对于保护自己的合法权益，都有着非常大的现实意义。也许很多人都知道，企业用工但未与劳动者签订劳动合同的，应该支付双倍工资，但是实际上并非可以简单地一概而论。

一、用人单位用工，但是拒绝与劳动者签订书面劳动合同的，分为下列两种情况

（一）用人单位自用工之日起超过一个月不满一年未与劳动者订立书面劳动合同的，应当自用工满一个月的次日起至补订书面劳动合同的前一日止向劳动者每月支付两倍的工资，并与劳动者补订书面劳动合同。

（二）用人单位自用工之日起满一年未与劳动者订立书面劳动合同的，自用工之日起满一个月的次日至满一年的前一日应当向劳动者每月支付两倍的工资，并视为自用工之日起满一年的当日已经与劳动者订立无固定期限劳动合同，应当立即与劳动者补订书面劳动合同。

二、如果是用人单位同意签订劳动合同，并已经书面通知劳动者，而劳动者不愿意签订劳动合同的，分别按照下列情况处理

（一）自用工之日起一个月内，经用人单位书面通知后，劳动者不与用人单位订立书面劳动合同的，用人单位应当书面通知劳动者终止劳动关系，无须向劳动者支付经济补偿，但是应当依法向劳动者支付其实际工作时间的劳动报酬。

（二）用人单位用工超过一个月不满一年未与劳动者订立书面劳动合同的，应当自实际用工满一个月的次日起向劳动者支付每月两倍的工资，劳动者不与用人单位订立书面劳动合同的，用人单位应当书面通知劳动者终止劳动关系，并支付经济补偿；用工满六个月的，按一个月工资的标准支付，不满六个月的，按照半个月的工资标准支付。若劳动者月工资高于用人单位所在直辖市、设区的市级人民政府公布的本地区上年度职工月平均工资三倍的，向其支付经济补偿的标准按职工月平均工资三倍的数额计付补偿金。

（三）用人单位自用工之日起满一年未与劳动者订立书面劳动合同的，不管是否系劳动者的原因造成，用人单位都必须自用工之日起满一个月的次日至满一年的前一日向劳动者每月支付两倍的工资，并视为自用工之日起满一年的当日已经与劳动者订立无固定期限劳动合同，用人单位并应立即与劳动者补订书面劳动合同。

也就是说，即使是劳动者不愿意签订劳动合同，超过一个月后用人单位都必须支付双薪。因为按照规定，用人单位可以书面通知其终止劳动关系，用人单位不行使这个权力，明知其不愿意签订劳动合同而继续用工，超过一个月依然负有支付双薪的义务，超过一年仍然视为签订了无固定期限的劳动合同。

可见，用人单位在处理与劳动者的关系时，必须慎重。用工即形成事实上的劳动关系，劳动者拒绝签订劳动合同时，法律赋予用人单位解除劳动关系的权力。如果超过期限后用人单位不行使该项权力，就不能以劳动者拒签劳动合同为由免除自己的其他法律责任和义务。碰到劳动者不愿意签订书面劳动合同的情形，用人单位应及时向其发送订立劳动合同的书面通知，仍然被其拒绝后，要书面解除劳动关系，避免造成不应有的损失。前述书面通知，还应该有劳动者的签收凭证，否则，发生纠纷时会使用人单位处于不利的境地。

22. 公司高管不许“脚踏两船”
——关于竞业禁止

刘先生是一家专营农用机械的 A 公司的总经理，在其任职期间，刘先生私下又开办了一家 B 公司销售农机，生意非常好。公司股东知道这一情况后非常不满，多次要求刘先生停止经营。刘先生置之不理，于是 A 公司一纸诉状将刘先生及 B 公司告上法庭，要求停止经营，并判令刘先生经营 B 公司所得归 A 公司所有。法院审理后认为，刘先生身为 A 公司总经理，又开办 B 公司，销售与任职公司同类的产品，其行为违反了《公司法》的规定，法院判决刘先生停止经营 B 公司，刘先生经营 B 公司所得的 190 万元归 A 公司所有，由 B 公司及刘先生共同支付给 A 公司。

这是公司高级管理人员（即“高管”）违反竞业禁止义务的典型案例。

《公司法》规定，公司的董事、监事、高级管理人员未经股东会或者股东大会同意，不得利用职务便利为自己或者他人谋取属于公司的商业机会，自营或者为他人经营与所任职公司同类的业务。否则，所得的收入应当归公司所有，造成公司损失的，应予赔偿。《中华人民共和国合伙企业法》（以下简称《合伙企业法》）也作出了类似的规定。

上述都是针对公司的董事、监事、高级管理人员任职期间或合伙企业合伙人的竞业禁止规定。下面，笔者就前述规定的理解和适用和大家谈一谈。

一、哪些人受竞业禁止的约束

竞业禁止的规定，适用于公司董事、高级管理人员及合伙企业的合伙人。

《公司法》明确规定，监事、高级管理人员是指公司的经理、副经理、财务负责人、上市公司董事会秘书和公司章程规定的其他人员。前述所指经理和副经理，是指执行董事会决议，对公司进行日常生产经营管理的班子。因此，如果公司章程没有特别规定，仅指公司通俗意义上的总经理和副总经理（有些公司称经理和副经理），而不包括公司的部门经理和副经理。根据公司章程规定，对公司经营管理负有重要职责的销售总监、技术总监等其他人员，若被明确为公司的高级管理人员，也受竞业禁止的约束。

公司股东不受竞业禁止的约束。但是，在有些公司中，股东同时也兼有公司的董事长、执行董事、董事身份，而即使这些股东基本不参与公司的具体经营管理，由于身份的竞合，也受竞业禁止的约束。

二、哪些行为属于竞业行为

（一）自营或为他人经营公司的同类业务。自营即自己在公司之外经营，包括独自经营或参股其他企业经营，以及虽不以自己的名义但实际由其操纵且利益归属于他的经营行为；为他人经营，是指虽不是出资者却参与他人或其他企业的同类经营，并从中获取报酬的行为。因此，竞业行为是以何人的名义进行的并不重要，只要因该经营产生的利益归属于他，即可认定该行为是竞业行为，这当中，董事、高管及合伙人的配偶及家庭成员，利用其管理资源及便利或以家庭共有财产投资经营公司同类业务的，一般也属于竞业行为。如某人在房地产公司中任高管职务，其配偶以家庭财产出资开办房产中介公司，与其本人任职的房产开发公司在经营范围和内容上重合，且在婚姻关系存续期间所得也属于家庭财产所得，所以其配偶的经营活动等同于其本人的经营活动，这也违反了竞业禁止的规定。

同类业务包括与其所任职公司相同或类似的业务。而公司的业务，是指公司正在经营和准备经营的业务，不简单等同于或限于公司营业执照和公司章程载明的经营范围。所谓相同或类似的业务，可以是完全相同的商品或服务，也可以是同种或类似的、有竞争关系或替代关系的商品或服务。如前述的房地产开发公司和房地产中介公司的营业范围都包括房屋买卖，就应当认定为相同业务。

（二）为自己或他人谋取属于公司的商业机会。是否属于公司的商业机会，可以从以下几个因素界定：首先，该商业机会是否与公司章程记载的营业范围密切相关，是否是同类业务；其次，公司的董事或高管是否是基于商誉、信息和财务等资源而知悉该商业机会，并为取得和开发该商业机会使用了公司的资金或设施；第三，即使和公司业务没有密切联系，董事或高管也没有使用过公司的资源，但提供这一机会的客户是否曾经表示过将与公司合作。

三、违反竞业禁止的法律后果

违反竞业禁止的后果通常有两个：竞业所得归于公司或合伙企业，因竞业给公司或合伙企业造成损失的，应予赔偿。违反竞业禁止的规定，违背了忠实义务，其本质是利用特殊的身份和资源谋取利益，因此，法律规定竞业所得归公司或合伙企业所有，给公司或合伙企业造成损失的，应予赔偿。如果竞业所得归公司或合伙企业所有后，已足以弥补竞业行为所造成的损失，无须另行赔偿。而所得和损失，在司法实践中，往往要通过评估来确定，有时会因证据不足难以得到充分支持。为了解决这个问题，在公司章程及有关的合同、协议中，可以作出相应的规定。

四、第三方责任

在董事、高管和合伙人违反竞业禁止规定的案件中，明知其违反规定仍然聘请其实施竞业行为，接受其提供的商业机会，或与其共同经营的第三方，应与违反竞业禁止规定者承担连带责任。

五、如何通过协议约定来避免竞业禁止纠纷

现实中，企业的投资者或高级管理人员在企业之外经营相同或同类业务的情形很多，因作为投资者的股东容易出现身份竞合，如何明确相互之间的权利义务，避免陷入竞业禁止纠纷，是各方都要认真考虑的问题。投资者最好在投资协议、公司章程等法律文件中明确约定各方能否在企业之外经营相同或同类业务，对原有的业务与企业的业务如何划分，出现问题如何解决等。聘请高级管理人员的企业及受聘者也应在劳动合同中注明该高管是否于受聘前已经经营了与企业相同或同类的业务，在合同期内如何处理，违反竞业禁止规定该如何承担违

约责任等。这些约定都具有法律效力，可以有效避免竞业禁止纠纷的发生。

最后，需要强调的是，国有公司、企业的董事及经理利用职务便利，自己经营或者为他人经营与其所任职公司、企业同类的业务，获取非法利益，数额巨大的，将被追究刑事责任。

第三章　房地产、物权

Real Estate & Property Rights

23. 购买二手房要注意些什么?

通常，消费者直接从开发商手中购买的商品房，或者根据有关政策取得的房改房等，我们称之为一手房或新房。这些房屋再转让时，俗称二手房。二手房的产权和使用情况相对一手房而言较为复杂，所以购买二手房要特别注意以下问题。

一、到房屋产权登记管理部门查询房屋产权登记档案

根据现行的房屋产权登记管理制度，房屋产权登记档案不对一般的公众开放，所以你在购买二手房前，应与出卖人一起到不动产登记管理部门查询其档案资料或聘请律师去查询。查询时，首先要核实不动产权证上记载的事项是否与不动产登记簿上的记载完全一致。有时因为不动产登记部门的疏忽，会出现不动产权证和登记簿上记载不一致的情形，这也会给你带来麻烦。其次，要查清楚房屋是否有共有人，如有共有人，在不动产权证“共有人”一栏应有记载，不动产登记簿上也应该有记录。在这种情况下，卖房必须经过所有共有人同意。第三，应查询房屋是否有他项权利登记。所谓他项权利，是指产权人以外的第三人对该房屋拥有的权利，主要是抵押权、典权等。有时房屋产权人因为经济往来、债务关系会将房屋抵押给他人，如果房屋设定有抵押权，买卖后若出卖人不能清偿他人债务，债权人就有可能拍卖你所购买的二手房优先受偿，你的权益将得不到保证。第四，还要查询该房屋是否有被法院、检察院和公安机关等部门查封的情形。如果存在这种情形，你购买后将无法或暂时无法办理产权过户手续，甚至你交了购房款最终根本得不到房。

另外，对于国家机关和国有企业、事业单位的房改房以及经济适用房、市场运作商品房等根据有关政策取得的房屋，还应向不动产权登记管理部门、房改部门等单位了解该房屋是否已经可以在市场上出售。

二、到规划部门了解规划情况

现实中，有些人知道自己的房屋要被拆迁了，往往就赶紧转让，有时候价格还比较“优惠”，结果你不明就里去捡这个“便宜”，实际上是捡了一个麻烦。这些年，一方面是城市改造建设多，稍不留神可能就拆到你的头上；另一方面由于法律的不健全，加上被拆迁人往往处于弱势，你花了五十万元的市场价买的房子转眼拆了可能就只补偿你十五万元。所以买二手房还是得多个心眼，到规划部门去查询一下你要买的房屋所在地段有没有规划上的变化，有没有被列入拆迁范围。

三、了解房屋的实际使用情况，包括是否有出租的情形

买房前应向出卖人了解房屋是否正在出租，是否涉及未了的纠纷。实地看房时，除了了解房屋及设备、设施的情况外，还可以进一步了解房屋的使用情况，包括是否有人居住，居住者是否是租户。

《民法典》规定：“租赁物在承租人按照租赁合同占有期限内发生所有权变动的，不影响租赁合同的效力。”这就是我们经常听说的“买卖不破租赁”。也就是说，如果在你购买前，出卖人已经将房屋出租给他人，并且租期未满，那么就会碰到以下两个法律问题。

1. 由于产权变更不影响变更前已经成立的租赁合同的履行，即使你买过来了，但是你还得继续执行出卖人与租户之前签订的租赁合同，房屋还得继续给别人租用。尤其是碰到租期较长的合同，更为麻烦。

2. 根据法律规定，出卖人出售房屋的时候，原来的承租人在同等条件下有优先购买权。如果出卖人未履行通知义务，承租人未明确表示放弃优先购买权，你可能会陷入纠纷，甚至会无法实现你的合法权益。

四、了解出卖人是否就该房屋欠有银行按揭贷款、住房公积金贷款、水电费、物业管理费等

现在很多人购买商品房都是采取银行按揭贷款或住房公积金贷款方式，因此往往会有未偿清的贷款。若有，在你进行第一项的查询时就应该发现该房子办理有抵押，这时你要与出卖人一起到银行核实欠贷情况。《民法典》规定："抵押期间，抵押人可以转让抵押财产。当事人另有约定的，按照其约定。抵押财产转让的，抵押权不受影响。抵押人转让抵押财产的，应当及时通知抵押权人。抵押权人能够证明抵押财产转让可能损害抵押权的，可以请求抵押人将转让所得的价款向抵押权人提前清偿债务或者提存。转让的价款超过债权数额的部分归抵押人所有，不足部分由债务人清偿。"也就是说，不动产抵押期间抵押房产可以转让，除非抵押合同特别约定不得转让抵押房产，这就是通常说的"带押过户"。当你和出卖人、贷款银行协商一致时，可以申请办理不动产"带押过户"登记，也就是在申请办理抵押房产过户登记时，不用提前归还出卖人的旧贷款，不用先行注销原抵押登记，便可完成房产过户登记、再次抵押和发放新贷款等手续。

二手房由于原来一般都使用过，所以物业管理费、水电费等也可能存在拖欠，要核实清楚并进行相应约定或处理。

五、了解清楚房屋过户税费及负担

房屋买卖要交纳很多相关税费，国家关于这些税费的种类和收取额度，不同时期、不同的房屋会有不同的政策，所以你应到不动产登记管理部门和税务部门咨询一下，你该承担哪些税费以及金额，这便于你与出卖人确定合理的买卖价格。有些交易是含税价，有些则是不含税的价格，究竟是各自按照法律法规的规定分别负担自己的税费还是由一方代另外一方承担某些税费，要弄清楚，在合同中进行相应约定。

六、仔细斟酌合同条款，确保交易安全

二手房买卖合同的主要条款应包括对该房屋的描述（房产证号、面积、坐落、户型、装修情况）、价款、支付方式和时间、房屋的交付和过户、违反合同的责任等。在价款支付方面，最好留一部分款项在办理产权过户完毕后再付。

如果房屋是没有出租、抵押等其他问题的，最好让出卖人在合同中声明目前房屋没有产权纠纷，没有出租、抵押和被查封的情况，并承诺万一出现隐瞒、欺骗的情形造成你的损失，由其加倍赔偿等惩罚性条款，以保证自己的利益不受损。

24. 购买商品房应注意的几个问题

眼下购买房产，如果是新房，大多是到房地产开发商开发的楼盘购买，开发商一般使用住房和城乡建设部及原国家工商总局在全国统一推行的《商品房买卖合同》示范文本，并将装修标准、付款及按揭约定、公摊说明等做成格式的补充条款附于后面。如果开发商所在的省（区、市）制定有地方统一的《商品房买卖合同》示范文本，则会使用当地的示范文本。而有些开发商则结合他们自己的情况，对前述示范文本加以修改再重印成自己的格式文本。不管哪一种文本，由于开发商事先做了充分的研究，而你往往只能在售楼部简单地看看，甚至很多开发商在与你正式签订合同前连合同文本都不允许你带回家研究。对于房地产的相关特点和知识，开发商也总是比一般老百姓专业。所以，买房者往往处于弱势的一方，开发商则更多的是强势的一方。

在这种情况下，如何能更好地保护你自己的权益，避免今后产生纠纷？笔者认为，最重要的是把握好商品房买卖合同中的几个核心问题和关键条款。下面的几点建议，希望对你有所帮助。

一、充分了解商品房小区的土地、规划、设计等基本情况

签订合同前，你最好了解清楚该小区土地使用权的使用年限、土地用途等。有些小区因为开发前土地闲置或原来是烂尾楼，在售楼时土地使用的剩余年限会比一般的小区少，此时其售价应相应降低才合理。如果土地用途为住宅，那么整个小区的商品房都是住宅，而不可能有真正意义上的商铺和写字楼——即使那栋楼是按照写字楼的功能和格局建设的。如果你以远远高于住宅商品房的价

格购买了住宅，做办公或其他营业场所使用，可能就麻烦了，今后用这个房子开办公司和经营都可能无法取得有关部门的审批同意，还有可能被相邻的住户干涉和投诉。因为根据《民法典》规定："业主不得违反法律、法规以及管理规约，将住宅改变为经营性用房。业主将住宅改变为经营性用房的，除遵守法律、法规以及管理规约外，应当经有利害关系的业主一致同意。"

二、了解开发商是否具备"五证"

所谓"五证"，是指国有土地使用证、建设用地规划许可证、建设工程规划许可证、建筑工程施工许可证、商品房预售许可证。它们都是项目建设开发和销售的合法依据。现实中，有些开发商未取得预售许可证就通过签意向书、认购书等形式收取客户定金、认购金或预付款，甚至直接与客户签订买卖合同。在这种情况下，购房户的利益是没有充分保障的。一来说明开发商资金比较紧张，需要通过这样的途径来筹集建设资金，这样就无法保证小区能够顺利建设和完工；二来开发商在取得商品房预售许可证前，若市场房价大幅上涨，可能会主张合同无效，你最终无法按照约定的价格买到房子；第三，开发商在未取得商品房预售许可证之前，与你签订的买卖合同将无法到不动产登记管理部门办理合同备案和预登记手续，开发商就有可能一房多卖，给你带来更大的风险。根据有关法律法规的规定，未取得商品房预售许可证，开发商是不能进行商品房预售的。

三、了解小区周边的规划

如有必要，可到规划部门了解一下你要买房的小区周边的规划，这样你可以更加准确地知道小区周围是什么样的环境。开发商的沙盘和广告可能会将小区周边的环境刻意美化，将小区模型置身于美丽的"公园"之中，从而误导消费者。

四、重点审查以下几方面的合同条款

（一）面积误差处理条款

明确你购买的商品房是按照建筑面积、套内面积还是按套计价。如果根据合同的约定是按建筑面积或套内面积计价，房屋交付时如果实际面积与合同约定面积有出入，应该如何处理？如果是按照面积计价，双方应在合同中约定对面积差异的处理方式。2020 年修订的《最高人民法院关于审理商品房买卖合同纠纷案件适用法律若干问题的解释》（2021 年 1 月 1 日起施行，以下简称《商品房买卖合同司法解释》）已删除了该解释之前关于商品房面积差异大于或小于 3% 的处理规定，也就是说，司法解释不再规定面积差异的处理方法，以双方的合同约定为准。通常，开发商在合同中会约定以最终测绘的面积为准，面积发生差异的，以合同约定的单价计算价格，多退少补。

如选择按套计价，房屋交付后实际面积与合同约定面积出现差异时，现行的合同示范文本一般都由双方自行约定，开发商通常都约定不进行价款调整。为了更好地维护你的权益，最好与开发商协商，约定面积误差超过一定比例时，如果是少于合同约定的面积，开发商应如何补偿；如果是多于合同约定的面积，你可以选择解除合同、不补差价或补差价的最高限额，等等。

（二）付款的方式和时间

现在很多消费者买房都采取贷款的方式，首付只付一定比例的现金，其余的价款通过贷款的方式支付。这时应了解申请银行按揭贷款或住房公积金贷款的有关政策和规定，看看自己的情况是否符合贷款的条件，是否能得到自己期望的贷款额度。了解清楚后，如有可能，最好在该条款或附件中协商约定自己必须满足的条件，在自己提供了必要材料和满足了特定条件后，如果未能得到贷款，不视为你违约、不必承担违约责任。

（三）关于逾期交房和付款的责任问题

一般情况下，逾期交房和付款的违约责任要对等。逾期付款的，按逾期部分一定比例计算支付违约金；逾期交房的，应按照房价总额或已付房价款计算违约金。还可以约定开发商逾期交房超过一定期限的，你可以退房，或对开发商加重处罚，等等。

（四）关于设计变更的约定

开发商如果出于自身的利益去改变规划和设计，按照示范合同文本的规定，你可以选择按照变更后的设计做相应调整然后继续履行合同，或者选择退房，由开发商把预付的房款连同按照中国人民银行授权全国银行间同业拆借中心在买房者付款日最后一次公布的相应期限贷款市场报价利率（LPR）计算的利息退回。这样对于买房者很不公平。所以最好约定开发商非因公共利益的需要不得申请改变或自行改变小区的规划和设计，否则要承担违约责任。

（五）不动产权证的办理

买了房子不能及时拿到不动产权证，你的权益会受损，也不便于你将房屋抵押贷款。所以最好约定开发商应在房屋交付之日起多长时间内代办好不动产权证，或商品房现售备案证明，并将不动产登记机构要求的需开发商提供的证件资料提交给你，以便你自行办理不动产权证。逾期，应按照房屋总价款的一定比例计算、支付违约金。

（六）商品房的装修、设备标准

这是很重要的内容，很多格式合同文本规定以附件形式注明此项内容。这个附件开发商一般也事先统一写好了，要仔细斟酌，看看是否符合你的期望，有关装修用料、设备品牌等内容是否约定清楚，没有歧义。

当然，以上谈到的只是主要的问题。出于谨慎，签订合同时最好还是有专业的法律专业人士陪同。

25. 租房应注意的几个法律问题

刘女士刚从外地来 B 市发展，发现步行街的生意很火爆，就想在步行街开个服装商场。不久，刘女士看到广告，得知步行街有一家商场要转租。刘女士与商场老板及房东谈妥后，签订了转租合同，向商场老板支付 150 万元的转让及装修补偿费用后，由刘女士直接向房东交租。

刘女士接下这个商场后，投入巨额资金重新进行装修，经营某国际知名品牌的时装和皮具，生意十分红火。就在刘女士沉浸于喜悦之中时，突然接到了有关部门的通知，整条步行街由于城市改造将在几个月后拆除，要求她们尽快做好搬迁准备。刘女士的心一下子就凉了！租金、转让费和装修补偿费以及后续投入等近千万元的巨额投资转眼将付之东流。刘女士心急如焚，找到笔者。笔者接受委托后，经过调查，得知原来转租的商场老板和房东是在明知步行街将要被拆迁的情况下隐瞒真相收取高额转让费和装修补偿款将刘女士“套”进去的。官司打到法院，经过笔者的据理力争，刘女士支付的转让费和装修补偿款都由原来的商场老板和房东共同退赔，她后续投入的装修款，按照过错大小，由三方分担，刘女士的损失得到了一定程度的弥补。这里笔者暂不详细分析案件的法律要点和胜诉的经过、理由，只想借这件事情，跟大家谈谈租房子（特别是商铺）要注意的一些问题。

（一）租房前，最好通过审查不动产权证书或到不动产登记管理部门查询等方式了解房屋产权的详细情况，包括有无共有人、有无抵押或被查封等情况，以便确定对方确实有权向你出租这房子。

（二）如果是从承租人手中转租的，要查看他与房东的租赁合同，并且应该向房东核实产权情况和租赁合同的真实性。如果原来的租赁合同中没有约定承租人可以转租，而且又未征得房东同意的话，承租人是不能转租的，你跟他签订的租赁合同就是无效的，不受法律保护，房东可以随时收回房子。但是，如果房东知道或者应当知道承租人转租，超过六个月不提出异议的，视为其同意转租，房东以后再就转租提出异议或者诉讼，得不到法律的支持。

（三）租房前一定要到规划部门了解规划情况。吸取上面案例的教训，如果你打算租赁的房屋已经纳入规划变更，属于规划要修道路、搞市场或旧城改造等的范围，而你浑然不知，就会像刘女士一样签下租赁合同，到头来造成损失，却又未必能打赢官司，或者说即使打赢了官司也要浪费不少精力和财力。

（四）了解房屋的用途及现时使用情况，看看是否符合你的需要，了解房屋是否存在物业、水电等方面的欠费以及是否存在质量问题和其他纠纷。

（五）订立完备的租赁合同。合同的主要条款包括：租赁房屋的产权证号、面积、坐落、现状、用途、租赁期限、租金及其支付期限和方式、租赁房屋交付、退回，装修及维修维护、物业、水电费用的支付、违约责任等条款。

特别要注意的是，《民法典》规定：“租赁期限不得超过二十年。超过二十年的，超过部分无效。”所以，合同约定的租赁期限不能超过二十年。

此外，在你租赁期间“买卖不破租赁”。如果房东要卖房，房东及买方不能以买卖为理由解除你的租赁合同，房东与你签订的租赁合同继续有效，应当继续履行。租赁期间，房东要转让你所租赁的房产时，必须通知你，在同等条件下你作为承租人有优先购买权。如果房东不通知你就卖掉了房子，除了租赁合同继续履行外，你还可以要求房东赔偿按转让价与市场价之间的差价损失。

26. 商品房住宅可以用来开办公司或经营餐饮娱乐业吗?

李先生在一个住宅小区购买了一套“楼中楼”，其中一楼作为公司的办公用房，二楼自住。公司开张后生意红火，来来往往的人挺多，邻居颇有微词，并曾经向李先生提出过异议。但是李先生认为，房子是自己买的，做什么用别人干涉不了，再说，开公司做生意对邻居也没有影响，所以没理睬邻居的意见。没多久，邻居把李先生告上了法庭，认为李先生擅自改变住宅用途，违反法律法规的规定，并构成对其他业主的侵权。法院遂判令李先生恢复住宅功能，不得将住宅做商业用途。对此李先生颇感委屈，难道自己的房子如何使用还要征得邻居的同意吗？有没有相关的法律规定呢？答案是肯定的。

现实当中，由于租金和物业管理费低等种种便利，住宅小区业主擅自改变房屋使用功能，用作办公场所或其他经营场所的情况比比皆是，在方便了自己的同时，却给小区其他住户的生活带来了很大的干扰，甚至引发矛盾。

《民法典》规定：“业主不得违反法律、法规以及管理规约，将住宅改变为经营性用房。业主将住宅改变为经营性用房的，除遵守法律、法规以及管理规约外，应当经有利害关系的业主一致同意。”由此可见，房屋用途是由土地使用权的用途及建设时的规划审批决定的，不能随意改变，尤其是住宅改商用会给小区的其他住户造成影响，也会给物业管理增加负担。

正是基于这样的原因，2007 年，原国家工商行政管理总局发布了《关于住所（经营场所）登记有关问题的通知》，其中明文规定：企业（公司）、个体工商户在设立（开业）或住所（经营场所）变更登记时，将住宅变为经营性用房的，除提交住所使用证明外，还应当提交下列材料。

（一）《住所（经营场所）登记表》；

（二）住所（经营场所）所在地居民委员会或业主委员会出具的有利害关系的业主同意将住宅改变为经营性用房的证明文件。

由此可见，本文开头李先生的问题就在于把住宅改为商业用房时没有征得有利害关系的邻居的同意，在邻居提出过异议之后，李先生也没有采取相应的补救措施，那么法院判令李先生恢复住宅功能，不得将住宅做商业用途是有法律依据的。

据报道，某市曾开展专项行动整治住宅商用，叫停把居民住宅用来办公司的现象。可以预见，随着经济的发展，人们法制意识的增强，政府会进一步加强对住宅商用现象的监管，住宅商用会受到越来越多的限制。在现在的房地产市场中有很多所谓的“商住楼”。开发商在住宅土地使用权上按照写字楼的格局进行建设，其售价比同地段的住宅小区高，但又比同地段的真正意义上的写字楼要低。这些“商住楼”里面往往也出现商户多于住户的情形。考虑到住宅商用有一定的法律限制和障碍，今后大家在购买“商住楼”的时候要多一分谨慎。

27. 大楼建成被拍卖，为什么施工方先于有抵押权的银行得款？

有个朋友的建筑公司帮房地产开发商盖房子，房子盖好了，但是开发商还拖欠他们很多工程款。而最让他们担心的是，开发商已经把土地和在建工程都抵押给银行贷了款，现在银行也在追开发商还款，建成的房子呢，已经卖了大部分了，即使拍卖剩下的房子，得款优先归还银行的话，他们公司就拿不到多少工程款了。大家觉得他们的担心是不是有道理呢？

笔者接手这个案件之后，经过调查和了解，代理他们公司起诉，主张建设工程价款的优先受偿权，最终法院判决他们公司的施工款有优先受偿权，优于银行的抵押权，为他们追回五千多万元的工程款。下面跟大家谈谈建设工程价款的优先受偿权。

一、什么是建设工程价款的优先受偿权，是否优于抵押权

对于建设工程承包人来说，这是一个必须清楚知道的重要问题。《民法典》规定："发包人未按照约定支付价款的，承包人可以催告发包人在合理期限内支付价款。发包人逾期不支付的，除根据建设工程的性质不宜折价、拍卖外，承包人可以与发包人协议将该工程折价，也可以请求人民法院将该工程依法拍卖。建设工程的价款就该工程折价或者拍卖的价款优先受偿。"《最高人民法院关于审理建设工程施工合同纠纷案件适用法律问题的解释（一）》规定："承包人根据民法典第八百零七条规定享有的建设工程价款优先受偿权优于抵押权和其他债权。"

之所以规定建设工程价款优先受偿，一方面，建设工程价款包含了施工工

人工资，而工人工资是工人赖以生存的保障，是生存权。生存权高于其他债权。这样体现了社会公平正义，对社会稳定有着极其重要的影响。薪酬优先是世界各国对于劳工保护的最基本的要求。在破产案件的处理过程中，工人欠薪也是优于国家税收、抵押权等其他债权受到优先保护的。另一方面，即使发包人在建设过程中将在建工程抵押给银行等其他债权人，但是在建工程的形成和增值，是承包人购买的原材料经过施工而形成，是抵押权得以存在的基础。抵押权人如果优于承包人得到受偿，显然是掠夺了承包人的成本投入，让其代替发包人承担清偿责任，违背了基本的公平原则。

根据法律规定，享有优先权的建设工程价款，不包括发包人对建筑工程违约所应当承担的赔偿责任。

二、主张建设工程价款优先权的期限

是不是随时都可以主张优先受偿权呢？不是！法律规定，承包人行使优先权的期限最长不得超过十八个月，自发包人应当给付建设工程价款之日起算。超过此期限，承包人丧失权利，不能再主张优先受偿权。

很多承包人由于不了解这个法律规定，没有及时咨询律师，错失了主张优先权的时机，造成了不应有的损失，教训深刻。在建设工程施工合同的履行过程中，竣工后发包人为了拖延支付工程款，经常在结算上做文章，对于承包人提交的结算报告迟迟不审核、不答复。在这种情况下，有些承包人即使认为发包人拖欠工程款，也会等到结算完毕或长时间的追讨无效后才通过诉讼等方式解决问题，才会在律师的提示下知道建设工程价款有优先受偿权。但是，这时往往已经超过了前述规定的“自发包人应当给付建设工程价款之日起十八个月”的优先受偿期限。所以，作为承包人，千万不能因为结算等问题，错过了优先受偿权的主张期限，否则可能会蒙受巨大的损失。

三、优先受偿权不能对抗支付了全部价款的商品房买受人

承包人承建的若是商品房，在开发商把房子卖给了客户，客户支付了全部或部分价款后，承包人主张优先受偿权时，法院、仲裁机构还可以拍卖那些房子吗？针对这些问题，最高人民法院在《关于商品房消费者权利保护问题的批复》

中规定，商品房消费者以居住为目的购买房屋并已支付全部价款的，其主张的房屋交付请求权优先于建设工程价款优先受偿权；只支付了部分价款的商品房消费者，在一审法庭辩论终结前付清剩余价款的，也适用前述规定。此外，该批复还规定，在房屋不能交付且无实际交付可能的情况下，商品房消费者主张返还价款的，优先于建设工程价款优先受偿权。

赋予承包人建设工程价款优先受偿权的同时，对于支付了全部价款的以居住为目的购买商品房的消费者，设定了更优先的保护。也就是说，出于居住需要购买商品房的个人，承包人行使优先受偿权时，不能拍卖其购买的商品房。对于购买商铺、写字楼或拥有多套住房的买受人以及单位买受人，不在保护之列。

28. 楼市政策调控能成为解除合同的理由吗？

房地产开发，除了要遵守法律、法规之外，还受国家政策的影响。这些年，国家出台过很多调控政策，对房地产开发行业和商品房买卖合同的签订和履行，也会产生重要的影响。中国人民银行、中国银行保险监督管理委员会在2020年12月28日出台《关于建立银行业金融机构房地产贷款集中度管理制度的通知》。由于银行大幅压缩按揭贷款，一来导致许多交了首付款的购房业主无法取得银行的按揭贷款；二来导致不少开发商资金断链，出现不少烂尾楼盘，最终导致房价较大幅度的下跌。那么，因国家调控政策，导致无法取得按揭贷款的业主，能不能要求解除合同、退还首付款呢？房价大幅下跌之后，业主能不能以“买贵了”作为理由，要求解除合同？国家的调控政策是不可抗力，还是情势变更？能否成为一方解除、变更合同和免责的理由？法院又是如何判决的呢？

有人认为，国家的调控政策属于不可抗力，范围如此广、力度这样大的调控政策，是开发商和购房户都无法预见也无法控制的政府干预行为；这种政策出台之后，开发商和购房户都必须遵守，属于不可抗力。安徽某法院在购房户因限购无法办理所购买的第三套房屋的过户手续，要求解除合同并退还定金一案中，就以国家限购政策属于不可抗力为由，判决解除合同，由出卖人返还定金。

还有人认为，楼市调控政策导致合同无法履行，属于情势变更。所谓情势变更，是指合同依法有效成立后，因不可归责于当事人的原因，使合同赖以成立和履行的基础或环境发生不可预料的重大变化，若继续维持合同的原有效力则显失公平，受不利影响的一方当事人有权请求法院或仲裁机构变更或解除合同的法律制度。深圳某法院在审理因限购和房贷政策重大改变导致无法办理银行按揭贷款，购房户起诉要求解除合同并退还定金的案件中，就适用了情势变更的原则，判决支持了购房户的诉讼请求。

按照法律规定，合同成立以后客观情况发生了当事人在订立合同时无法预见的、非不可抗力造成的不属于商业风险的重大变化，继续履行合同对于一方当事人明显不公平或者不能实现合同目的，当事人请求人民法院变更或者解除合同的，人民法院应当根据公平原则，并结合案件的实际情况确定是否变更或者解除。最高人民法院的司法解释也规定，交付了定金，因不可归责于当事人双方的事由，导致商品房买卖合同未能订立的，出卖人应当将定金返还买受人；因不可归责于当事人双方的事由未能订立商品房担保贷款合同并导致商品房买卖合同不能继续履行的，当事人可以请求解除合同，出卖人应当将收受的购房款本金及其利息或者定金返还买受人。

情势变更与不可抗力的区别在于：不可抗力程度更甚，导致合同无法履行；而情势变更的情况下，合同很难履行或继续履行显失公平。房产调控政策下产生的纠纷中，很多合同并非完全不能履行，只是暂时不能履行或履行起来会极大增大购房人的负担等等。由于政策调控导致房价大幅下跌，购房者以此为由要求解除或者变更合同的，由于这种调控往往也对开发商带来巨大的影响，甚至导致项目停工、烂尾，法院一般都会认定商业风险应该自担，不会支持购房人解除合同、返还购房款的请求。

综上，笔者认为，楼市调控政策影响合同履行，一般应当认定属于情势变更，双方当事人都没有过错，遇到此种情形，法院应该根据公平合理的原则，妥善处理纠纷。

29. 湖景房看不到湖景了，开发商要退钱吗？

某房地产开发商开发了一个楼盘，小区离美丽的南湖很近。开盘的时候，开发商花了大力气进行宣传，尤其是在“最后一个湖景楼盘”上大做文章。很自然，面向湖水的户型更为热卖，每平方米的价格也比另一个朝向的多了几百乃至上千元。然而，令这些业主伤心的是，在他们入住不久，小区前面原本的空地上，正在轰隆隆日夜施工，一打听，是在建造一栋40多层的高楼！一年多之后，这些湖景房的业主在家里再也看不到美丽的南湖了。于是，大家纷纷找开发商理论。开发商却振振有词：“你们自己看看合同，我们在卖房子给你们的时候，可没在合同上写着是湖景房啊！”业主们傻了眼：合同是没写明是湖景房哦？！经过咨询律师，众业主决定起诉这个无良开发商。最后，法院参照同一个小区非“湖景”房的价格判决开发商退回了差价款。

合同没写着是湖景房，为什么法院会判决开发商退钱呢？原来，开发商在售楼的时候，印发了大量关于这些房是湖景房的广告资料，售楼小姐也是这么介绍的，她们都说小区前面的空地今后政府会弄成绿地，不会再建房了，对小区湖景房没有影响。而在售楼部的沙盘模型里，后来建起40多层高楼的地方被做成一片开阔的绿地。法院认为，开发商的这些说明和陈述，误导了业主，使得业主愿意花格外高的价格购买所谓的“湖景房”，开发商依法应对其关于湖景房的承诺践约，交付湖景房给业主。交付不了，当然应该赔付差价款。

最高人民法院《关于审理商品房买卖合同纠纷案件适用法律若干问题的解释》规定，商品房的销售广告和宣传资料为要约邀请，但是出卖人就商品房开发规划范围内的房屋及相关设施所作的说明和允诺具体确定，并对商品房买卖合同的订立以及房屋价格的确定有重大影响的，构成要约。该说明和允诺即使未载入商品房买卖合同，亦应当视为合同内容，当事人违反的，应当承担违约责任。

本案中，虽然小区前面的空地不在本小区的商品房开发规划范围内，但是有证据证明，开发商在售楼前已经知道小区前的空地已经被其他房地产开发商购买，并正在办理高层住宅楼的报建手续。开发商明知自己宣传的所谓“湖景房”今后看不到湖景，而做这样的具有欺骗性的广告和允诺，并以高于非湖景房的价格出售，因此，所谓“湖景房”的宣传，实质上是对自己销售的商品房的具体说明和允诺，即使没有写进商品房买卖合同，开发商仍然要承担相应的法律责任。

根据上述规定，开发商在广告、模型、宣传资料上关于商品房及相关配套设施设备的说明、允诺，对于购房者的购买行为（包括价格）有重大影响的，视为合同内容，对开发商具有约束力。这一点，值得房地产开发企业重视。作为购房者，对于这些说明和允诺最好要求开发商写进合同，如若不然，也应注意保存好这些广告和宣传资料，日后发生纠纷时可以作为有利的证据。

30. 商品房认购协议的效力

房地产公司销售在建商品房，依法必须取得房产管理部门颁发的商品房预售许可证。但是眼下很多房地产公司为了筹措资金，弥补自有资金的不足，或者为了加快资金的周转，有时会在未取得商品房预售许可证时，甚至在项目还没开工的时候，就通过与客户签订认购协议（或名为认购书、订购协议、预购协议、预约购房协议等，本文统一称认购协议）收取客户资金，将商品房“预订”或变相销售出去。当然，也有一种情形，就是房地产公司已经取得商品房预售许可证或者已经取得商品房现售证明（房屋已经建好），此时由于楼盘热卖，房地产公司有意炒作；开盘时购房者比较集中，来不及一一商议买房合同条款；购房者看好了商品房，但是一时拿不出那么多钱或看房的时候自己对合同条款拿捏不准等诸多原因，也会签订认购协议并交纳一定的定金或预付款，随后签订商品房预售合同或商品房现售合同（以下统称商品房买卖合同）。

尽管双方签订了认购协议，但是最终没能签下正式的商品房买卖合同的情形时有发生。原因也是多方面的，有楼盘未能预期完工，也有商品房建成后购房者觉得不满意、不合适，或者双方原来在认购协议中没有约定好商品房买卖合同的主要条款，准备签订正式合同时对主要条款或合同的具体内容达不成一致，等等，不一而足。那么，认购协议是否具有法律效力？发生争议后该如何处理呢？

一、认购协议的法律性质

认购协议是开发商与购房者签订正式的商品房买卖合同之前针对房屋认购事宜而签订的协议，协议内容一般包括认购人打算购买的商品房的位置、朝向、楼层、房号、面积、单价、总价、签订正式商品房买卖合同的时间或条件等，此外，开发商为保证购房者将来签订正式商品房买卖合同，一般要求购房者支付一定数额的定金，因此认购协议是具有担保作用的合同。由于认购协议实质上是约定将来签订某一合同的合同，根据民法理论和最新司法实践，认购协议属于预约合同，将来签订的商品房买卖合同属于本约合同。

但是，认购协议具备了《商品房销售管理办法》规定的商品房买卖合同的主要内容，并且出卖人已经按照约定收受购房款的，根据《商品房买卖合同司法解释》的规定，应当认定为商品房买卖合同。前述所谓具备商品房买卖合同的主要内容，在司法实践中，不同法院在理解和掌握上不尽相同，但是一般认为，即便不完全具备《商品房销售管理办法》第十六条所罗列的全部条款，但是认购协议包含了合同双方当事人、房号及房屋基本情况、房屋价款及支付、房屋交付标准和时间、违约责任等基本条款，双方权利义务约定比较明确，依照认购协议交易可以完成的，也应认定为具备了《商品房买卖合同》的主要内容。

二、认购协议的法律效力和履行

当认购协议属于预约合同的性质时，不管双方约定要买卖的房屋是现房还是期房，也不管开发商是否就销售房屋取得商品房销售许可证，认购协议都具有法律效力，双方均应依约定履行义务，违反认购协议的须承担违约责任。

根据《商品房买卖合同司法解释》，违反认购协议的处理原则是定金罚则。如果由于开发商一方的原因未能订立商品房买卖合同的，开发商须向购房者双倍返还定金。如果由于购房者一方的原因，未能订立商品房买卖合同的，购房者预交的定金就会被开发商没收。因不可归责于当事人双方的事由，导致商品房买卖合同未能订立的，开发商应当将定金返还购房者。

当认购协议被认定为商品房买卖合同时，如果开发商销售的是未取得预售许可证的期房，由于违反了《中华人民共和国城市房地产管理法》的强制性规定，认购协议无效（但是在起诉前取得商品房预售许可证明的，可以认定有效）。此时，开发商处于被动的地位，其不仅要承担相应的民事责任还可能面临行政处罚的风险。在民事责任方面，开发商须向购房者返还定金，并根据过错程度承担损失赔偿责任。在行政处罚方面，根据《城市房地产开发经营管理条例》相关规定，开发商取得商品房预售许可证前擅自预售商品房的，由县级以上人民政府房地产开发主管部门责令停止违法行为，没收违法所得，可以并处已收取的预付款 1% 以下的罚款。

三、签订认购协议要注意的问题

由于认购协议并无固定格式，而且内容往往比较简单，故而极容易产生纠纷。无论是开发商还是购房者，在签订认购协议时，都要慎重考虑。作为开发商应向客户如实披露预售商品房的情况，在未取得预售许可证的情况下不要变相销售和收取购房款，避免发生纠纷后协议被认定无效并承担赔偿责任。作为购房者，应充分了解预购商品房的相关信息，确保交易安全。总的来说，认购协议的条款应该完备清晰，约定明确，尤其要约定在满足什么条件或什么时间之前可以按照什么样的合同版本签订商品房买卖合同，以免引起不必要的争议。

31. 合作开发房地产的几点建议

合作开发房地产是指一方提供土地使用权，另一方提供资金进行房地产开发建设，共享利润、共担风险的行为。因房地产开发周期长、投资大，法律关系复杂，涉及的方方面面比较多，有时容易产生纠纷。处理好下面几个问题，对于合作开发房地产也许有所帮助。

一、合作开发的一方须具备房地产开发经营资质

国家对房地产开发实行强制性资质管理，不具备房地产开发经营资质的企业不得从事房地产开发经营。因此，合作开发房地产的各方至少应有一方具备资质。如合作各方均不具备房地产开发经营资质的，那么合作开发合同无效，但在起诉前有一方已经取得房地产开发经营资质或者已依法合作成立具有房地产开发经营资质的房地产开发企业的，合作开发合同有效。

因此，没有房地产开发资质的一方在选择合作对象时，应考察对方是否具有相应资质。如果合作各方均不具有房地产开发经营资质，实际上也无法完成报建及取得合法的施工手续，无法推进项目的建设。

二、用以合作开发的土地应是出让土地使用权的国有土地或集体经营性用地

用于合作开发的土地，必须是出让土地使用权的国有土地，或者经政府批准出让的集体经营性用地，而不能是划拨土地。未经有批准权的人民政府批准出让，以划拨土地使用权作为投资与他人订立合同合作开发房地产的，合作开发合同无效，但起诉前已经办理批准手续的，可认定合同有效。

三、合作开发合同内容要具体、完备

由于房地产开发是一个周期长、程序复杂、事务烦琐的过程，容易出现各方权力交叉重叠、利益冲突的情况，因此合作各方应该在房地产合作开发合同中全面、具体地约定各方的权利和义务。

在签订房地产合作开发合同时，尤其要注意以下几个方面。

1. 明确合作方式。如果组建项目公司合作开发的，项目公司的股东协议及公司章程等法律文件应与合作合同的内容相适应，不能互相冲突。还要考虑将土地注入项目公司的成本、税费等问题并及时办理土地使用权变更登记。

2. 项目总投资额及投入方式，各方投资额度、进度及追加投资的义务和方式，利用土地及项目融资的条件和具体规定。

3. 项目运作及管理模式，包括各方的经营管理权限，派出的管理人员、职责和权限，尤其是财务管理和投入、融入资金监控方式。

4. 项目销售及回笼资金的管理使用。

5. 成本核算办法。

6. 投资款的返还、项目结算、利润分配的时间节点、分配方式。

7. 若进行物业分配，因分配产品产生的税费及分担。

8. 项目建设工期及合作期限。

9. 违约责任、争议解决及其他问题。

四、合理确定各方实际投资，未足额出资的应按其实际投资比例分配利润

房地产项目都是滚动式开发，一个项目的建设总成本，可能达几亿、几十亿甚至更多，但是真正需要投入的启动资金，除了土地使用权之外，可能只需要小部分，比如几千万、几亿。作为资金的投入方，其实际投入的资金，与项目开发的模式、进度、融资及销售策略都有很大的关联。当一方提供土地使用权，另一方投入建设资金并负责开发经营管理的时候，作为提供地的一方，如何确认对方的真正投资额，并按照投资额与土地使用权价值的比例作为利润分配的基础，是很重要的。资金投入方作出的投资概算和方案，往往金额比较大，但扣除建设工程施工方的合理垫资、利用土地使用权进行的项目融资、预售商品房回笼的款项，资金投入方实际只需要投入很小的一部分启动资金，并在前期适当追

加部分短期资金之后，就可利用滚动开发的模式，完成项目的投资。所以，资金投入方的实际投资额及资金利用的时间，往往与其作出的投资概算和方案有较大的出入。而利用土地取得的融资，即使由资金投入方操作、办理，也不应视为其投资，这客观上其实进一步加大了供地方的风险，应相应增加供地方利润分配比例。供地方，尤其是不熟悉房地产经营的，应谨慎分析和审核，作出客观评判，以便在合同中确定合理的利润分配比例。

反过来，作为投入资金的一方，如果负责项目开发经营和管理，应合理提高利润分成的比例，同时承担相应的责任。尤其要考虑项目滚动开发、周期较长的因素，在合同中合理约定项目开发销售到一定程度，逐步回收投资款的方式、额度。一般项目开发前期投入较多，当销售达到一定程度的时候，已收回大量的售房款，如果都等到项目开发完毕、总体结算以后再分配，会造成巨大的资金沉淀和浪费，实际上对合作各方都不利。

当合作开发房地产合同约定仅以投资比例确定利润分配比例的，一方未按约及时足额投资，除了要承担违约责任外，在利润分配时，应按其实际投资比例分配利润。

五、完善各项制度，加强监督和管理

在合同履行过程中应建立完善的管理制度，并严格执行，加强监督和监控。这些制度包括：重大事项议事规则及决策流程、财务管理制度、公章及印鉴使用管理制度、项目工程管理制度、销售管理制度、合同及档案管理制度等。

在项目建设过程中，即使合作的一方不参与经营管理，也应该对项目的规划、设计、报建、施工合同招投标或协议发包、重要设备及材料采购、工程建设进度、验收及结算、项目销售、资金监控等各个重要环节进行全程的跟踪和监督。

六、名不副实的几类合作开发合同

共担风险是合作开发最本质的特征之一。因此，合作方借合作开发房地产项目之名，行土地使用权转让、房屋买卖和租赁、借贷合同之实，不符合合作开发的要求，会被认定为其他性质的合同关系。有关司法解释对于徒具合作开发房地产合同形式，但缺乏共担风险这一重要特征的四类合同，是这样认定的：1. 合作开发房地产合同约定提供土地使用权的当事人不承担经营风险，只收取固定利益的，应当认定为土地使用权转让合同；2. 合作开发房地产合同约定提供资金的当事人不承担经营风险，只分配固定数量房屋的，应当认定为房屋买卖合同；3. 合作开发房地产合同约定提供资金的当事人不承担经营风险，只收取固定数额货币的，应当认定为借款合同；4. 合作开发房地产合同约定提供资金的当事人不承担经营风险，只以租赁或者其他形式使用房屋的，应当认定为房屋租赁合同。

七、合作开发房地产中的税务问题

在合作开发房地产的过程中，合作各方应承担的税费是一个非常复杂而重要的问题。不同合作形式、不同收益分配形式下，税务成本和税务处理都有很大的不同。特别需要指出的是，如果土地取得成本较低，合作时土地价值已经大幅提升，涉及较高的土地增值税，因此合作时的评估或估算土地使用权的价值，要扣除土地增值税。比如以 50 万元 / 亩取得的土地使用权，合作时已经涨到几百万元 / 亩，甚至上千万元 / 亩，土地增值税总额就超过了 50%。表面看价值 10 亿元的土地，实际上扣除土地增值税后只值 5 亿元左右。开发过程中，很难用成本冲销，必须认真考虑税务成本，合理确定出地一方的投资额。

还应注意，合作开发过程中物业分配视同销售，会产生很多税费，应在合作合同中约定如何分担。

国家税务总局颁布的《房地产开发经营业务企业所得税处理办法》（国税发〔2009〕31 号）第七条明确规定：“企业将开发产品用于捐赠、赞助、职工福利、奖励、对外投资、分配给股东或投资人、抵偿债务、换取其他企事业单位和个人的非货币性资产等行为，应视同销售”。此时应注意，当项目以一方名义开发，将物业分配给项目开发的其他合作方时，必须签订房产买卖合同，才能办理过户登记手续。此时应注意，必须缴纳契税、土地增值税、销售方的企业所得税等各种税费。这些税费按照税务法律和政策，纳税主体既有名义上的销售方，也有接受物业一方，如何分担，应在合同中明确，以免利益失衡而发生纠纷。

不同的土地、不同的项目、不同的合作对象、方式以及不同的法律政策环境下，合作开发房地产需要考虑的问题都不尽相同。要做到正确决策，需要一个综合的、专业的顾问团队。因此，合作方应由律师、会计师和税务师根据项目特点，结合法律法规和地方政策，选择最佳的合作方案。

32. 小区会所、停车场（位）及其他配套设施的产权归属

随着市场经济的逐步发展和完善，房地产业成了每一个城市不可或缺的重要组成部分。而在城市生活的人们，几乎也都和商品房脱离不了干系，或买或租，都要和房子打交道。这里，我们说说买了商品房后小区的会所、停车场（位）及其他公共配套设施的权属和管理使用规定。

首先讲会所。我国颁布《民法典》之前，包括《物权法》在内的法律、法规对于会所的归属，没有作出具体规定，大家对于会所的权属和使用可谓众说纷纭。《民法典》中，对于这个问题的规定，也不是很明确。开发商一般都认为他们拥有会所的所有权，理由是会所的建筑面积没有计入小区业主所买的房屋的公共分摊面积。严格来说，这个理由不成立。

根据原建设部《商品房销售面积计算及公用建筑面积分摊规则（试行）》，商品房整栋销售的，商品房的销售面积即为整栋商品房的建筑面积（地下室作为人防工程的，应从整栋商品房的建筑面积中扣除）。商品房按“套”或“单元”出售，商品房的销售面积即为购房者所购买的套内或单元内建筑面积（以下简称套内建筑面积）与应分摊的公用建筑面积之和。公用建筑面积由以下两部分组成：1. 电梯井、楼梯间、垃圾道、变电室、设备间、公共门厅和过道、地下室、值班警卫室以及其他功能上为整栋建筑服务的公共用房和管理用房建筑面积；2. 套（单元）与公用建筑空间之间的分隔墙以及外墙（包括山墙）墙体水平投影面积的一半。

《商品房销售面积计算及公用建筑面积分摊规则（试行）》还规定，凡已作为独立使用空间销售或出租的地下室、车棚等，不应计入公用建筑面积部分。

作为人防工程的地下室也不计入公用建筑面积。从上述规定可以看出，按套购买的商品房，只分摊本栋建筑物的公共使用部分，其他都不计入公摊。如果按照“计入公摊的部分才属业主共有”的逻辑，那么小区出售之后，小区里不仅会所属开发商所有，连公共配电房、物业管理用房和地下室、道路、公共绿化部位等都属开发商所有了。这样的理解显然是错误的。

实际上，会所、物业管理用房、公共健身、体育设施、地下人防工程以及地上的绿化、道路等都是开发商为小区配套建设的设施。没有这些配套，小区就不成为真正的小区，就不具备正常而合理的居住环境。而这些配套，都是促使消费者以那样的价格购买特定小区商品房的原因。或者换句话说，业主购买商品房的价格就包含了小区的所有土地和配套成本。业主买的并不仅仅是简单的自己家的那个空间，还包括整个小区的环境。只有这些东西都配套好了，小区才具备居住和生活的条件，才能卖得动。

所以，从法律上说，前面所说的所有为小区配套的东西，都属整个小区业主公共所有。国务院 2003 年 6 月颁布、2018 年 3 月修订的《物业管理条例》第二十七条规定：“业主依法享有的物业共用部位、共用设施设备的所有权或者使用权，建设单位不得擅自处分。”但是，对于哪些是共用部位、共用设施，没有进一步具体的描述。

自 2007 年 10 月 1 日起施行的《物权法》，就小区业主的建筑物区分所有权问题作出了明确规定，其中第七十三条规定：“建筑区划内的道路，属于业主共有，但属于城镇公共道路的除外。建筑区划内的绿地，属于业主共有，但属于城镇公共绿地或者明示属于个人的除外。建筑区划内的其他公共场所、公用设施和物业服务用房，属于业主共有。”2021 年 1 月 1 日起施行的《民法典》，继续沿用了前述规定。根据这一规定，笔者认为，除非在房屋买卖合同中明确约定小区的会所属于开发商所有，否则，会所应理解为小区配套设施，即术语“其他公共场所”所包括的一部分，应归业主共有，而不归开发商所有。

关于商品房小区的停车场、停车位，《民法典》第二百七十六条规定：“建筑区划内，规划用于停放汽车的车位、车库应当首先满足业主的需要。”这首先保证了业主停车的需要，并排除了开发商为了赢利目的而不顾业主的需要将车位、车库囤积或高价出卖给非业主的可能。《民法典》第二百七十五条还规定：“建筑区划内，规划用于停放汽车的车位、车库的归属，由当事人通过出售、附赠或者出租等方式约定。占用业主共有的道路或者其他场地用于停放汽车的车位，属于业主共有。”这里重点明确了利用业主公共道路或其他公共场地划成的停车位归业主共有，而不是归属于开发商。但是地下停车场及架空层中的车位，可以出售和办理产权，在没有特别约定的情况下，应属于开发商所有。

《民法典》的这些规定，都是根据有关法律精神，充分总结近年来立法和司法实践的经验而作出的，对于小区物权的定权止争，具有十分重要的意义。开发商应当遵守这些规定，规范经营，如果要拥有会所的所有权，就应该在房屋买卖合同中明示并约定清楚。反过来，如果没有约定，在宣传资料上又把会所当作公共配套设施，用于提高小区的所谓“品位”，就不拥有所有权，尤其是必须按照宣传的说法，将会所规范运作。而作为业主，我们在碰到开发商擅自变更配套设施用途或者侵犯有关配套设施的使用、管理、收益权时，应该拿起法律的武器，维护自己的合法权益。

根据现行的法律规定，开发商在交付商品房之前，因业主尚未入住，没有成立业主委员会，开发商负责选聘前期物业服务企业。这些物业服务企业，虽然名义上是通过公开招标选聘，但往往都与开发商有一定的利益关联，甚至是开发商或其控制人投资开办的，因此，有些前期物业服务合同会约定，小区的游泳池、球场、露天停车场等公共配套场所和设施由物业服务企业管理，所得收益用于弥补前期物业管理的经营亏损。这种做法是严重损害业主利益的，未经业主同意，开发商无权处分属于业主的小区公共配套场所和设施的收益。

33. 物业公司的定位，是管理还是服务？

近年来，物业公司与业主之间的矛盾纠纷时有发生，有关物业纠纷的新闻不时见诸新闻媒体。在这些纠纷当中，常有业主愤愤不平："物业公司是我花钱雇佣的，就相当于我的仆人，就应该为我服务。哪有仆人不但不为主人服务，反倒恶仆伤主的道理？"物业公司亦是满肚子委屈："尽管我们是业主聘用的，但法律地位是平等的。我们对小区严格管理是为了更好地为业主服务，何错之有？"双方各执一词。从某种意义上说，物业公司的角色定位有一定的问题，物业公司到底是管理者还是服务者？

根据国务院2003年5月28日通过，并于6月8日颁布的《物业管理条例》，物业管理是指业主通过选聘物业管理企业，并与物业管理企业按照合同约定，对房屋及配套的设施设备和相关场地进行维修、养护、管理，维护相关区域内的环境卫生和秩序的活动。而所谓业主，就是指商品房小区（包括住宅小区、商住小区和写字楼）房屋的所有权人。条例规定，小区业主委员会应该与物业管理公司签订物业服务合同，业主委员会成立之前，由建设单位代为选聘前期物业管理公司并与之签订物业服务合同。合同应当对物业管理事项、服务质量、服务费用、双方的权利义务、专项维修资金的管理与使用、物业管理用房、合同期限、违约责任等内容进行约定。该条例第三十六条明确物业管理企业应按照物业服务合同的约定提供相应服务。从这些规定可以看出，物业公司实际上就是小区的"管家"，是全体业主花钱聘请来帮助管理、维护小区的设施、设备、生活秩序和环境的。业主与物业管理公司之间的关系是雇佣关系，并非我们传统意义上的管理者与被管理者之间的关系。

2007 年 8 月 26 日，国务院发布的《修改〈物业管理条例〉的决定》明确提出，2007 年 10 月 1 日以后，《物业管理条例》中的“物业管理企业”将改为“物业服务企业”，为物业公司是管理者还是服务者之争作出了定论。从“管理”到“服务”，一词之差，明确了物业公司的职责和角色定位。然而在现实中，很多物业公司仍然以管理者自居，往往把自己当成业主的主人，高高在上。而也有一些业主，错误地认为物业公司是管理者，就如行政管理当局一样，自己是被管理者，碰到很多事情都不敢向物业公司提出来。《物业管理条例》在 2016 年、2018 年做过修订、修正，具体办法由各省、自治区、直辖市制定。

其实，在业主与物业公司的纠纷中，物业公司的服务不到位占了很大一部分。比如，屋顶漏雨迟迟得不到解决；楼道的灯坏了不能及时更换；小区屡次发生被盗事件，物业公司不予赔偿，等等。在这种情况下，一些业主就会采取拖欠或者拒交物业费的办法来“报复”物业公司。服务是有偿的，业主认为自己付出了货币，他就有权利要求“买”到相应的服务。对立或者报复，其实这并不是解决问题的正确途径。

笔者认为，业主应增强契约意识，审慎订立合同。履行合同时，应当遵循诚实信用原则，在享受物业服务的同时，认真履行交纳费用的义务；对发生的纠纷，应加强与物业公司的沟通，尽可能通过对话解决纠纷。此外，业主应注意在平时积极收集、保全证据，避免在日后诉讼中处于劣势。而作为物业服务企业的物业公司，应端正服务定位，加强服务意识，依约提供完善的服务。

因此，《物业管理条例》在赋予了物业公司维护物业安全、物业合理使用的职责同时，更多是规定物业公司的服务义务，物业公司应对自身的角色定位进行调整，物业公司是以服务为主而不是管理为主。如果大多数物业公司都能摆正自己的位置，重视给业主的服务，把管理真正地变成服务，那么，相信双方的关系会更融洽。

34. 向违法拆迁、野蛮拆迁说“不”

2023 年 7 月 21 日，国务院常务会议通过了《关于在超大特大城市积极稳步推进城中村改造的指导意见》。有关媒体报道本轮超大特大城市“城中村”待改造面积或超 13 亿平方米。有关部门要求本轮城中村改造必须实行净地出让。实行净地出让，必然是要对城中村房屋进行拆迁。为确保取得公平合理的补偿，城中村的居民应对拆迁的立法有所了解。本文在此简要介绍。

一、拆迁的立法变化

过去的《城市房屋拆迁管理条例》，几乎完全是政府说了算，都一概进行强制拆迁，被拆迁人没有话语权，也没有得到公平的补偿。该条例的施行，虽然在某种程度上促进了城市的发展，但是也损害了许多被拆迁人的合法利益，甚至酿成了一些悲剧。

2011 年 1 月 21 日颁布的《国有土地上房屋征收与补偿条例》(本节简称《条例》)，通过立法的形式，明确了国有土地上房屋征收的程序、补偿标准及评定，以及争议的解决，并在立法上将最终裁决权交给法院。同时也废止了《城市房屋拆迁管理条例》。

2020 年 5 月 28 日颁布的《民法典》第一百一十七条规定：“为了公共利益的需要，依照法律规定的权限和程序征收、征用不动产或者动产的，应当给予公平、合理的补偿。”从以上有关法律、法规的变化可以看到，立法越来越完善，政府征收不能突破法律规定的权限，也必须按照法定程序走，被拆迁人应取得“公平、合理”的补偿。

对集体土地的征收，基本上也是参照《条例》规定执行。各地会根据实际情况，制订相应的办法。比如，笔者所在的南宁市近期修订了《南宁市征收集体土地补偿安置办法》，明确城区政府、自然资源部门、征地机构、乡镇街道政府的职责，规定征地补偿、征地安置、征地安置人员的认定、住宅房屋拆迁补偿安置等具体内容。该规定有效期 5 年，即每 5 年要根据实际情况更新一次。本次修订，有不少新增加的内容，如明确提出对市场化建设可以房票落实安置物业。

二、《条例》的主要规定

下面，选择《条例》中比较重要且突出的问题和规定，给大家介绍一下。

（一）征收的条件

“为了公共利益的需要”，才可以征收国有土地上的房屋。这就是说，如果是为了商业开发，是不能征收的。大家不禁要问，那为了商业房地产的开发，如何能让房屋所有人拆除房屋并搬走呢？目前没有配套的法律法规，但是根据《民法典》和《条例》，笔者认为只有与房屋所有人进行协商，协商一致的情况下，才能依照程序获得土地和进行开发。也就是说，政府部门再以商业开发为由要拆迁你的国有土地上的房屋，你可以说“不”。

（二）被拆迁人有权获得公平的补偿

关于补偿，《条例》在几个方面作出了规定，一是原则上首次规定了“公平补偿”的原则，即“对被征收房屋价值的补偿，不得低于房屋征收决定公告之日被征收房屋类似房地产的市场价格”。二是对被征收人的补偿，除了房屋价值、因征收房屋造成的搬迁、临时安置的补偿外，将“因拆迁非住宅房屋造成停产、停业的，拆迁人应当给予适当补偿”改为“因征收房屋造成的停产停业损失的补偿”。也就是说，对于用于商业经营的房屋，征收时应该客观、足额、公平地补偿其停产停业造成的损失，而不是以前的所谓“适当补偿”，实则随意补偿。第三，对于补偿金额的确定，明确了通过评估机构评估，以及对评估结果有异议时可以申请复议，对复议结果还有异议的，可以向房地产价格评估专家委员会申请鉴定，一定程度上增加了补偿确定价值的公正度。

（三）争议均可交由法院处理

《条例》规定因征收引起的争议，都可交由法院裁判。《条例》第十四条规定："被征收人对市、县级人民政府作出的房屋征收决定不服的，可以依法申请行政复议，也可以依法提起行政诉讼。"这条规定改变了以往被拆迁人只能对补偿、安置提起复议、诉讼的做法。根据这个规定，对于能不能征收，征收补偿是否合理，被征收人可以通过提起诉讼寻求司法救济。如果被征收人的理由成立，有可能出现法院判决撤销政府的征收决定的情形。

（四）被征收人有补偿选择权

《条例》第二十一条规定："被征收人可以选择货币补偿，也可以选择房屋产权调换。被征收人选择房屋产权调换的，市、县级人民政府应当提供用于产权调换的房屋，并与被征收人计算、结清被征收房屋价值与用于产权调换房屋价值的差价。因旧城区改建征收个人住宅，被征收人选择在改建地段进行房屋产权调换的，作出房屋征收决定的市、县级人民政府应当提供改建地段或者就近地段的房屋。"

上述规定，避免了在市中心征收老百姓的房子，却让老百姓跑到几十公里外的郊区居住的令人不能接受的局面。

（五）野蛮拆迁将被追究责任

《条例》第二十七条规定："实施房屋征收应当先补偿、后搬迁。""任何单位和个人不得采取暴力、威胁或者违反规定中断供水、供热、供气、供电和道路通行等非法方式迫使被征收人搬迁。禁止建设单位参与搬迁活动。"第二十八条进一步规定："被征收人在法定期限内不申请行政复议或者不提起行政诉讼，在补偿决定规定的期限内又不搬迁的，由作出房屋征收决定的市、县级人民政府依法申请人民法院强制执行。"一方面，明文禁止了暴力、野蛮搬迁，同时，规定最终即使要强制搬迁，也只能由法院执行，而不允许警察和政府机关人员进行强行搬迁。

（六）补偿协议不成，政府有决定权

需要指出的是，如果房屋征收部门与被征收人在征收补偿方案确定的签约期限内达不成补偿协议的，由征收部门报请作出征收决定的县级以上政府部门，依据《条例》制定补偿方案并予以公告，被征收人对补偿决定不服的，可以依法申请行政复议，也可以依法提起行政诉讼。

通过上面的介绍可以看到，《条例》确实比以前的拆迁条例进步了许多，人性化了许多，相当程度上加大了对被征收人的保护力度。了解一下这个《条例》的规定，很有意义。我们希望，作为被拆迁户，要懂得并敢于利用这个《条例》保护自己的合法权益，向违法拆迁、野蛮拆迁说“不”！

（本文重点介绍的是国有土地上房屋征收、补偿问题。关于集体土地的征收、补偿以及地上建筑物的拆迁补偿，根据《土地管理法》及实施条例，各省、自治区、直辖市的规定办理，笔者在公众号上有介绍文章，大家可以搜索阅读。）

35. 土地使用年限届满怎么办?

买过商品房的人一般都知道，国家出让的土地使用权是有最高年限的，纯住宅的为七十年，商业的为四十年。买房的时候，土地一般已经过了几年的建设期，有些甚至更长。那么，土地使用年限届满之后怎么办？房屋会不会被国家无偿收回？这是很多人都十分关心的问题。

根据《中华人民共和国城镇国有土地使用权出让和转让暂行条例》(以下简称《城镇国有土地使用权出让和转让暂行条例》) 规定，国有出让土地使用权根据用途划分，有不同的最高使用年限，分别为：居住用地七十年，工业用地五十年，教育、科技、文化、卫生、体育用地五十年，商业、旅游、娱乐用地四十年，综合或者其他用地五十年。

《物权法》出台之前，出让土地使用权期间届满后能否续期、如何续期的法律规定，不太明确，也不合理。根据《城镇国有土地使用权出让和转让暂行条例》第四十条的规定："土地使用权期满，土地使用权及其地上建筑物、其他附着物所有权由国家无偿取得。"第四十一条又规定："土地使用权期满，土地使用者可以申请续期。需要续期的，应当依照本条例第二章的规定重新签订合同，支付土地使用权出让金，并办理登记。"《中华人民共和国城市房地产管理法》(以下简称《城市房地产管理法》) 则规定："土地使用权出让合同约定的使用年限届满，土地使用者需要继续使用土地的，应当至迟于届满前一年申请续期，除根据社会公共利益需要收回该幅土地的，应当予以批准。"

上述关于出让土地使用权年限届满后必须申请续期的规定，在现实的操作中，存在一定的难度，尤其是商品房小区。整个小区甚至同一栋楼房里都有众多的业主，而小区的土地使用权不可分割。土地使用权年限届满后，若需申请续期，谁来办理？有些业主申请续期，另一些业主不愿意续期怎么办？为了解除广大人民群众的后顾之忧，保障群众安居乐业，维护社会的安定，使恒产者有恒心，自 2007 年 10 月 1 日起施行的《物权法》明确规定：住宅建设用地使用权期间届满的，自动续期。《民法典》也基本沿用了《物权法》的表述，并明确依照法律、行政法规的规定办理。也就是说，如果你的是住宅，期满后无须另行申请即可续期。至于续期多久？是否需要重新交纳出让金？交纳多少？目前尚未明确。笔者的建议是，考虑到土地已经使用了几十年，重新交纳的出让金比较于同期新获得的出让土地使用权的出让金应该要低。非住宅建设用地使用权期间届满后的续期，《民法典》仅是规定依照法律规定办理，但目前尚无明确的法律规定。但总的原则是，除非国家规划改变需要收回，否则都会允许续期。如果收回，房屋是否给予补偿，目前也没有明确的规定。笔者认为，国家应根据实际情况给予适当补偿。

由于历史的原因，此前浙江温州有少数住宅国有建设用地使用权已经到期。针对此问题，2016 年，原国土资源部根据《中共中央国务院关于完善产权保护制度依法保护产权的意见》提出的“研究住宅建设用地等土地使用权到期后续期的法律安排，推动形成全社会对公民财产长久受保护的良好和稳定预期”，在法律法规未明确之前，提出“两不一正常”的过渡方式，即不需要提出续期申请，不收取费用，正常办理交易和登记手续。笔者认为，对带有普遍性的 70 年住宅使用权届满续期的问题，国家应高度重视，加强调研，切实维护广大人民群众的切身利益。

36. 开发商欠别人钱，法院能否查封、拍卖买房者交了首付款的商品房？

赵先生在某商品房小区购买了一套三室一厅 150 平方米的商品房，总价款 120 万元，交了 36 万元的首付款，还来不及办理商品房的预告登记手续，法院查封了他所购买的房子，理由是开发商拖欠某施工单位的工程款。赵先生很焦急，向本所律师咨询该怎么办。

赵先生买房在先，又按照合同约定支付了首期款，正在办理合同备案登记和银行按揭手续，法院为什么还查封他买的房子，今后还可能要拍卖他所买的房子呢？

在这里，跟大家讲讲商品房预售合同备案登记和预购预告登记等问题。

一、商品房预售的条件

根据《城市房地产管理法》，开发商符合下列条件，才可以申请办理预售许可证：已交付全部土地使用权出让金，取得土地使用权证书；持有建设工程规划许可证；按提供预售的商品房计算，投入开发建设的资金达到工程建设总投资的 25% 以上，并已经确定施工进度和竣工交付日期。开发商取得预售许可证后，方可对外销售商品房。

二、备案登记和预告登记的概念和效力

备案登记，是商品房预售合同签订后，开发商按规定将预售合同报房产管理部门备案和登记。根据现行管理制度，开发商将特定的房产销售并办理了备案

登记后，未经买受人同意，不得撤销备案登记，从而可以避免开发商一房多卖。预告登记，是在确定的财产权登记条件还不具备时，为了保全将来财产权变动能够顺利进行，而就相关的请求权进行的登记。预告登记后，未经预告登记的权利人同意，处分该不动产的，不发生物权效力。也就是说，预告登记具有物权公示效力，可以对抗第三人。

三、备案登记和预告登记的法律依据和作用

《城市房地产管理法》规定："商品房预售人应当按照国家有关规定将预售合同报县级以上人民政府房产管理部门和土地管理部门登记备案。"自 1995 年 1 月 1 日该法生效以来，预售合同登记备案工作逐步开展并完善，现实司法实践中，法院也确认经过备案登记的预售合同可以对抗第三人，一般情况下，办理了合同备案登记的房产，法院不能查封、拍卖，具有类似于物权公示的效力，可以对抗其他债权人。2007 年 3 月 16 日，我国颁布了《物权法》，该法第二十条规定："当事人签订买卖房屋或者其他不动产物权的协议，为保障将来实现物权，按照约定可以向登记机构申请预告登记。预告登记后，未经预告登记的权利人同意，处分该不动产的，不发生物权效力。"现行《民法典》也沿用了这一规定。

在商品房预售中，购房者签订预售合同后，如果到房产登记管理部门办理了该商品房的预告登记，就可以制约开发商把已出售的住房再次出售或者进行抵押，一定程度上避免因开发商的外在债务牵连而导致自己买受的房子被查封拍卖偿债的情形发生。在现实司法实践中，办理了备案登记后，法院一般不会查封、拍卖合同项下的房产，但是，也有不同的做法。备案登记不是《民法典》规定的不动产登记制度，不具有物权效力，严格来说，即使办理了备案登记，也不具有法律意义上的对抗第三人的效力。法院若查封、拍卖办理了合同备案登记的房产，也是合法的。所以，备案登记顶多具有"准物权"效力。而预告登记则不同，它是《民法典》明确规定的不动产登记制度，其物权效力是明确的、不容置疑的。所以，本文前面提到的赵先生所买的房子，如果办理了预告登记手续，法院就不能查封和处置。

四、商品房消费者的权利可以对抗建设工程价款优先权

针对以居住为目的购房的消费者的权利保护，最高人民法院 2002 年就出台了相关的司法解释，现在适用的是最高人民法院 2023 年 4 月 20 日发布的《关于商品房消费者权利保护问题的批复》。根据该批复，商品房消费者以居住为目的购买房屋并已支付全部价款，主张其房屋交付请求权优先于建设工程价款优先受偿权、抵押权以及其他债权的，人民法院应当予以支持。只支付了部分价款的商品房消费者，在一审法庭辩论终结前已实际支付剩余价款的，可以适用前款规定。在房屋不能交付且无实际交付可能的情况下，商品房消费者主张价款返还请求权优先于建设工程价款优先受偿权、抵押权以及其他债权的，人民法院应当予以支持。

这充分保障了商品房消费者的取得房屋的优先权利和购买到“烂尾房”时主张返还购房款的优先权利。回到前述案例，由于赵先生没有及时办理备案和预告登记，法院根据系统查询到的是属于开发商名下的房产，未了解开发商已将该房产出售给赵先生的情况，即认为是开发商的财产而查封。此时赵先生应当凭购房合同、支付凭证等相关手续，向法院提出异议，法院应予以解封。同时赵先生也应当尽快办理备案和预告登记手续，以更充分保障自己的合法权益。

37. 住宅小区的绿地变成市政道路?

前几年，南方某城市的一个房地产公司在其开发的楼盘中，将本属于政府的一块土地跟小区的绿化地连接起来，做成一个沿江绿地公园。这样一来，在不知情的购房者心中，小区的环境自然是上了一个档次，尽管房价较高，但小区的商品房依然很快售罄。但是业主刚住进去不久，市里开工建设沿江大道，推土机开过来了，要推掉大部分所谓的“小区沿江绿地”。这一推，也把业主们从绿色家园的美梦中推醒了。业主在万分惊愕之中，了解到这些所谓的“小区绿地”其实是政府闲置的土地，本来规划要从这里修一条沿江大道的。前些年由于资金没落实未能及时开工，开发商趁机把小区的绿地和政府闲置的土地一起建成沿江绿地公园。业主们很纳闷，政府的土地，开发商为什么要将其占用建成小区绿地公园？为什么要欺骗我们，说是小区的绿地？还在销售广告和销售资料中大肆渲染误导大家购房？而政府的土地被开发商占用做小区绿化，土地、规划等部门都不知道吗？为什么放任这种行为？业主们与开发商协商未果，遂发起一场声势浩大的声讨、上访活动。开发商刚开始仗势拒不认错，软硬兼施，甚至引发流血事件。但是，由于业主们紧密团结，锲而不舍，正确运用法律武器，开发商最终低头，政府最终也同意将本属于政府规划道路的土地改规划为该小区的内部道路用地，并补办土地征收出让手续。最后，小区的绿地基本得以保持，而业主们也得到了一定的补偿，事件终于画上句号。

这件事情，属于欺诈消费者的一种违法行为。在《民法典》施行之前，根据 2003 年《最高人民法院关于审理商品房买卖合同纠纷案件适用法律若干问题的解释》，开发商出售商品房存在欺诈行为的如果合同被撤销或解除，购房者可以请求返还已付购房款及利息、赔偿损失，并可以请求出卖人承担不超过已付购房款一倍的赔偿责任。虽然这个案例中的欺诈情形不在前述司法解释所列举的情形之内，但是本质上是严重的欺诈行为，从法理上说，应当可以参照欺诈主张权利（在司法实践中有争议）。《民法典》施行的同时，最高人民法院修改后的《商品房买卖合同司法解释》同步施行，该解释删除了购房者遭遇欺诈可以主张已付房价款一倍的赔偿责任的条款。笔者认为，根据《消费者权益保护法》，经营者提供商品或者服务有欺诈行为的，应当按照消费者的要求增加赔偿其受到的损失，增加赔偿的金额为消费者购买商品的价款或者接受服务的费用的三倍。此外，根据《最高人民法院关于审理商品房买卖合同纠纷案件适用法律若干问题的解释》第三条："商品房的销售广告和宣传资料为要约邀请，但是出卖人就商品房开发规划范围内的房屋及相关设施所作的说明和允诺具体确定，并对商品房买卖合同的订立以及房屋价格的确定有重大影响的，构成要约。该说明和允诺即使未载入商品房买卖合同，亦应当为合同内容，当事人违反的，应当承担违约责任。"司法实践中要"退一赔三"可能比较困难，但业主们遭遇类似的事件可以去争取相应的赔偿。

类似这样的事件在各地时有发生，有法律法规和行业规范不够健全的原因，也有政府有关部门不作为，开发商不诚信经商的原因。在房地产行业发展了几十年之后的今天，由于基层政府管理部门的法律意识和执法水平等原因，房地产开发过程中同样存在很多不规范甚至是欺诈、损害购房者合法权益的事情。2020年底，国家对房地产行业进行严格调控之后，房地产行业的形式出现较大的变化，烂尾楼也逐步增多，按揭贷款发放和商品房预售资金监管中存在的问题也更多地暴露出来，业主上访事件也时有发生，我们希望大家能够共渡难关，业主遇到问题和困难，能够通过理性合法的途径去维护自己的权益。

38. 小区绿地变楼房，业主如何来维权？

近年来，小区道路、绿地变楼房，业主与开发商起纠纷的情况屡见不鲜。面对这种情况，业主应该如何理性对待，依法维权呢？下面笔者根据不同的情况进行分析。

一、开发商在建设过程中未办理规划变更手续，擅自改变设计，在原来规划的小区公共用地上增加建筑

房地产项目的施工，是根据规划部门批准的规划和设计方案进行的，开发商与购房者签订商品房买卖合同的时候，小区的配套设施、设备，包括公共道路、绿地等，都是决定商品房价格的因素。按照合同约定，完成配套设施、设备的建设并交付使用，是开发商的义务。有些开发商会在商品房销售了一部分甚至大部分后，未经规划部门同意，擅自改变设计，在小区的规划道路、绿地和其他公共用地上增加建筑物，以获取更大的利益。这种行为，不仅违反了规划法规，也损害了购房户的合法权益，购房户可以向建设规划部门反映，要求查处，并可根据合同向开发商要求违约赔偿。

二、开发商在建设过程中办理了规划变更手续后，在原来规划的小区公共用地上增加建筑

有些开发商在建设过程中，会通过向政府部门“攻关”，提高土地的容积率，改变规划和设计，在小区规划的道路、绿地等公共用地上增加建筑物，以获取更大的利益。如果此时开发商尚未销售商品房，当然不会损害任何业主的权益。但是，很多时候，开发商申请这样的规划变更时，往往已经销售了部分商品房，这种情形下，即使向有关部门履行了报批手续，从规划审批的角度看，是合法的，但也不意味着开发商就不需要对购房户承担任何责任。原建设部《商品房销售管理办法》第二十四条规定，商品房销售后，房地产开发企业不得擅自变更规划、设计。经规划部门批准的规划变更，导致商品房的结构型式、户型、空间尺寸、朝向发生变化，以及出现合同当事人约定的其他影响商品房质量或者使用功能情形的，房地产开发企业应当在变更确立之日起 10 日内，书面通知买受人。否则买受人有权退房，房地产开发企业应承担违约责任。根据有关规定，房地产开发商凡已确定的设计规划，如需变更，要举行有业主参加的变更听证会，开发商与购房户签订购房合同后如果忽视业主的意愿，单方面变更规划，属于违约行为。购房户可以根据合同要求开发商给予适当的补偿或解除合同，必要时可以通过法律途径解决。

如果小区业主认为行政机关审批不当或违反法定程序的，也可以提起行政诉讼，通过诉讼审查行政机关行政许可的合法性。根据《中华人民共和国行政许可法》规定："行政机关违法实施行政许可，给当事人的合法权益造成损害的，应当依照国家赔偿法的规定给予赔偿。"

三、小区交付使用以后，开发商在小区公共用地上非法建设

在小区建设完毕并交付使用后，有些开发商还在小区的公共用地上建造楼房。这种情形下，不管是否办理了规划变更手续，都是违法的。小区的道路、绿地等公共用地，属于全体业主共有，开发商无权在上面建设，楼房即使建成了也属于违章建筑，应由相关行政主管机关依法查处。业主也可直接向法院起诉，要求开发商停止侵权，恢复原状，赔偿损失。

《民法典》第二百七十四条规定："建筑区划内的道路，属于业主共有，但是属于城镇公共道路的除外。建筑区划内的绿地，属于业主共有，但是属于城镇公共绿地或者明示属于个人的除外。建筑区划内的其他公共场所、公用设施和物业服务用房，属于业主共有。"开发商和其他任何单位、个人（包括业主），未经业主大会讨论通过，不得占用小区道路、绿地等公共用地或改变其用途，否则，应承担相应的法律责任。

39. 业主委员会能代表业主诉讼吗?

现实中，很多小区的业主对开发商代为聘请的前期物业公司不满意，想更换掉，找一家服务更加专业的物业公司。但是，由于没有业主委员会，群龙无首，无法解决问题。那么，如何成立业主委员会？其职责与法律地位又是怎样的呢?

业主委员会是一定的物业区域内，由全体业主选举的代表组成的，代表业主利益，并负责执行业主大会决议的常设机构。所谓“业主大会”，是一定的物业区域内，由全体业主组成的业主自我管理最高权力机构。业主大会和业主委员会的设立应依照《民法典》《物业管理条例》《业主大会和业主委员会指导规则》和地方政府的管理办法，具体可以咨询当地的房产管理部门。

一、业主大会和业主委员会成立的条件

同一个物业管理区域内的业主应当在物业所在地的区、县人民政府房地产行政主管部门和街道办事处、乡镇人民政府的指导、协助下成立业主大会，并选举产生业主委员会。但是，若只有一个业主，或者业主人数较少且经全体业主一致同意，决定不成立业主大会，由业主共同履行业主大会、业主委员会职责。

物业区域内的物业交付使用且入住业主达到一定比例后，可依法定程序召开首次业主大会。以广西壮族自治区南宁市的有关规定为例，具备下列情况之一的，应当组织召开首次业主大会会议，并选举产生业主委员会：

1. 房屋出售并交付使用的建筑面积达到建筑物总面积 50% 以上；2. 经 20% 以上业主书面申请。

经专有部分占建筑物总面积过半数的业主且占总人数过半数的业主同意，可以选举业主委员会或者更换业主委员会成员。

二、召开业主大会和成立业主委员会的程序

1. 提出申请报告

符合条件的物业管理区域，拟成立业主大会的，以广西壮族自治区南宁市的有关规定为例，是由本物业管理区域内 20% 以上的业主向物业所在的区、县人民政府房地产行政主管部门或者街道办事处、乡镇人民政府提出书面报告。

2. 组建业主大会筹备组

对符合成立业主大会条件的，物业所在地的县、区房管部门或者街道办事处、乡镇人民政府应当在接到书面申请后 60 日内，指导业主成立业主大会筹备组，负责业主大会筹备工作。筹备组由业主代表、建设单位代表、街道办事处、乡镇人民政府代表和居民委员会代表组成。筹备组成员人数应为单数，其中业主代表人数不低于筹备组总人数的一半，筹备组组长由街道办事处、乡镇人民政府代表担任。筹备组中业主代表的产生，由街道办事处、乡镇人民政府或者居民委员会组织业主推荐，人数为单数，负责业主大会的筹备工作。

3. 做好业主大会会议的前期筹备工作

筹备组应当在召开首次业主大会会议前做好下列工作：

（1）确认并公示业主身份、业主人数以及所拥有的专有部分面积；（2）确定首次业主大会会议召开的时间、地点、形式和内容；（3）草拟管理规约、业主大会议事规则；（4）依法确定首次业主大会会议表决规则；（5）制定业主委员会委员候选人产生办法，确定业主委员会委员候选人名单；（6）制定业主委员会选举办法；（7）完成召开首次业主大会会议的其他准备工作。

前款内容应当在首次业主大会会议召开 15 日前以书面形式在物业管理区域内公告。业主对公告内容有异议的，筹备组应当记录并做出答复。

4. 发布筹备公告

前款规定的事项应当在首次业主大会会议召开 15 日前以书面形式在物业管理区域内公告。

5. 召开首次业主大会会议并选举产生业主委员会

业主大会筹备组应当自组成之日起 90 日内，在县、区房管部门的指导和监督下，组织业主召开业主大会会议，并选举产生业主委员会。业主委员会应当自选举产生之日起30 日内，持业主大会会议成立情况说明、业主大会议事规则、管理规约、业主委员会选举办法、业主委员会组成名单、内部职责分工、业主委员会办公场所证明文件等材料到县、区房管部门和街道办事处、乡镇人民政府备案。业主委员会备案的上述材料发生变更的，应当重新备案。

业主委员会自县、区房管部门备案之日起成立。

现实中，成立小区的业委会常常是一个十分波折、漫长的过程，原因主要有：（1）业主的参与度不高，如果前期发动得不够，参会代表人数和表决通过的人数往往都难以达到法定的要求；（2）如果小区的建设和前期物业管理存在一些问题，使得业主意见比较大的情况下，建设单位、房管部门和街道办和乡镇政府及前期物业管理公司都有可能给筹备组的工作施加压力和设置障碍；（3）筹备组中的业主代表缺乏经验和法律知识，制定的业主委员会选举办法考虑不周全，这一点十分致命，比如照抄法条，规定所有的候选人都必须在专有部分面积占比三分之二以上的业主且人数占比三分之二以上的业主参与表决、经参与表决专有部分面积过半数的业主且参与表决人数过半数的业主同意，方可当选，选举的结果大概率是只有一部分委员满足条件，此时，如果没有规定可以进行补选，那此次选举必定是失败的，按照这种模式再选下去也是很难选出足够的业主委员会委员的。因此，专业的指导十分重要！

6. 业主委员会的组成和任期

业主委员会委员应当是物业管理区域内的业主，每届任期不超过 5 年，可连选连任。新一届的业主委员会任期由业主大会决定。

（本条关于会议程序的 30 日、15 日等时间规定，因各地政策不同可能有出入，具体请咨询当地房管部门。）

三、业主委员会的职责

业主委员会是业主大会的执行机构，履行下列职责：

1. 召集业主大会会议，报告物业管理的实施情况；

2. 代表业主与业主大会选聘的物业服务企业签订物业服务合同；

3. 及时了解业主、物业使用人的意见和建议，监督和协助物业服务企业履行物业服务合同；

4. 监督管理规约的实施；

5. 业主大会赋予的其他职责。

四、业主委员会的法律地位

业主委员会究竟是一个什么性质的机构？有什么样的法律地位？能否代表业主主张权利甚至提起诉讼？这在《民法典》和《物业管理条例》中都没有明确规定。根据最高人民法院答复安徽高院的复函，明确业主委员会符合“其他组织”条件，是业主大会的执行机构，根据业主大会的授权对外代表业主进行民事活动，所产生的法律后果由全体业主承担。业主委员会具备诉讼主体资格。在司法实践中，人民法院对于业主委员会具有原告的诉讼主体资格，基本上已形成共识，但是，对于业主委员会是否具有被告诉讼主体资格，有不同的看法。主张业主委员会不具有被告诉讼主体资格的主要理由是，业主委员会没有自己独立的财产，无法承担民事责任。

笔者认为，业主委员会对于涉及全体业主利益的事项，均应具有诉讼主体资格，但所主张的事项涉及全体业主利益，应事前召开业主大会形成决议，诉讼后果应由全体业主承受。只有这样，才能有利于维护业主的合法权益，维护法律的公平与正义。

第四章　人身损害赔偿

Compensation For Personal Injury

40. 高空坠物扯不清，全楼担责不留情

如果有一天你坐在家中什么事情都没干，却收到了法院的传票，你一定会大呼冤枉。但在实践中有没有这种事情发生呢？还真是有的。2010 年 7 月 1 日施行的《中华人民共和国侵权责任法》（以下简称《侵权责任法》）明确规定："从建筑物中抛掷物品或者从建筑物上坠落的物品造成他人损害，难以确定具体侵权人的，除能够证明自己不是侵权人的外，由可能加害的建筑物使用人给予补偿。"2021 年 1 月 1 日起施行的《民法典》进一步规定："物业服务企业等建筑物管理人应当采取必要的安全保障措施防止前款规定情形的发生；未采取必要的安全保障措施的，应当依法承担未履行安全保障义务的侵权责任。"根据这些规定，当你坐在家中什么事情都没干却收到了法院的传票时，你也不用大惊小怪了。那极有可能是因为你所居住的住宅楼内的某一邻居向外面抛物砸到了楼下的行人或车辆，如果查不出来究竟是哪一位居民所为，为了保护受害人，也就只好让有可能造成损害的居民共同承担补偿责任了。

对于适用上述规定的情况，有以下几点需要注意：第一，高空抛物能确定责任人的情形不适用（知道是谁干的）；第二，能证明不是侵权人的邻里不用补偿（能证明你自己没干）；第三，法律规定的"补偿"非"赔偿"，邻里共同承担的并非真正意义上的侵权责任，而是基于公平原则对受害人的补偿责任。

这些年来，高空抛物引发的事故屡见不鲜，由于难以寻找到"真凶"，受害人通常只能吃"哑巴亏"。

在《侵权责任法》出台前，比较著名的案例是 2000 年重庆的"烟灰缸案"和 2005 年山东的"菜墩伤人案"。两案情节基本相同，但判决结果却截然相反。

这种“同案不同判”的情况后来引起了人们的广泛争议。相同的案例出现相反的判决，损害了法律的尊严。

造成这种现象的主要原因就在于当时的法院审判没有明确的法律规范作为依据，法院的审理更多的是依靠法官行使自由裁量权，因此《侵权责任法》的规定应时而生，为解决此类争议提供了明确的法律依据。《民法典》施行后，《侵权责任法》的相关规定基本保留，变成了“侵权责任编”。这些无疑都具有积极意义。

首先，“共同担责”规定有利于找到肇事者。高空抛物（坠物）伤人事件之所以难处理，主要是找不到直接证据，证明谁是肇事者。而如果是一户户排查，也常常会遭遇抵制、抵赖。哪怕是知情人，也因为担心惹麻烦而不愿意配合，因此很难确定责任人。为了维护无辜受害者的权益，法律采用了“共同担责”的办法。既然大家都不承认，不配合，那就大家都有责任。不过，“共同担责”的办法虽然有利于保障受害者权益，但让那些没有扔东西，没有直接因果关系却无法自证清白的人承担法律责任，对于很多老百姓尤其是涉案的人来说，还是难以接受的。有时候，法律就是柄双刃剑，没办法两全。

“如果我真没往楼下扔东西，该怎么证明自己是清白的呢？”相信很多读者会有这样的疑问。一般情况下，以扔东西造成伤害为例，只要能证明以下三点中的任意一点，就能免责。1. 发生损害时，自己并不在建筑物中。既然不在现场，就没有扔东西的可能，故可以免责；2. 证明自己根本没有“那东西”，比如砸到人的是只烟灰缸，但你家没有烟灰缸，那肯定不是你扔的；3. 证明自己所处的位置不具有造成抛掷物致人损害的可能。比如，上文所说的“烟灰缸案”，从楼上掉下一只烟灰缸砸死了路人。我住的楼层很低，比如在二楼，如果鉴定表明，烟灰缸的杀伤力很强，下落的速度很快，那么你可以向法院主张，不可能是你扔的，因为二楼掉下来的烟灰缸不可能有如此巨大的杀伤力。需要注意的是，该法条采用的是推定加害人的办法，由于不能确定谁才是真凶，所以把有嫌疑的人全部列为被告，大家“共同担责”。“共同担责”住户承担的是补偿责任，而不是赔偿责任。两者一字之差，却有很大差别：赔偿的前提是存在侵权行为，但在侵权人无法确定的情况下，侵权行为无从谈起；而补偿更多的是对受害人给予“救济”，补偿不是建立在过错基础上的，不具有惩罚性，也容易为大众所接受。而且，规定建筑物使用人给予受害人一定的补偿也符合公平原则，日后若是发现具体加害人，给予补偿的住户可以有追偿权。

41. 在什么情况下可以要求给予精神赔偿

曾经有朋友这样问我："我的同学骗我去搞传销，弄得我现在几乎倾家荡产，我要他赔偿我的经济损失，还要他赔我精神损失，可以吗？"还有朋友跟我说："单位无故开除了我，经过五六年奔波上访，现在终于给我恢复了公职，补发了工资。但是几年来受尽误解、歧视，现在我一定要单位赔偿我的精神损失！"有些朋友做生意，别人拖欠其货款，也说要人家赔偿"精神损失"……那么，他们的主张有没有法律依据？究竟什么情况下可以得到精神赔偿？司法实践中一般怎么处理呢？在这里，跟朋友们说一说。

我们平时所说的"精神损失费"，在法律上称之为"精神损害抚慰金"。所谓"精神损害"，是指行为人对他人实施侵权行为，导致他人精神痛苦或精神利益的丧失。精神本无价，法律规定侵权行为人应该给予受害者精神损害赔偿，一方面是要通过物质的方式给受害者以抚慰和补偿，另一方面对加害者予以惩罚。所以，精神损害赔偿具有抚慰性、补偿性和惩罚性。

最早可以理解为精神损害赔偿的法律依据是《中华人民共和国民法通则》（以下简称《民法通则》）的规定："公民的姓名权、肖像权、名誉权、荣誉权受到侵害的，有权要求停止侵害，恢复名誉，消除影响，赔礼道歉，并可以要求赔偿损失。"很多法院根据这一条的规定，受理了一些由于人格权甚至生命健康权受到侵害而提出精神损害赔偿请求的案件，并作出了给予赔偿的判决。2001 年最高人民法院发布了《关于确定民事侵权精神损害赔偿责任若干问题的解释》对精神损害赔偿有关事项进行明确。2020 年 12 月 23 日最高人民法院对前述解释根据《民法典》的变化修改后重新发布，与《民法典》同步施行。根据《民法典》："侵害自然人人身权益造成严重精神损害的，被侵权人有权请求精神损害赔偿。因故意或者重大过失侵害自然人具有人身意义的特定物造成严重精神损害的，被侵权人有权请求精神损害赔偿。"《关于确定民事侵权精神损害赔偿责任若干问题的解释》进一步规定，非法使被监护人脱离监护，导致亲子关系或者近亲属间的亲属关系遭受严重损害，监护人向人民法院起诉请求赔偿精神损害的，或者死者的姓名、肖像、名誉、荣誉、隐私、遗体、遗骨等受到侵害，其近亲属向人民法院提起诉讼请求精神损害赔偿的，人民法院应当依法予以支持。

一般来说，可以提起精神损害赔偿的事项包括：

1. 自然人的生命权、健康权、身体权、姓名权、肖像权、名誉权、荣誉权、人格尊严权、人身自由权等人格权利遭受非法侵害的；

2. 侵害隐私或者其他人格利益的；

3. 非法使被监护人脱离监护，导致亲子关系或近亲属间关系遭受严重损害的；

4. 公民去世后，其姓名、肖像、名誉、荣誉、隐私、遗体等人格权利受到非法侵害，使死者的近亲属遭受精神痛苦的；

5. 具有人格象征意义的特定纪念物品（比如订婚戒指、婚礼录像、照片等），因遭受侵权行为而永久性灭失或者毁损的。

法律还规定，法人或其他组织人格权利受到侵害，不可以主张精神损害赔偿。也就是说，只有自然人，才可以主张精神损害赔偿。

那么，是不是凡是受侵害就可以得到赔偿呢？不是。侵权致人精神损害，未造成严重后果的，一般不支持损害赔偿要求，只判决侵权人停止侵害，恢复名誉，消除影响，赔礼道歉等，而只有造成严重后果的，才根据具体情况判决侵权人给予精神损害抚慰金。需要强调的是，精神损害赔偿严格限制在侵害人身权益，即侵害生命权、健康权、名誉权、隐私权等，不包含侵害财产权，如果侵害了财产权益，就要根据财产的损失给予赔偿，不得主张精神损害赔偿。

精神损害往往是一种无形损害，目前我国也没有统一的衡量标准。精神损害赔偿，应该结合侵权人的过错程度、侵害的手段、场合、行为方式、侵权行为造成的后果、侵权人获利的情况、侵权人承担责任的经济能力以及受诉法院所在地的平均生活水平等确定赔偿数额。

因他人刑事犯罪受到身体伤害的受害人及被害人（死亡）的家属，能否向被告人主张精神损害赔偿？根据《最高人民法院关于适用〈中华人民共和国刑事诉讼法〉的解释》中规定：“被害人因人身权利受到犯罪侵犯或者财物被犯罪分子毁坏而遭受物质损失的，有权在刑事诉讼过程中提起附带民事诉讼；被害人死亡或者丧失行为能力的，其法定代理人、近亲属有权提起附带民事诉讼。因受到犯罪侵犯，提起附带民事诉讼或者单独提起民事诉讼要求赔偿精神损失的，人民法院一般不予受理。”尽管这与《民法典》的规定有所冲突，但是目前法院仍然执行该规定。在现实司法实践中，因交通肇事罪等导致严重人身伤害或死亡的，一般可另行提起民事诉讼请求精神损害赔偿并得到支持，但因其他刑事犯罪受到身体伤害或死亡的，法院往往不予受理。对于这一点，目前实务界和法学界都有较大的争议，相信这个问题今后会在立法和执法上得到进一步的明确和统一。

42. 出借机动车发生交通事故，车主需要承担赔偿责任吗？

2021 年 3 月，方某买了一辆黑色的奔驰 320 轿车，身边很多朋友都跟他一起坐这辆奔驰车兜过风。刘某是个“公子哥”，可是他觉得自己那辆马自达牌轿车比起方某的“奔驰 320”实在不在一个档次上。刘某想：要是能开起这辆“320”出去耍一耍，那不知有多开心啊。没想到，当他向方某提出想开对方的“320”出去玩两天时，方某竟然十分爽快地答应了：“行啊！都是哥们，有什么问题！”

人世间的事，不可预料，乐极常会生悲。刘某在出游途中，由于车速过快并且占道行驶，与对面驶来的面包车发生相撞事故。经过交警勘察，认定刘某承担事故的全部责任。事故造成坐在面包车副驾驶位置的乘客严重残疾，对方起诉要求赔偿医疗费、营养费、误工费、陪护费、残疾补助费等一百多万元，保险公司（方某已为车辆购买了机动车交通事故责任强制保险）先行在十二万元交强险赔偿限额内承担赔偿责任，不足的九十多万元由刘某和方某连带赔偿。

车子损坏本来就够让方某郁闷了，如今收到伤者诉状要求赔偿九十多万元更是让他六神无主。方某感到自己“赔了夫人又折兵”，心情真是糟糕透顶！但经过审理，法院很快作出了判决，支持了受害者对保险公司和刘某的诉讼请求，驳回了对方某的诉讼主张，即方某不用对受害者进行赔偿。

法院依据什么作出这样的判决，为什么方某无须连带承担赔偿责任呢？

本案中，法院的判决依据是《民法典》的规定：“因租赁、借用等情形机动车所有人、管理人与使用人不是同一人时，发生交通事故造成损害，属于该机动车一方责任的，由机动车使用人承担赔偿责任；机动车所有人、管理人对损害的发生有过错的，承担相应的赔偿责任。”

驾驶员作为事故的责任人，对于事故造成的损失要承担相应的赔偿责任，这很好理解。但是车主要不要承担责任，如何承担？很多读者都不是很了解。对于这个问题，笔者接下来和大家一起分析分析。

根据《民法典》，因出借机动车发生交通事故，事故责任由机动车使用人承担，但也同时规定机动车所有人对损害发生有过错的，应承担相应的赔偿责任。出借人应当承担责任的过错包括：1.知道或者应当知道机动车存在缺陷，且该缺陷是交通事故发生原因之一的；2.知道或者应当知道驾驶人无驾驶资格或者未取得相应驾驶资格的；3.知道或者应当知道驾驶人因饮酒、服用国家管制的精神药品或者麻醉药品，或者患有妨碍安全驾驶机动车的疾病等依法不能驾驶机动车的；4.其他应当认定机动车所有人或者管理人有过错的，包括没买机动车强制保险的。

还需要指出的是，被多次转让但未办理转移登记的机动车发生交通事故造成损害，属于该机动车一方责任的，由最后一次转让并交付的受让人承担赔偿责任；以买卖等方式转让拼装或者已达到报废标准的机动车，发生交通事故造成损害的，因双方明知车辆是非法拼装或已报废的，不能使用，对事故中拼装或报废车辆一方的损害责任，负有全部过错，故由转让人和受让人承担连带责任；盗窃、抢劫或者抢夺的机动车发生交通事故造成损害的，由盗窃人、抢劫人或者抢夺人承担赔偿责任。

车主出借机动车前请注意以下几个问题。

1.要按规定购买机动车强制保险。发生交通事故后，先在交强险范围内由保险公司对受损害方进行赔偿，保险赔偿无法覆盖的损失，由事故责任人承担赔偿责任。如果出借人不买交强险，而事故责任人无法足额赔偿，不足的部分，在交强险本可以赔偿金额的范围内，出借人要承担赔偿责任。

2.了解清楚租车人、借用人是否有驾驶证，准驾车型是否与出借车辆匹配。另外，如果车主的车辆很名贵，又没有买车损险的话，万一出了事故车辆严重受损，对方是否有足够的赔偿能力？否则，车辆出了事故，修车的钱，车主可能都得自己承担。

3.租借人开车去做什么？如果是去搞赌博、抢劫等违法犯罪活动，车辆就是犯罪工具，很可能会被没收。

4. 车辆是否已经过了使用年限，达到了报废的标准？车辆是否存在严重的安全隐患？

43. 人身损害要赔偿，计算标准我帮忙

人身损害赔偿，是指因生命、健康、身体遭受侵害而产生的赔偿责任。这种损害的原因是多样的，有因交通事故引起的，有因医疗事故引起的，还有因他人伤害、意外事件引起的，如此等等，难以一一列举。

过去，由交通事故产生的损害赔偿责任，适用《道路交通事故处理办法》规定的标准；触电引起的损害赔偿责任，适用最高人民法院《关于审理触电人身损害赔偿案件若干问题的解释》。此外还有《医疗事故处理条例》《工伤保险条例》等。由于立法上的不统一，各地法院对损害赔偿案件的判决也是五花八门，别说是老百姓，就是专业法律工作者，也经常混淆不清。

就人身损害赔偿案件的处理，最高人民法院于 2003 年 12 月发布了《人身损害赔偿解释》（2004 年 5 月 1 日起施行），2020 年 12 月该解释修正后与《民法典》同步施行，2022 年进行第二次修正，在赔偿项目、计算标准上进一步统一。

根据《民法典》和《人身损害赔偿解释》的相关规定，人身损害赔偿的项目包括：医疗费、误工费、护理费、交通费、住宿费、住院伙食补助费、营养费、残疾赔偿金、残疾辅助器具费、被扶养人生活费、康复费、护理费、后续治疗费。受害人死亡的，赔偿项目还包括丧葬费、被扶养人生活费、死亡补偿费等其他合理费用。受害人或者死者近亲属遭受严重精神损害的，致害人还要支付精神损害抚慰金。

下面具体谈谈几个重要的赔偿项目的计算标准。

一、死亡赔偿金

死亡赔偿金按照受诉法院所在地上一年度城镇居民人均可支配收入标准，按二十年计算。但六十周岁以上的，年龄每增加一岁减少一年；七十五周岁以上的，按五年计算。赔偿权利人举证证明其住所地或者经常居住地城镇居民人均可支配收入高于受诉法院所在地标准的，死亡赔偿金可以按照其住所地或者经常居住地的相关标准计算。

城镇居民人均可支配收入去哪里查找呢？各省、自治区、直辖市在每年6月前后，都会公布本行政区域的《道路交通事故人身损害赔偿项目计算标准》，在各大门户网站、各有关部门（如法院、交通管理部门等）都会有相关资料。这个《道路交通事故人身损害赔偿项目计算标准》同时也是计算误工费、护理费、交通费等相关损失的重要依据。

《人身损害赔偿解释》在2022年修正前，死亡赔偿金的计算标准区分城镇居民和农村人口，城镇居民按所在地上一年度城镇居民可支配收入计算，农村户口的按所在地农村居民人均纯收入计算，差异巨大，“同命不同价”。过去在同一次空难、道路交通事故或者其他安全事故中，死者若是城镇居民，得到的死亡赔偿金可能七八十万、上百万；若是农村户口，可能只有十几二十万。一直以来，这种巨大的不公平饱受争议。该解释修正后，于2022年5月1日起施行，终结了人身损害死亡赔偿金城乡区别，“同命不同价”终于成为历史。

二、误工费

有固定收入的，按实际减少的收入计算。无固定收入的，按照其最近三年的平均收入计算；受害人不能举证证明其最近三年的平均收入状况的，按受诉法院所在地相同或相近行业上一年度职工平均工资计算。误工时间可以按照受害人接受治疗的医疗机构的证明确定。依此无法确定的，可以根据受害人的实际损害程度和恢复状况等确定。受害人因伤致残持续误工的，误工时间可以计算至定残日前一天。

三、残疾赔偿金

残疾赔偿金根据受害人丧失劳动能力程度或者伤残等级，按照受诉法院所在地上一年度城镇居民人均可支配收入标准，自定残之日起按二十年计算。但六十周岁以上的，年龄每增加一岁减少一年；七十五周岁以上的，按五年计算。赔偿权利人举证证明其住所地或者经常居住地城镇居民人均可支配收入高于受诉法院所在地标准的，残疾赔偿金可以按照其住所地或者经常居住地的相关标准计算。

四、被扶养人生活费

根据扶养人丧失劳动能力的程度，按照受诉法院所在地上一年度城镇居民人均消费支出标准计算。被扶养人为未成年人的，计算至十八周岁；被扶养人无劳动能力又无其他生活来源的，计算二十年。但六十周岁以上的，年龄每增加一岁减少一年；七十五周岁以上的，按五年计算。

受害人有被扶养人的，如果受害人残疾或死亡，应将被扶养人生活费计入残疾赔偿金或死亡赔偿金。

总的来说，《人身损害赔偿解释》规定了受害人遭受人身损害导致就医、致残、死亡，可向赔偿义务人提出的各项赔偿内容，并详细规定了各项赔偿费用的计算标准。赔偿范围主要包括三个方面：因治疗损伤支出的费用，如医疗费、护理费、交通费、营养费、后续治疗费、康复费、整容费等；因生活上增加需要而支出的费用，如配制残疾用具、长期护理依赖支出的费用等；因全部或者部分丧失劳动能力或者因受害人死亡导致的未来收入损失。因人身损害导致受害人及其家属遭受严重精神损害的，致害人还应承担精神损害赔偿责任，具体可参阅本书有关内容。

从死亡赔偿金、残疾赔偿金、被抚养人生活费计算标准的变化可以看出，及时了解法律的变化十分重要。2022 年《人身损害赔偿解释》修正后，肯定还有一部分人遭遇人身损害、在与对方协商赔偿时可能会由于不了解法律法规的变化而同意对方提出的比较低的赔偿标准，造成不应有的损失。有些时候，在一些人看来，交通事故损害赔偿纠纷、民间借贷纠纷、婚姻纠纷都是比较简单的，往往为了省钱而自己处理，或者请教那些从事与法律相关的工作，或者学过法律的亲友，一旦出错，付出的代价往往远高于省下的钱。

44. 无偿帮工受伤，主人也要赔偿

小张是个热心人，村里哪家盖房子，搬家具，收稻子或摘荔枝、龙眼，他都会主动来帮忙。左邻右舍的，帮个忙也从不要报酬，大家对他真是交口称赞。

2021 年冬天，村头老李家盖房子，本来找了个小工头带了几个伙计，小张还是主动过去帮忙了。没想到，在上面砌砖的时候，小张不小心摔了下来，把腰椎给摔断了，住院治疗花了五六万元，至今还站不起来。医生讲，像他这样以后肯定落下残疾，弄不好会终身瘫痪。事情到了这个地步，小张的家人坐不住了，他们找老李商量，小张下半辈子的生活怎么办？家里本来也比较困难，他这一摔，今后不能指望他做事养家不说，还得搭上个人照料他。老李一想：虽说家里比较宽裕，可是也养不起他下半辈子呀。再说，自己当初也没叫小张过来帮忙，是他自己来的，现在出事了怎么要我负责呢？双方协商了几次，老李只同意承担一半的住院治疗费用。没办法，小张只好将老李告上了法庭，要求老李支付医疗费用、陪护费、残疾补助费等二十多万元。

根据最高人民法院《人身损害司法解释》："无偿提供劳务的帮工人，在从事帮工活动中致人损害的，被帮工人应当承担赔偿责任。被帮工人承担赔偿责任后向有故意或者重大过失的帮工人追偿的，人民法院应予支持。无偿提供劳务的帮工人因帮工活动遭受人身损害的，根据帮工人和被帮工人各自的过错承担相应的责任。"前述两种情形，被帮工人明确拒绝帮工的，被帮工人不承担赔偿责任，但帮工人因帮工受到损害的，被帮工人可以在受益范围内予以适当补偿。帮工人在帮工活动中因第三人的行为遭受人身损害的，有权请求第三人承担赔偿责任，也有权请求被帮工人予以适当补偿。被帮工人补偿后，可以向第三人追偿。

法院审理小张的案件后认为，小张虽然未经老李邀请主动无偿帮工，但是由于老李没有明确拒绝，因此，小张主张的损失赔偿符合法律规定，老李应予赔偿。

从这个案例我们知道，无偿帮工受到了损害，被帮工人（主人）是要承担赔偿责任的，除非被帮工人明确表示拒绝，但出于人道主义考虑，可以在受益范围内予以适当补偿。但是在帮工的过程中因第三人的行为导致帮工人受伤的，那就以过错责任认定来论，向第三人追责。

《人身损害司法解释》规定，帮工人可以依据具体情况要求被帮工人赔偿因遭受人身损害而就医治疗支出的各项费用以及因误工减少的收入，包括医疗费、误工费、护理费、交通费、住宿费、住院伙食补助费、必要的营养费等。如果因伤致残，应增加生活上需要所支出的必要的费用以及因丧失劳动能力导致的收入损失，包括残疾赔偿金、残疾辅助器具费、被扶养人生活费，以及因康复护理、继续治疗实际发生的必要的康复费、护理费、后续治疗费，帮工人可以要求被帮工人赔偿，被帮工人依法也应当予以赔偿。

45. 遭遇医疗损害如何应对?

医疗损害是指医疗机构及其医务人员在诊疗活动中存在过错导致患者受到的损害（本文仅指患者受到身体损害的情形）。在以前的司法实践中，一般习惯于把患者身体上遭受的医疗损害分为医疗事故和医疗过错。无论是医疗事故还是医疗过错，都会给患者和家属带来一定的痛苦和精神压力。当患者因为医疗损害出现严重后果甚至死亡时，家属往往会不知所措，少数人还会情绪激动而作出过激行为，抢夺病历，围堵医疗机构，甚至追打医护人员，造成严重的医患冲突。那么，面对医疗损害，处于弱势的患者或者其家属该如何处理呢?

一、尽快封存、复制病历资料

在接受诊疗的过程中受到损害，如果患者和家属怀疑是医疗机构的过错造成的，应该立即要求封存和复印病历资料，包括门诊病历、住院志、体温单、医嘱单、化验单（检验报告）、医学影像检查资料、特殊检查同意书、手术同意书、手术及麻醉记录单、病理资料、护理记录以及其他病历资料。

病历资料是医疗损害纠纷中最核心的证据。医疗损害过错的鉴定、责任划分、争议或纠纷的协商和处理，都离不开病历资料等最基本的证据。病历资料是由医生书写或由医疗机构制作形成，并且绝大部分由医疗机构保存。发生医疗损害后，如果患方不尽快复制并与医疗机构一起签字封存病历资料，就可能被医疗机构篡改、隐匿、伪造，给今后的处理带来很大的麻烦。

《民法典》第一千二百二十五条和《医疗事故处理条例》第十条均规定患者有权复制病历资料。这种权利不须附带任何条件。不必理会医疗机构的各种推托的理由，比如有的医疗机构可能以患者没有出院、欠费，及医疗机构有规定不允许复制等为借口，拒绝、拖延患方复制病历资料。此时患方必须据理力争，必要时可向医疗机构所在地的卫生行政部门投诉。

二、及时共同封存保留的输液、注射用物品和血液、药物等实物

部分医疗损害与输液、输血、注射、药物有关，如果不及时对这些材料采取封存和检查措施，有可能使关键证据永久丧失，无法再次取得，影响今后的索赔。患方应该要求医疗机构共同封存上述物品。

三、注意收集其他证据

根据《最高人民法院关于审理医疗损害责任纠纷案件适用法律若干问题的解释（2020年修正）》第四条，医疗事故赔偿中的举证责任为：患方对于损害结果以及提出的赔偿数额，承担举证责任；医疗机构就医疗行为与损害结果之间不存在因果关系及不存在医疗过错承担举证责任。基于此，患方相比以前要承担更多的举证责任。一般来说，患方除了需要证明与其医疗机构存在医疗关系和受损害的事实之外，还应该提供医疗机构及其医务人员的有过错的初步证据。为了更好地维护自己的合法权益，在医疗纠纷的协商或诉讼中取得主动，患方除了做好上述第一、第二点工作以外，还应当注意收集其他证据。比如患者曾在该医疗机构接受治疗、人身损害的客观存在，和损害的程度、经济损失、医疗行为与损害结果存在或可能存在因果关系等。为了更好地收集相关证据，在与医疗机构交涉的过程中，尽可能录音、录像，必要时可以请病房其他病友作证。如果出现患者死亡的情形，医患双方当事人不能确定死因或者对死因有异议的，医疗机构建议做尸检的，家属应予配合。如果患者家属拒绝或拖延尸检，可能会影响对死因的判定，因此承担不利后果。

需要指出的是，《民法典》规定医疗机构有下列情形之一的，则推定医疗机构具有过错：违反法律、行政法规、规章以及其他有关诊疗规范的规定；隐匿或者拒绝提供与纠纷有关的病历资料；伪造、篡改或者销毁病历资料。患方要善用这一法律规定，善于收集相关证据，这样有助于患方合法诉求的实现。

四、及时进行医疗损害鉴定

目前，医疗损害鉴定包括医疗事故鉴定和医疗过错鉴定。医疗事故鉴定是由医学会组织相关人员进行的鉴定，根据《医疗事故处理条例》和卫生部颁布实施的《医疗事故技术鉴定暂行办法》《医疗事故分级标准（试行）》等规定进行。医疗过错鉴定是由司法鉴定机构接受委托进行的鉴定，对于医疗过错，经过鉴定如果是医方存在的过错导致的患者损害，根据《最高人民法院关于审理人身损害赔偿案件适用法律若干问题的解释》的规定计算赔偿数额。

医疗事故鉴定有三种启动方式：当事人协商共同委托医学会进行鉴定；法院委托鉴定；卫生行政主管部门移交鉴定。最后一种启动方式又包括发生重大医疗事故后卫生行政主管部门为查明事实移交鉴定和应一方当事人的申请移交鉴定两种。患方要求鉴定的，应提出书面申请，并载明申请人的基本情况、有关事实、具体请求及理由等，并应自知道或者应当知道其身体健康受到损害之日起一年内，向卫生行政主管部门提出。

发生医疗损害后，如果医疗机构申请做医疗事故鉴定，患方应予配合，因为通过鉴定才能明确责任。如果医疗事故鉴定结论认为不构成医疗事故，患方还可以申请做医疗过错鉴定，经鉴定医疗机构存在过错的，医疗机构仍应承担相应的侵权赔偿责任。当然，医疗事故鉴定并非索赔的必经程序，患方可以在起诉前自行向司法鉴定机构申请医疗过错鉴定，也可以在诉诸法院后申请法院委托司法鉴定机构进行医疗过错鉴定。为了避免医疗机构不配合鉴定、起诉后因医疗机构提出异议而可能导致重新鉴定的情形，笔者建议，尽量在起诉后申请法院委托鉴定。

五、聘请专业律师及时介入

医疗损害涉及医学和法律两大专业领域，极为复杂。在医疗损害纠纷中，患方往往处于弱势地位，加上目前关于医疗损害赔偿及鉴定在立法上和实践中做法有不一致的地方，患方如果没有专业律师的帮助，难以很好地维护自己的合法权益。因此，最好及时聘请专业的律师提供帮助，同时咨询专业的医师。

46. 道路交通事故人身损害赔偿纠纷中的伤残等级鉴定

机动车在为现代人的出行带来方便、舒适的同时，也常伴随着交通事故的发生，给受害人带来巨大的肉体痛苦和经济损失，甚至导致受害者残疾、死亡。在遭遇车祸受伤之后，如何索要赔偿？赔偿的依据是什么？伤残赔偿金如何计算？下面我们就来谈一下伤残赔偿中有关伤残等级鉴定的问题。

根据《最高人民法院关于审理道路交通事故损害赔偿案件适用法律若干问题的解释（2020年修正）》（以下简称《道路交通事故司法解释》）第十一条、《民法典》第一千一百七十九条和第一千一百八十三条规定的规定，侵害他人造成人身损害的，应当赔偿医疗费、护理费、交通费、营养费、住院伙食补助费等为治疗和康复支出的合理费用，以及因误工减少的收入。造成残疾的，还应当赔偿辅助器具费和残疾赔偿金；造成死亡的，还应当赔偿丧葬费和死亡赔偿金。侵害自然人人身权益造成严重精神损害的，被侵权人有权请求精神损害赔偿。

因残疾而主张的赔偿中，很多情况下，最主要的就是残疾赔偿金，而主张残疾赔偿金的前提就是进行伤残鉴定。无论是协商解决还是诉诸法律，伤残鉴定结论都是主张残疾赔偿金的重要依据。同时，护理费、营养费、精神损害赔偿金等项目的赔偿数额，往往也应参考伤残等级，因此了解和熟悉伤残鉴定的相关法律知识就显得尤为重要。

一、鉴定时间的选择

因交通事故受到伤害落下残疾之后，究竟应该在什么时间申请鉴定？这一点目前存在不同做法。司法实践中也存在不同的判例，有些人一出院就去做鉴定，有一些人出院后一段时间去做鉴定，还有人是边治疗边康复边鉴定，也有人一直拖到起诉阶段才去申请鉴定。

《人体损伤程度鉴定标准》规定：

对于以原发性损伤及其并发症作为鉴定依据的，鉴定时应以损伤当时伤情为主，损伤的后果为辅，综合鉴定。

对于以容貌损害或者组织器官功能障碍作为鉴定依据的，鉴定时应以损伤的后果为主，损伤当时伤情为辅，综合鉴定。

以原发性损伤为主要鉴定依据的，伤后即可进行鉴定；以损伤所致的并发症为主要鉴定依据的，在伤情稳定后进行鉴定。

以容貌损害或者组织器官功能障碍为主要鉴定依据的，在损伤 90 日后进行鉴定；在特殊情况下可以根据原发性损伤及其并发症出具鉴定意见，但须对有可能出现的后遗症加以说明，必要时应进行复检并予以补充鉴定。

疑难、复杂的损伤，在临床治疗终结或者伤情稳定后进行鉴定。而治疗终结一般是指临床医学一般原则所承认的临床效果稳定。

笔者认为，伤残鉴定的时间应该是身体所受到的损害根据目前的医疗技术和水平，已经无法进一步治愈，也无法通过康复治疗或训练得到明显改观的时候。

伤残等级鉴定可以在起诉前自行委托有资质的鉴定机构进行，也可以在起诉至法院后，申请法院委托鉴定。根据现有的司法解释和司法实践经验，起诉前自行委托鉴定机构作出的鉴定结论，如果对方没有提出异议，或没有充分的证据予以推翻，法院一般予以采信。

二、鉴定机构的选择

现在法医学鉴定已经市场化，所以在起诉前决定做伤残等级鉴定的，应选择在人民法院备案的、具有相应鉴定资质的鉴定机构进行鉴定。否则，在起诉后，鉴定结论可能会因鉴定机构不经备案或不具有相应资质而得不到法院的采信。需要提醒大家的是，根据《全国人民代表大会常务委员会关于司法鉴定管理问题的决定》：侦查机关根据侦查工作的需要设立的鉴定机构，不得面向社会接受委托从事司法鉴定业务，因此公安机关内设的法医鉴定部门、机构是不能进行伤残等级鉴定的。

起诉后申请鉴定的，按照法律规定，是由各方当事人协商确定鉴定机构，如果协商不下，则由法院根据有关程序指定。当事人对鉴定结论有异议的，可以申请重新鉴定或补充鉴定。

三、鉴定时的注意事项

当事人做伤残鉴定应当携带本人的身份证或居民户口簿（学生证、军官证、士兵证或驾驶证也可）、病历资料（包括门诊病历、疾病诊断证明书、住院志、出院证明、化验单或检验报告、医学影像检查资料、病理资料以及重要的检查结果以及损伤初期和治疗终结后的CT、X光片及诊断报告等）；当事人还应配合鉴定机构做必要的伤情及其他检查。

四、伤残等级的划分及赔偿标准

伤残等级根据受害者的伤残程度分为十级，完全丧失劳动能力、生活完全不能自理等，为一级，其他各级均有严格的划分标准。

残疾赔偿金根据受害人丧失劳动能力程度或者伤残等级，按照受诉法院所在地上一年度城镇居民人均可支配收入标准，自定残之日起按二十年计算。但六十周岁以上的，年龄每增加一岁减少一年；七十五周岁以上的，按五年计算。残疾赔偿金的计算系数根据丧失劳动能力程度或伤残等级确定，一至十级对应百分比系数分别为100%至10%。具体赔偿数额的计算方式为：一级伤残为上一年度城镇居民人均可支配收入标准乘以二十年再乘以100%，二级伤残则乘以90%，依此类推，九级伤残乘以20%，十级伤残乘以10%。

总之，伤残等级鉴定是交通事故人身损害赔偿的一个很重要的环节，不同的伤残级别赔偿数额会差别很大。了解伤残鉴定的相关法律知识，选择有资质的鉴定机构及时进行鉴定对赔偿权利人和义务人都至关重要。

47. 医疗损害责任的认定及赔偿标准

通俗地说，医疗损害就是医院、医生出了不该出的差错，把病人给医坏了、医死了。那么，如何理解医疗损害呢？万一出现了这样的问题，患者或其家属可以得到哪些赔偿呢？下面笔者就来谈谈这两个问题。

医疗损害习惯上一般分为两种：医疗事故和医疗过错。所谓“医疗事故”，是指医疗机构及其医务人员在医疗活动中，违反医疗卫生管理法律、行政法规、部门规章和诊疗护理规范、常规，过失造成患者严重人身损害的事故。是否构成医疗事故以及医疗事故的等级，由医学会进行鉴定。而“医疗过错”一般是指医疗机构及其医务人员在医疗活动中因过错而对患者造成人身损害，但尚不构成医疗事故的。在以往的司法实践中，对于医疗行为给患者造成的人身损害，如果构成医疗事故，医疗机构按照《医疗事故处理条例》进行赔偿；如果不构成医疗事故，虽然《医疗事故处理条例》规定医疗机构不承担赔偿责任，但损害确系医疗机构的过错造成的，患方仍可依据《民法典》和《最高人民法院关于审理医疗损害责任纠纷案件适用法律若干问题的解释（2020年修正）》，要求医疗机构赔偿。

对于责任程度的判定，《医疗事故处理条例》和卫生部《医疗事故技术鉴定暂行办法》做出了规范。《医疗事故技术鉴定暂行办法》第三十六条规定：专家鉴定组应当综合分析医疗过失行为在导致医疗事故损害后果中的作用、患者原有疾病状况等因素，判定医疗过失行为的责任程度。

医疗事故中医疗过失行为责任程度分为：

（一）完全责任，指医疗事故损害后果完全由医疗过失行为造成。

（二）主要责任，指医疗事故损害后果主要由医疗过失行为造成，其他因素起次要作用。

（三）次要责任，指医疗事故损害后果主要由其他因素造成，医疗过失行为起次要作用。

（四）轻微责任，指医疗事故损害后果绝大部分由其他因素造成，医疗过失行为起轻微作用。

《医疗事故处理条例》所规定的赔偿项目有：医疗费、误工费、住院伙食补助费、陪护费、残疾生活补助费、残疾用具费、丧葬费、被抚养人生活费、交通费、住宿费、精神损害抚慰金。其中，精神抚慰金按照医疗事故发生地居民年平均生活费计算，造成患者死亡的赔偿年限最长不超过 6 年，造成患者残疾的，赔偿年限最长不超过 3 年。

前述赔偿标准，与《民法典》《人身损害司法解释》有较大出入。尤其是因医疗事故造成患者死亡、伤残的，《医疗事故处理条例》规定，医疗机构向患者或患者家属赔付的不是赔偿金，而是精神损害抚慰金，并且年限很短。司法实践中，患者或家属除了可以按照《医疗事故处理条例》主张精神抚慰金之外，可以同时根据《人身损害司法解释》规定主张死亡赔偿金和伤残赔偿金。法院的判决理由是，医院对患者的治疗行为存在过错，致使患者死亡或伤残，符合民事过错行为，侵害生命权的一般法律特征，应当承担患者、近亲属的死亡赔偿金或伤残赔偿金，不宜以《医疗事故处理条例》没有规定为由驳回当事人的诉讼请求。

现行《医疗事故处理条例》是国务院 2002 年发布的行政法规，对医疗机构的赔偿责任进行了限制，也导致一些法院在审理医疗损害纠纷时，适用前述条例而不适用人身损害赔偿的民事法律规定及司法解释，给予患者及家属较低的赔偿。近年来，不少法院在审理此类案件时，结合事故处理条例和人身损害赔偿的司法解释，确定医疗机构的赔偿责任。笔者认为，医疗损害本身就是属于人身损害的范畴，作为行政法规的《医疗事故处理条例》，效力在《民法典》及人身损害司法解释之下，其与法律和司法解释相冲突的地方，应予修改，避免造成认识及司法裁判的混乱。

48. 搭顺风车惹出的麻烦

余小姐在省城工作，国庆黄金周想回家看望父母，碰巧朋友甘先生自驾车出游经过余小姐的家乡，于是，余小姐搭乘了甘先生的顺风车。可是顺风车不顺，在半途发生了交通事故，两人都受了重伤，余小姐治疗花去了两万多元，还留下了残疾。事故经过交警部门认定，甘先生负主要责任。出院后，余小姐要求甘先生给予赔偿，甘先生认为，是余小姐主动要求搭顺风车的，自己没有得到任何好处，而且自己也受了伤，于是拒绝了余小姐的赔偿要求。咨询律师后，余小姐向法院提起诉讼，要求甘先生赔偿其医疗费、误工费及伤残赔偿金等共计 8 万多元。法院经审理判决甘先生赔偿 4 万多元。

好心帮助别人，还要赔钱？余小姐明明搭的是顺风车，怎么还要人家赔偿呢？周边的朋友都很纳闷。在法律上，搭顺风车又称好意同乘，是指乘车人经车辆所有人、使用人、管理人同意无偿搭乘的行为。对于好意同乘者，各国立法多规定减免司机的赔偿责任，我国以前的司法实践中，很多法院都会根据司机的过错程度，判决其承担一定的赔偿责任。前几年闹得沸沸扬扬的足球运动员曲某搭乘队友张某的汽车，发生交通事故导致曲某一级伤残的案件，就是好意同乘的典型案例。曲某提出 573 万元的巨额索赔，基于张某对交通事故负全责，沈阳市中级人民法院最终支持了曲某证据充分、要求合理的赔偿主张，判决张某赔偿曲某 234 万元。这恐怕是目前国内让他人搭乘顺风车付出的最高代价。

据《民法典》第一千二百一十七条：非营运机动车发生交通事故造成无偿搭乘人损害，属于该机动车一方责任的，应当减轻其赔偿责任，但是机动车使用人有故意或者重大过失的除外。该法条对好意同乘的归责原则和免责事由作出了专门规定。可以认为，“好意同乘”是指驾驶人基于善意互助或友情帮助而允许他人无偿搭乘的行为。

为什么好意搭乘他人出了交通事故还要承担赔偿责任呢？司机在哪些情况下需要承担赔偿责任呢？

从法律上看，乘车人搭乘顺风车并不意味着他就甘愿承担事故风险，而司机负有安全行驶，确保乘车人安全的责任，不能因为乘车人无偿搭乘就置其生命财产安全于不顾。发生交通事故后，好意同乘者理应作为一般受害人得到赔偿；但从另一方面来讲，司机无偿让乘车人搭乘顺风车，也是出于好意，一旦发生交通事故造成损害，要司机向同乘人承担全部赔偿责任，有时是不公平的。所以，法院在审理过程中，会根据具体的案情，同时结合事故发生的责任、原因及双方的过错程度等情形，参照过失相抵原则，适当减少司机的赔偿责任。

具体说主要有以下几种情形：1. 司机有过错，比如违章驾驶、操作不当、酒后开车等，此时司机应当根据过错程度按比例承担相应的赔偿责任；2. 司机完全没有过错，事故是由第三人或其他原因造成的，那么司机不用承担赔偿责任；3. 若有证据证明，乘车人要求搭顺风车时，已经明确表示出了事故不需要司机承担责任，司机基于这样的承诺才同意其搭乘的，司机可以免除或减轻赔偿责任；4. 如果乘车人明知司机存在没有驾驶证、酒后驾驶等情形或搭乘的车辆存在安全隐患还愿意搭乘的，若发生事故造成损害，乘车人也要承担一定的责任；5. 如果乘车人分担了司机的部分油费、过路费、停车费等费用，但是所支付的费用又低于一般客运的费用，这种情况下就不属于单纯的好意同乘，司法实践中，往往参照客运合同的赔偿标准，以适当低于该标准、高于单纯的好意同乘的标准确定赔偿数额。

通过上述分析，可以看出好意同乘对双方来说都存在一定法律风险。对乘车人来说，应该选择驾驶经验丰富的司机，安全性能好、购买了保险的车辆。好意搭乘他人的司机在驾驶过程中，一定要遵守交通规则，为了自己与他人的人身和财产安全，谨慎驾驶。

49. 交通事故责任认定“一锤定音”吗?

发生交通事故后，首先要分清楚各方是否有责任及责任大小。责任认定在处理交通事故损害赔偿中起着十分重要的作用。根据我国的法律、法规，事故责任是由公安机关来认定的。1991 年颁布的《道路交通事故处理办法》规定，当事人对事故责任认定不服的，可以向上一级公安机关申请重新认定。2003 年 10 月 28 日发布的《中华人民共和国道路交通安全法》(以下简称《道路交通安全法》) 取消了当事人对事故责任认定不服申请重新认定的权利。此后几年，交通事故责任认定“一锤定音”。但是，自 2009 年 1 月 1 日起施行的《道路交通事故处理程序规定》，对交通事故认定的程序进行了调整。根据该规定，当事人对事故认定不服的，可以在收到事故认定书之日起的三日内，向作出道路交通事故认定的公安机关交通管理部门提出书面复核申请，其受到复核申请之日起二日内将复核申请连同道路交通事故有关材料移送上一级公安机关交通管理部门。也可以直接向上一级公安机关交通管理部分提出复核申请，上一级公安机关交通管理部门收到当事人书面复核申请后即为受理之日。上一级公安机关交通管理部门自受理复核申请之日起三十日内，对下列内容进行审查，并作出复核结论。

也就是说，现在交通事故责任认定既不是“一锤定音”，当事人也不能向上一级公安机关申请重新认定，但可以申请复核。以前申请重新认定的时间是自收到道路交通事故认定书（以下简称认定书）之日起十五日内，现在申请复核的时间是自收到认定书之日起三日内，时间很短，稍不留意就会超过期限。

那么，认定书是类似于医疗事故鉴定的专业性技术结论，还是行政机关作出的具体行政行为？笔者认为，认定书是交通管理部门通过对事故现场进行勘验、询问当事人及目击证人，对车辆、痕迹进行检验、鉴定后，作出的一种具有技术鉴定性质的结论。其性质更多属于技术分析报告，同时可以作为对违章、肇事司机进行行政处罚的依据，更是民事赔偿和追究肇事司机刑事责任的重要证据。

以前，很多人存在认识上的误区，以为认定书是由有公权力的公安机关作出的，并且对事故的分析及责任认定十分专业、明确，是不可更改的，在法院审理交通事故责任案件中，必须采信。有时即使当事人提出很充分的理由，要求推翻认定书的责任认定，很多法院往往依然直接采用认定书中关于事故的责任认定，并作为民事判决和刑事判决的依据。这种做法无异于让公安交警部门替代法院对交通事故民事、刑事案件作出判决，混淆了公安机关和法院的职能权限。事实上，根据有关法律规定，认定书作为一种证据，在民事、刑事审判过程中，当事人可以对其进行质证，就其真实性、合法性和关联性提出质疑，可以根据事实提出自己的不同主张，而不受认定书的限制。法院则应当依据证据规则，综合查明的事实，判断是否直接采信认定书，从而确定当事人损害赔偿的民事责任或肇事者的刑事责任。

在交通事故案件当中，认定书虽然只是证据的一种，但与其他证据相比，它的意义非常重大，且往往对案件的审理起着决定性的作用。在目前的审判实践中，当事人对认定书的事实和责任认定提出异议的，应当提供充分的证据，否则不能得到支持。这时候，法院通常还会查实当事人是否对认定书申请过复核，如果当事人没有申请过复核，其异议主张更难得到法院的支持。

基于上述原因，当事人如果认为认定书认定的事实和责任划分错误的，应及时申请复核，通过复核纠正错误的责任认定，这往往比在诉讼中推翻它更为容易。

第五章　其他侵权纠纷

Other Infringement Dispute

50. “山寨”明星拍广告，触动了谁的权益?

这几年，很多电视台的娱乐节目搞“模仿秀”，涌现出不少“山寨”明星。他们长得与大牌明星很相像，甚至连动作也模仿得惟妙惟肖，着实娱乐了大家。有时候，电视台还让这些“山寨”明星与真正的明星同台献艺。“山寨”明星借着明星的大红大紫，也有了点小名气，不仅有机会到各个电视台、其他单位去做节目和演出，还带来了一项不错的兼职或专职工作——拍广告!

时下是市场经济，人们都很有经济头脑，很懂得捕捉商机。那些请不起大牌明星的中小企业，常会请“山寨”明星做广告。这样做成本低，轰动效应明显，在一定程度上提高了企业和产品的知名度。这些广告，有在电视上播放的，有发布在户外广告牌上的，当然还少不了发布在网络上的。

这些“山寨”明星粉墨登场，给广告市场带来了一种另类的“新鲜”，也带来了无数的争议。有人说模仿者侵犯了明星的肖像权，有人说这样做是虚假广告，也有人说企业和电视台构成共同侵权。站在相反立场的人则说，“山寨”明星自己咋就没有肖像权啦?谁都可以去拍广告，“山寨”明星当然也可以嘛！对此意见最大的，也许是被模仿的明星本人了。

那么，“山寨”明星拍广告，究竟是不是侵犯了被模仿的明星的肖像权或者著作权呢?我们知道，“山寨”明星模仿明星，除了他有着和被模仿明星相仿的外形外，往往都根据明星的特点，模仿其招牌动作或声音等，一般情况下不会构成侵权。肖像权是自然人享有的对自己肖像上所体现的人格利益为内容的一种人格权利。《民法典》规定，未经肖像权人同意，不得制作、使用、公开肖像权人的肖像。“山寨”明星所拍的广告，使用的是自己的肖像，除非中间剪接有被模仿明星的肖像，否则不会构成侵犯肖像权。

至于著作权是否被侵犯，我们首先要知道著作权的法律含义是什么。著作权亦称版权，是指作者对其创作的文学、艺术和科学技术作品所享有的专有权利，包括人身权和财产权。“山寨”明星拍广告，模仿明星的招牌动作或声音，并没有使用被模仿明星的作品，所以也谈不上侵犯著作权。

当然，如果“山寨”明星在拍广告时打着被模仿明星的名头，或在广告中播放明星的声音、歌声作为背景，甚至穿插明星本人的形象等，故意误导公众，就构成侵权，要承担法律责任。

51. 网络信息侵权，法律责任谁承担？

某网站上出现了一条某知名企业家由于乱搞男女关系，感染艾滋病的信息。该企业家即刻与网站交涉，要求马上删除这条信息，但是网站在两天之后才删除。一时间，该企业家的家庭生活和企业陷入一片混乱：家庭不和，很多客户不再跟他做生意，有些平时很好的朋友也避而远之。报案后，经过调查，该信息是从某网吧的 IP 地址发出的，但是网吧却没有按照规定对上网者实行实名登记，最终无法查明谁是诽谤信息发布者，该企业家于是将网站和网吧告上了法院。

类似的情况，现实生活中出现过很多。网站经营者提出，那么多人在网站上发帖，哪里管得过来？发现情况后删掉不实内容就可以了。要是这样都要承担责任，谁还敢搞网站呢？网吧方面则说，每天那么多人来网吧上网，网吧不可能都登记，也不可能及时发现和制止。最终，法院判决网站和网吧共同承担侵权责任。网站在页面显要位置刊登一个星期的道歉和澄清文章，网站和网吧分别向企业家当面道歉，并各赔偿企业家精神损害抚慰金一万元。那么，法院这样判决的法律依据是什么呢？

首先，《民法典》规定，公民的名誉权受到侵害的，有权要求停止侵害，恢复名誉，消除影响，赔礼道歉，并可以要求赔偿损失。本案中，企业家并没有乱搞男女关系，更没有患艾滋病，网站上的信息显然是捏造事实，故意损害企业家的名誉。退一步说，即使企业家真的在生活作风上有问题，甚至因此患上了艾滋病，也是其个人的隐私，任何人不得故意将他人隐私公之于众。

其次，《民法典》侵权责任编规定，网络用户、网络服务提供者利用网络侵害他人民事权益的，应当承担侵权责任。网络用户利用网络服务实施侵权行为的，被侵权人有权通知网络服务提供者采取删除、屏蔽、断开链接等必要措施。网络服务提供者接到通知后未及时采取必要措施的，对损害的扩大部分与该网络用户承担连带责任。网络服务提供者知道或应当知道网络用户利用其网络服务侵害他人民事权益，未采取必要措施的，与该网络用户承担连带责任。因此，作为网络服务提供者的网站，必须配备相应的设备和人员，对于在网站上发布侵害他人权益的信息，包括侮辱、诽谤他人或未经他人同意擅自公布他人隐私的信息及时拦截，在发现后及时删除。

网吧经营者必须遵守《互联网上网服务营业场所管理条例》和公安机关、文化管理部门关于网吧管理的规定，必须有健全、完善的信息网络安全管理制度和安全技术措施，发现上网者存在违法行为的，应当立即予以制止并向文化行政部门、公安机关举报。另外，网吧应当对上网者的身份证等有效证件进行核对、登记，并记录有关上网信息，登记内容和记录备份保存时间不得少于60日，并在文化行政部门、公安机关依法查询时予以提供。登记内容和记录备份在保存期内不得修改或者删除。

本案中，作为受害者的企业家在发现被侵权时已经通知网站，网站没有及时删除，所以对损害的扩大部分负有责任；网吧没有实施相应的技术管理措施，更没有进行上网实名登记，导致无法找到发布诽谤信息的侵权人，负有不可推卸的责任，所以法院判决网站和网吧均要承担责任。

通过本案，我们知道，互联网不是法外之地，不能无法无天、为所欲为。经营互联网的单位，也必须履行法律、行政法规规定的义务。而作为网民，我们也要遵守有关法律规定，不得利用互联网损害他人的合法权益，更不能利用互联网进行犯罪活动。如果信息发布者被查出，还要承担更为严重的法律责任。

52. 名表被盗，酒店不赔?

一个朋友在酒店住宿，半夜房间被小偷光顾，把他价值十几万元的名表连同手机、钱包一同卷走。第二天他发现后通知了酒店并向警方报案，但是经过好几个月，警察也没能破案。朋友与酒店协商赔偿，被酒店拒绝。朋友遂起诉到法院。

在审理过程中，法院调取了警方调查的相关证据。警方查实，酒店的门锁用身份证等薄片插进去即可开启，有安全隐患，而且酒店闭路监控录像显示，这个朋友在凌晨零点三十分进房间时，手上戴有手表。离奇的是，凌晨三点之后的监控录像未能调出，所以至今仍未破案。

庭审中，酒店拒绝赔偿的理由有两个：第一，酒店入住登记时这位朋友在“有无贵重物品保管”一栏填写了“无”字，而且下面还有一栏“有贵重物品未交酒店保管者，丢失则酒店不负责赔偿”，这位朋友也在上面签名认可了，而名表、手机等均系贵重物品，既然填写了“无”，也没有交酒店保管，酒店当然就免责。第二，这位朋友有没有这些东西？或者说，即使有这些东西，怎么证明是在酒店被盗？何时（半夜三点，还是四点）被何人所盗？有何证据？

朋友辩称，这些都是按前台小姐要求填写的，并非自己的意愿。对于被盗的物品，他提供了购买发票，上面的品名、规格及价格都与向警方报案所说的一致。监控录像也显示，他回房间的时候是带有手表的，半夜三点以后的录像无法调出，责任在酒店。至于何时被盗、被谁所盗，只能说是天亮醒来发现被盗，如果知道具体几点发生盗窃，被谁所盗，那盗窃案就不会发生了！

最后，法院判决酒店负责赔偿，理由是酒店入住时客人填写的表格中关于“贵重物品不交保管则丢失责任自负”的内容，属于不公平的店堂告示，依法无效，对客人不具有约束力。同时，酒店装有监控设备，却无法调出凌晨三点之后的监控录像，房间门锁存在安全隐患等。

这里要跟大家讲讲什么是“不公平的店堂告示”。除了刚才的例子，还有您去商场购物或去游泳、洗浴或进行其他健身活动时，都免不了要存包。存包处的告示牌或存包凭条上，往往都会注明“贵重物品自行保管，丢失概不负责”或“如有丢失，最高赔偿 ××× 元”等内容。这些告示、声明，跟刚才案例中酒店的入住单一样，都是提供商品或服务一方事先设定的，减轻或免除其应承担的责任，而损害消费者权益的不公平的店堂告示。

《中华人民共和国消费者权益保护法》(以下简称《消费者权益保护法》)明确规定：“经营者不得以格式条款、通知、声明、店堂告示等方式，作出排除或者限制消费者权利、减轻或者免除经营者责任、加重消费者责任等对消费者不公平、不合理的规定，不得利用格式条款并借助技术手段强制交易。格式条款、通知、声明、店堂告示等含有前款所列内容的，其内容无效。”作为酒店，提供安全、舒适的环境给客人住宿是其最基本的义务，因此确保门窗安全、加强保安巡逻和安装监控设施、防止盗窃、抢劫等侵犯顾客人身和财产安全事件的发生，是酒店应该履行的职责。而一旦酒店没有尽到义务发生了这些损害顾客利益的事件，酒店就必须承担赔偿责任。入住登记表上的那些免除其责任的规定，对于客人来说是不公平的，所以无效。同样，商场、娱乐场所及健身中心等，也有义务提供安全的环境，为客人存包，是其基本的义务，而保管了别人的物品，就有义务照看保管好，丢失了当然就必须赔偿，而不能免责或只进行限额的、象征性的赔偿。这就是为什么《消费者权益保护法》将这些称之为“不公平的店堂告示”，而且不承认其法律效力的原因。

同时，作为消费者，为了保护自身的合法权益，我们在商场、酒店及其他消费场所需要保管贵重物品的时候，最好能将贵重物品交给消费场所的工作人员保管，并在保管单上注明贵重物品的名称、型号、数量等详细信息，以便在物品丢失之后，能够有据可查，从而充分地保障自身的权益。否则，如果物品丢失，即使法院认定不公平告示无效，场所应该赔偿你的损失，但是如何赔偿？按什么标准赔偿？有时会因为你无法举证或法院无法查实你是否带有这些贵重物品以及物品的具体数量、价值等，而无法得到法院的支持。

53. 因赌债写下的欠条或借条受法律保护吗?

小李自以为牌技高超，经常参与各种牌局。某日，在几个狐朋狗友的张罗下，到某宾馆开房打牌，结果不但把带去的三万多元输个精光，还欠了赌友五万元赌债，并写下借条。该借条既没有注明借款用途也没有说明还款期限。半年以后，对方把小李起诉到法院，法院判决小李必须还钱。小李大感冤枉，我欠的是赌债，赌债也受法律保护吗?

赌债是不受法律保护的，但是小李凭什么能够证明这是赌债?现实生活中，这样的例子很多。一般情况下，在民间借贷中，只要双方当事人真实意思表示一致，同时不违反现有法律法规的强制性规定，一般会认为这种借贷关系成立，应受法律保护。有一些“债务”产生基于非法的行为，为了让这种非法债务表面合法化，当事人往往会采取一些规避法律的措施。如将赌债写成一般的借款欠条，这在法律上是不受保护的。问题是，如何证明自己欠下的债务是“非法债务”?

所谓的“非法债务”，常见的主要有赌债、因婚外情暴露或被他人拿捏了把柄后被胁迫写下的欠条等本不存在的、虚无的债务。对于这种情况，法律是如何规定的呢?首先，《民法典》规定:“行为人与相对人以虚假的意思表示实施的民事法律行为无效;以虚假的意思表示隐藏的民事法律行为的效力，依照有关法律规定处理。”其次，一方以欺诈、胁迫的手段，或者乘人之危让民事法律行为成立时就显失公平的，受欺诈、胁迫的一方可以请求法院或者仲裁机构撤销。无效或者被撤销的民事法律行为自始就没有法律约束力。最后，《最高人民法院关于审理民间借贷案件适用法律若干问题》(以下简称《民间借贷司法解释》)规定："出借人事先知道或者应当知道借款人借款用于违法犯罪活动仍然提供借款的，人民法院应当认定民间借贷合同无效。"即出借人明知借款人是为了进行非法活动而借款的，其借贷关系是不受法律保护的。

如果能够证明欠条、借条是在被欺诈、胁迫的情况下违背自己的真实意愿写的，或者出借人明知借款人借款的目的是用于赌博或从事非法行为，这样的债务是不受法律保护的。否则，由于在举证问题上没有充分、确切的证据，不能证明债务非法，法院往往会支持对方的要求。当事人需要注意以下几点。

1. 不存在真实的借贷、欠款，不要随便给人出具欠条或借条。

2. 遇到他人敲诈、胁迫，不得不写欠条、借条脱身的，如有可能偷偷通过手机等对当时的情况进行录音、摄像，保存证据。脱身后应及时报案，通过警方的调查取证和处理。即使警方处理不了，原来留存的及警方调查过程中形成的证据，往往可以成为日后对方起诉时你据以抗辩的证据。

3. 对于因赌博等其他违法行为产生的非法债务，还可以主动向警方举报，若警方查实确实是违法行为产生的非法债务，这些"债务"将会得到免除。当然，在这种情况下，"欠债"一方也会面临被警方处罚的危险。

4. 对于大家比较好奇的"二奶债务"是否受法律保护，应具体情况具体分析。若一方为了拿到所谓的"青春补偿费""分手费"等，而胁迫对方写下欠条或借条的，被胁迫一方可以请求人民法院或者仲裁机构予以撤销。胁迫对方写下借条、欠条后，以通过网络曝光或者通过其他方式毁损对方名誉作为要挟索要"欠债"的，还可能构成敲诈勒索罪。前几年，影星吴某波因婚外情被情人敲诈，对方以曝光其与吴某波之间不正当男女关系、二人亲密照片等隐私为要挟，索要人民币 4000 万元，双方达成分期支付协议、吴某波支付 300 多万元后，女方反悔，要求一次性付清，吴某波选择报案，最终该女子因涉嫌敲诈勒索罪被判处有期徒刑。

54. 使用与别人企业同样的字号构成侵权吗?

开办企业使用与他人企业或商标相同或相似的名称，是不是构成侵权呢?这是一个有点复杂的问题。不能简单地说“是”，也不能简单地说“否”。

首先，我们得了解什么叫“企业名称权”。企业名称权，是指企业的名称经市场监督管理部门核准使用后，在其辖区范围内即拥有所从事行业的名称专用权。根据《企业名称登记管理规定》:“企业只能登记一个企业名称，企业名称受法律保护。”“在同一企业登记机关，申请人拟定的企业名称中的字号，不得与下列同行业或者不使用行业、经营特点表述的企业名称中的字号相同:(一)已经登记或者在保留期内的企业名称，有投资关系的除外;(二)已经注销或者变更登记未满1年的原企业名称，有投资关系或者受让企业名称的除外;(三)被撤销设立登记或者被撤销变更登记未满1年的原企业名称，有投资关系的除外。”比如，你开办的是房地产公司，登记部门是北京市市场监督管理局，那么，在北京市范围内的房地产企业，就不得注册与你的企业名称相同的房地产企业;但是如果是其他行业，比如食品加工或建筑工程行业，就不受限制。出了北京市，即使同行业也不受限制了。

侵犯了企业名称权怎么处理呢?根据《企业名称登记管理规定》:“企业认为其他企业名称侵犯本企业名称合法权益的，可以向人民法院起诉或者请求为涉嫌侵权企业办理登记的企业登记机关处理。”关于侵犯企业名称权应承担的民事赔偿数额问题，被侵权人应提供证据证明侵权人侵犯其企业名称给其造成的损失或侵权人因此获利情况，否则，法院只能根据公平、合理的原则酌情判决赔偿数额。利用企业名称实施不正当竞争等行为的，依照《中华人民共和国反不正当竞争法》(以下简称《反不正当竞争法》)处理。该法规定，经营者擅自使用他人有一定影响的企业名称（包括简称、字号等），构成不正当竞争。权利人主张赔偿的数额，按照经营者违反规定使权利人遭受的实际损失确定；实际损失难以计算的，按照侵权人因此所获得的利益确定；权利人遭受的损失与侵权人所获利益难以确定的，由人民法院根据侵权行为的情节判决给予权利人五百万元以下的赔偿。碰瓷知名企业，可能要付出巨大的代价。

企业名称的使用，还有可能侵犯别人的注册商标及驰名商标专用权。所谓“驰名商标”，是指在中国境内为相关公众所熟知的商标。是否系驰名商标，根据《中华人民共和国商标法》（以下简称《商标法》），应综合以下因素认定：（一）相关公众对该商标的知晓程度；（二）该商标使用的持续时间；（三）该商标的任何宣传工作的持续时间、程度和地理范围；（四）该商标作为驰名商标受保护的记录；（五）该商标驰名的其他因素。那么驰名商标由谁来认定呢？不同的情形下，由不同的部门作出认定：在“商标注册审查、市场监督管理部门查处商标违法案件”“商标争议处理”“商标民事、行政案件审理”过程中，当事人认为其公众所熟知的商标权利受到侵害的，分别由商标局、商标评审委员会、最高人民法院指定的人民法院根据具体情况作出认定。根据《企业名称登记管理规定》，企业名称不得存在“可能使公众受骗或者产生误解的情形”。使用他人的注册商标或驰名商标作为企业名称，实际上就是故意误导消费者，让他们认为这个企业可能与该注册商标、驰名商标有着某种隶属关系。根据《商标法》，将他人注册商标、未注册的驰名商标作为企业名称中的字号使用，误导公众，构成不正当竞争行为的，依照《反不正当竞争法》处理。搭名牌的“顺风车”，是违法的，属于不正当竞争行为，要承担侵权的法律责任，严重的还会构成犯罪。

关于企业名称侵犯国外驰名商标专用权的问题，在我国还应适用《保护工业产权巴黎公约》及《与贸易有关的知识产权协议》（Agreement on Trade-Related Aspects of Intellectual Property Rights，缩写 TRIPS）的规定。根据前述公约和协议，公约成员国或 WTO 成员方的驰名商标在其他成员国受到保护，在此不展开论述。前述国外驰名商标根据其是否在我国注册或申请认定，目前所受到的保护范围和程度有所不同，但是保护力度在不断加大。总的来说，违反诚信、公平的原则，使用国外驰名商标作为企业名称，故意误导消费者的，都是违法的行为，应承担相应的法律责任。

55. 食品不安全，如何来维权？

近几年，食品安全问题越来越引发社会关注，致病福寿螺、地沟油、三聚氰胺奶粉、瘦肉精、“苏丹红”鸭蛋、致癌牛奶等，令人不寒而栗。在食品安全事故中，受害者轻则健康受损，重则致残甚至死亡，令人触目惊心！然而，受害者遭遇食品安全事故后，该如何维护自己的合法权益呢？

根据法律规定，受害者可以向食品的生产者或者销售者请求损害赔偿。下面就有关问题和大家聊一聊。

一、如何确定不安全食品

根据《中华人民共和国食品安全法》（以下简称《食品安全法》），食品安全标准是强制执行的标准，所有的食品必须符合国家规定的安全标准。凡是有证据证明对人体健康已经或可能造成危害的食品，都是不安全食品。

是否系不安全食品，须经按照国家有关认证认可的规定取得资质的检验机构或原来经国务院有关主管部门批准设立或者经依法认定的食品检验机构检测、确认。

二、受害者应证明损害结果与不安全食品之间的因果关联

当受害者生命、健康受到损害主张赔偿时，应证明所受到的损害确系食用了不安全食品造成。我国法律规定，因缺陷产品致人损害的侵权诉讼，由产品的生产者、销售者等就法律规定的免责事由承担举证责任，即食品安全侵权纠纷实行举证责任倒置：生产、销售者想要免责必须提供证据证明他们所生产、销售的

食品是质量合格的、安全的。否则，受害者只需要证明购买或者食用了存在安全问题的食品，其生命、健康和财产权益因此遭到了损害的事实，生产者和销售者就必须承担责任。显然，证明损害结果与不安全食品之间的因果关联的举证责任还是在受害者身上，因此，受害者应注意收集购买食品的发票或其他凭证、包装盒、剩余的未食用的食品、残留物、就诊病历、医生诊断证明、治疗费用发票、专家鉴定费等，用这些证明自己确实遭受到了不安全食品的侵害。

三、食品安全事故的责任主体及法律责任

因不安全食品造成人身损害事故的，由食品生产、销售者承担法律责任。法律责任包括民事、行政和刑事责任。

根据《民法典》和《消费者权益保护法》的规定，消费者或者其他受害人因商品缺陷造成人身、财产损害的，可以向销售者要求赔偿，也可以向生产者要求赔偿。属于生产者责任的，销售者赔偿后，有权向生产者追偿。属于销售者责任的，生产者赔偿后，有权向销售者追偿。

《食品安全法》特别规定，生产不符合食品安全标准的食品或者经营明知是不符合食品安全标准的食品，消费者除要求赔偿损失外，还可以向生产者或者经营者要求支付价款十倍或者损失三倍的赔偿金。同时还规定，违反本法规定的生产经营者财产不足以同时承担民事赔偿责任和缴纳罚款、罚金时，先承担民事赔偿责任。

关于行政责任，由有关主管部门根据《食品安全法》及相关法律法规的规定进行处罚，在此笔者不再赘述。

特别要强调的是，自 2011 年 5 月 1 日起施行的《刑法修正案（八）》加大了对食品安全犯罪的刑事处罚力度。“生产、销售不符合食品安全标准的食品，足以造成严重食物中毒事故或者其他严重食源性疾病的，处三年以下有期徒刑或者拘役，并处罚金；对人体健康造成严重危害或者有其他严重情节的，处三年以上七年以下有期徒刑，并处罚金；后果特别严重的，处七年以上有期徒刑或者无期徒刑，并处罚金或者没收财产。”发生以上情形都必须判处有期徒刑或者拘役并处罚金，而不能单处罚金，以罚代刑，并且对于罚金没有明确的数额限制。对于生产、销售有毒、有害食品罪，只要构成犯罪都必须判处有期徒刑并处罚

金，而不能判处拘役或单处罚金，并且对于罚金没有明确的数额限制。对人体健康造成严重危害或者有其他严重情节的，可判处五年以上十年以下有期徒刑，并处罚金，而不需要同时造成严重食物中毒事故或者其他严重食源性疾患。

四、遭遇食品安全事故后的几种维权方式

发生食品安全事故后，受害人可以通过投诉、协商以及诉讼的方式，要求侵害人承担赔偿责任，维护自身的合法权益。

1. 受害人应该及时向市场监督管理部门、消费者权益保障协会等部门投诉，由他们对相关企业、人员、事件进行调查，一方面对涉案的企业、人员进行行政处罚，另一方面可以责成生产、销售者给予受害者补偿。同时，可以形成证据，为今后的民事诉讼打下基础。

2. 协商赔偿或提起诉讼。受害人如果与食品生产、销售者协商无法达成赔偿的一致意见时，应及时向法院起诉。受害者人数众多时，受害者可以单独诉讼，也可以与其他受害者一起通过推举诉讼代表人的形式进行共同诉讼。当食品安全事故发生后，受害者人数众多且不确定，部分先行提出诉讼的，人民法院可以发出公告，说明案件情况和诉讼请求，通知其他受害者在一定期间内向人民法院登记。向人民法院登记的受害者可以推选代表人进行诉讼；推选不出代表人的，人民法院可以与参加登记的受害者商定代表人。人民法院作出的判决、裁定，对参加登记的全体受害者发生效力。未按期参加登记的其他受害者在诉讼时效期间提起诉讼的，适用该判决、裁定。

关于受理的法院，按照法律规定，食品安全事故导致的损害赔偿案件属于侵权案件，受害者可以从便利出发，选择侵权行为实施地（食品制造地、食品销售地）、侵权结果发生地、生产和销售者住所地的法院起诉。

五、受害者可以请求赔偿的依据和赔偿范围

受害者如果不是食品购买者，只能提出侵权赔偿之诉，如果同时是食品购买者，还可以选择提出合同的违约之诉。

受害者向食品生产、销售者提出侵权赔偿之诉，请求赔偿的范围包括：1. 医疗费、治疗期间的护理费、因误工减少的收入等，造成残疾的，还应支付

残疾者生活自助用具费、生活补助费、残疾赔偿金以及由其扶养的人所必需的生活费等；2.受害者死亡的，由其近亲属起诉，可以请求赔偿丧葬费、死亡赔偿金以及死者生前所抚养的人所需的生活费等；3.作为消费者可以要求退还食品价款，同时要求生产者或者明知是不安全食品的销售者额外支付价款十倍的赔偿金；4.精神损害抚慰金。

受害者如果选择违约诉讼，可以按《民法典》的规定，要求销售者赔偿因交付食品不符合约定所造成的损失，销售者有欺诈行为的，受害者还可按《消费者权益保护法》的规定，要求增加食品价款三倍的赔偿金额。

民以食为天，食品安全涉及人民群众的生命和健康。食品的生产者和经营者要严格遵守法律法规，诚信经营；国家行政管理部门，则要加强食品安全监管，进一步规范食品生产、经营秩序，加快食品安全信用体系建设，加大食品卫生监督的力度；公安机关和司法部门，更要运用刑事法律，严厉打击食品安全犯罪；作为消费者，我们自己也要提高自身的食品安全意识，积极与生产、销售存在安全问题食品的不法行为作斗争，切实维护自身的合法权益。只有各方共同行动起来，才能净化我国的食品行业，营造健康、安全的食品生产、销售环境。

六、司法实践一般不保护职业打假

为了确保食品安全，打击假冒伪劣行为，国家在《消费者权益保护法》《食品安全法》都规定了高额的赔偿，职业打假也应运而生。早期，公众的维权意识较差，职业打假对于市场的净化确实起了一定的积极作用，法院对于职业打假者的索赔请求一般都支持。但是，随着法治的完善，公众维权意识的增强，以及职业打假群体不断增加，知假买假成了发财的手段，甚至屡屡出现借打假进行敲诈勒索的恶劣行径，严重扰乱市场秩序。鉴于此，司法实践的裁判规则也发生了重大改变，法院普遍认为，知假买假不属于正常的生活消费行为，违背了民事活动的诚信原则，因此对于知假买假的索赔案件，大部分法院都不予支持。笔者认为，关于职业打假是否支持的问题，尽管很多法院基本形成共识，但还是存在支持与不支持的两种截然不同的判决，不利于树立司法权威，有损司法公正，建议尽快修订法律及司法解释，统一裁判观点和尺度。

第六章　合同实务

Contractual Terms and Conditions

56. 赠与能反悔吗?

给大家说一个案例：2011 年 4 月 21 日，南京流浪动物保护组织“平安阿福”发起人哈某收到法院的一纸执行令，让她归还一位老人 11.5 万元。这笔钱是 2009 年老人主动捐赠给“平安阿福”的，但不久后老人又表示，捐钱时情况特殊，捐掉后自己没有了生活来源，希望能要回这笔钱，并就此到法院起诉。法院审理后判决哈某返还老人 11.5 万元。朋友们可能会问：赠与别人财物还能反悔吗？哪些赠与是不能反悔的？

我们经常看到某些企业为了追求广告效应，在一些有电视现场直播或网络直播的赈灾晚会上慷慨举牌，承诺向赈灾机构募捐几十万、几百万元，甚至更多，使企业知名度直线上升，给企业带来了可观的经济效益。但是，赈灾晚会结束，举办单位找这些企业兑现募捐款项时，拖延不付者有之，大打折扣少付者有之，形形色色，无非都是想钻空子，白做广告。这些企业往往会说，既然是捐赠，而捐赠又是自愿的，我现在不愿意了，就可以不捐赠了。那么，这些企业的辩解究竟是否成立呢？不成立。针对这种违反社会公共道德和利益的行为，我国的《民法典》对赠与的法律效力作出了明确规定。一般情况下，赠与合同是实践合同，也就是说，在赠与人交付财物之时起合同才生效。所以《民法典》第六百五十八条规定：“赠与人在赠与财产的权利转移之前可以撤销赠与。”但是，《民法典》又对前述情形进行了限制，在同一法条的第二款进一步规定：“经过公证的赠与合同或者依法不得撤销的具有救灾、扶贫、助残等公益、道德义务性质的赠与合同，不适用前款规定。”也就是说，在前述那些特定的捐赠活动场合，企业只要举了牌，承诺捐赠，就必须按照承诺履行。赠与人不交付赠与的财产的，受赠人可以要求交付，甚至诉诸法律。

那么非公益性质的捐赠是否一定可以反悔呢？根据《民法典》：“赠与人在赠与财产的权利转移之前可以撤销赠与。”赠与合同成立、财产交付后，“赠与人的经济状况显著恶化，严重影响其生产经营或者家庭生活的，可以不再履行赠与义务。”也就是说，一般的赠与完成后，如果确有困难，可以不再履行义务，但是无权要求返还。

具体到本文开头的那个案例，老人是在意识清醒的情况下自愿捐款，而且已经完成了交付，赠与已经发生了法律效力。那么，法院为何判决要归还呢？赠与合同的效力存在问题。哈某注册的“平安宠物服务中心”已于2007年撤销，但是“平安阿福流浪动物救助协会”在服务中心撤销后仍在运行。法院认为，接受赠与一方的法人资格不存在了，那就无从作出接受赠与的意思表示，赠与合同依法没有成立。救助协会不是依法登记注册的组织，哈某不能以协会的名义接受捐赠。

现实生活中，一些离婚的夫妻会在离婚协议中约定双方名下的某些房产或其他财产归子女所有。离婚后，房产或其他需要过户的财产办理变更登记之前，一方反悔，认为这本质是赠与，未办理过户登记，赠与行为未完成，拒绝配合办理过户手续或者要求按照夫妻共同财产予以分割。这种情况下，法院一般不予支持，因为将房子和其他财产赠与子女是夫妻双方同意离婚的前提，是一方为了换取对方同意离婚作出的妥协与承诺，办理了离婚登记之后，离婚协议即具有法律效力，双方均应严格执行。

此外，在现实生活当中还常出现赠与人生前把房产赠与受赠人，但在赠与人过世后其继承人往往就此提出异议，甚至诉至法院的案例。尽管赠与人在生前已经与受赠人签过赠与合同，因法律规定赠与财产依法需要办理登记或者其他手续的，应当办理手续。未办理房产登记和过户手续的，赠与合同未发生法律效力，受赠人的利益得不到保护。为此，在这类房产赠与合同当中，受赠人一定要在赠与人去世前及时办理房产的登记和过户手续。如果赠与人生前因身体健康或其他原因无法配合办理，双方可就赠与合同办理公证。经公证的赠与合同不会被撤销，这样就能切实保护受赠人的利益，同时也使赠与人的遗愿得到实现。

中国人讲究一诺千金，赠与行为更能体现这句话的内涵。因此在现实生活当中，我们作出赠与的决定时，一定要量力而行，慎重行事，不是每个赠与行为都可以反悔。如果出现被对方追索甚至起诉到法院要求履行赠与义务的情况时，自己的信誉也会受到损害，岂不是“赔了夫人又折兵”？到时悔之晚矣！

57. 合同需要公证吗?

笔者经常碰到这样的咨询:“我想和别人签份合同,要不要公证呢?不办理公证有没有效啊?”

这其实有一个误区:不少人都认为,经过公证的合同才有法律效力,或者说,经过公证的合同更为有效。事实上,除非有法律规定,合同都不需要办理公证手续,而且,无效的合同也不会因为办理过公证而变得有效。《民法典》规定:“合同是民事主体之间设立、变更、终止民事法律关系的协议。”当事人之间,就协议内容达成一致,合同就成立。依法成立的合同,受法律保护。

一般来说,合同要采取书面形式,但是,法律也承认其他的形式。《民法典》规定:“当事人订立合同,可以采用书面形式、口头形式或者其他形式。书面形式是合同书、信件、电报、电传、传真等可以有形地表现所载内容的形式。以电子数据交换、电子邮件等方式能够有形地表现所载内容,并可以随时调取查用的数据电文,视为书面形式。”就合同何时成立的问题,该法规定:“当事人采用合同书形式订立合同的,自当事人均签名、盖章或者按指印时合同成立。在签名、盖章或者按指印之前,当事人一方已经履行主要义务,对方接受时,该合同成立。法律、行政法规规定或者当事人约定合同应当采用书面形式订立,当事人未采用书面形式但是一方已经履行主要义务,对方接受时,该合同成立”“当事人采用信件、数据电文等形式订立合同要求签订确认书的,签订确认书时合同成立”“法律、行政法规规定或者当事人约定合同应当采用书面形式订立,当事人未采用书面形式但是一方已经履行主要义务,对方接受时,该合同成立”。

一般来说，除非法律、法规另有规定，依法成立的合同，自成立时生效。依照法律、行政法规的规定，合同应当办理批准等手续的，批准后合同生效。哪些合同需要办理登记或批准手续呢？比如《中华人民共和国商业银行法》规定，任何单位和个人购买商业银行股份总额百分之五以上的，应当事先经国务院银行业监督管理机构批准。《中华人民共和国保险法》（以下简称《保险法》）也规定，变更出资额占有限责任公司资本总额百分之五以上的股东，或者变更持有股份有限公司股份百分之五以上的股东，应当经保险监督管理机构批准。

至于合同是否必须经过公证，目前并无法律规定。包括人们常说的“婚前财产公证”，如果男、女婚前签订了财产协议，那么没有经过公证同样受到法律保护。甚至即使没有签订婚前财产协议，只要有证据证明哪些财产属于一方婚前财产，离婚时或者因婚姻期间债务受到牵连时，另一方的婚前财产同样受到法律保护。

由此可见，合同的法律效力并不是通过公证形式对合同额外赋予的，而是合同依法成立后法律赋予合同自身的效力。合同公证不是订立合同的必须形式，是否公证要根据当事人的选择。

对某些特殊的民事法律行为来讲，公证也有其独特的作用。比如遗嘱，订立了公证遗嘱之后往往不容易引发纠纷，即便其他继承人或者其他利害关系人诉至法院，公证遗嘱作为证据也更容易得到法院采信。又比如说双方就债权、债务关系签订了协议，一般情况下有争议只能到法院打官司，打赢官司才能申请法院强制执行。但是如果双方签订债权文书时，办理了公证并在协议内容上赋予其强制执行的效力，一旦债务人不按照协议履行，债权人就可以持此公证债权文书直接向人民法院申请强制执行，而无须另外打官司。这就是“经过公证的具有强制执行效力的债权文书”，与人民法院的生效判决书一样，可以作为强制执行的依据。此外，我国法律还规定经过公证、登记的书证，其证明力一般大于其他书证、视听资料和证人证言；经公证的民事法律行为、有法律意义的事实和文书，应当作为认定事实的根据，除非有相反证据足以推翻该项公证的除外。公证有时还能起到证据保全的作用，现在网络侵权案件日益增多，由于网络上的内容可以随时删减，造成取证上的困难，如果此时通过公证的方式把相关的侵权内容保存下来作为证据，无疑对最终的官司胜诉是非常有利的。

因此，合同是否需要公证要具体情况具体分析，不能一概而论，可以确定的是，公证不是合同成立和生效的前提条件。

58. 违约金额要实际，超高超低可调整

签订合同往往都要有违约条款，约定一方违约时要向对方承担什么样的违约责任。而承担责任的方式，最常见的就是向对方支付一定比例的违约金。比如迟延交货的一方，按照迟交货物总值或合同总金额的一定比例或每天按比例计算支付一定的违约金；迟延付款的，则按照迟延付款金额的一定比例或每天按照一定比例计算支付违约金。最常见的计算方式是：违约的天数 × 违约总金额 × 约定的每天支付的比例。这个比例五花八门，在人们签订的各式各样的合同中，有约定万分之五、万分之三、万分之二点一的，也有千分之五、千分之三、千分之一的，甚至有约定百分之几的。很多朋友都问起，究竟哪个比例是受法律保护的？或者说，是否凡是约定的都是有效的？

根据《民法典》合同编规定："当事人可以约定一方违约时应当根据违约情况向对方支付一定数额的违约金，也可以约定因违约产生的损失赔偿额的计算方法。约定的违约金低于造成的损失的，人民法院或者仲裁机构可以根据当事人的请求予以增加；约定的违约金过分高于造成的损失的，人民法院或者仲裁机构可以根据当事人的请求予以适当减少。当事人就迟延履行约定违约金的，违约方支付违约金后，还应当履行债务。"

也就是说，法律对于违约金的比例没有统一的规定，在签订合同时，当事人可以根据实际情况协商确定，既可以按照合同总额的一定比例，也可以按照违约部分金额（比如迟延交货的货物价值、迟延付款或未付款的金额等）约定每日一定的比例作为违约金。当然，还可以按照其他的方法，比如出租场地给别人经营的，中途收回要按照对方被收回场地前的平均营业额的一定比例支付违约金

等。一方认为约定的违约金过高或过低的，可以请求法院或仲裁机构进行调整。但是，任何一方主张约定的违约金过度偏离实际造成的损失，首先必须拿出证据来，否则，一般不能得到支持。

那么，法院或仲裁机构又会如何调整呢？2023 年 12 月 5 日起施行的《最高人民法院关于适用〈中华人民共和国民法典〉合同编通则若干问题的解释》规定："当事人主张约定的违约金过分高于违约造成的损失，请求予以适当减少的，人民法院应当以民法典第五百八十四条规定的损失为基础，兼顾合同主体、交易类型、合同的履行情况、当事人的过错程度、履约背景等因素，遵循公平原则和诚信原则进行衡量，并作出裁判。约定的违约金超过造成损失的百分之三十的，人民法院一般可以认定为过分高于造成的损失。恶意违约的当事人一方请求减少违约金的，人民法院一般不予支持。"

还要强调的是，一方违约造成对方的损失，包括合同顺利履行后对方的可得利益损失，因此，签订合同后市场行情出现较大变化，觉得继续履行合同不划算的一方往往容易违约不再履行合同。此时，需要赔偿的损失不仅仅是实际造成的损失。另外，由于有些合同出现违约后，守约方要举证证明所造成的损失存在困难，双方可以在合同中约定损失的计算方法，一旦对方违约，守约方更容易得到法院支持。

59. 亲兄弟明算账，写好借据心宽敞

在日常生活中，朋友之间有时需要相互接济一下，但应立下字据。俗话说，亲兄弟，明算账。现实中，很多朋友碍于面子，在借款给别人时不好意思让别人写借据，这不仅不利于保护自己的利益，而且出了问题时搞得大家最后连朋友也做不成。如何立借据？如何避免借据有瑕疵给自己带来麻烦？这看似很简单的问题，做起来却并不容易。

一、借据要当面订立、当面出具

出借方尽量不要收对方事先写好拿来的借据，一定要看着他（她）当面书写、当面订立、当面出具。否则万一打起官司，你可能会发现那借据并非他（她）本人所立，如果他（她）对借条矢口否认，经过鉴定也发现确实不是他（她）的签字，又没有其他证据证明借款的事实，可能会输官司。

二、借款方不要在别人写好的借据上签字

很多人办事很爽快利落，借钱给你还帮你写好了借据，而借钱的人也图省事，拿钱的时候直接在借据上签个字就好了。这样的做法有时会变成一个陷阱。对方手写的借据，尤其是在内容的最后没有把空白处划掉的情况下，对方很容易就可以篡改，特别是在双方关系恶化的情况下，对方在后面加几个字你又得多还一笔，多冤哪！如果借据是借款人自己亲手写的，对方想篡改、想乱加内容上去就没有那么容易了。伪造的证据是没有证明力的，如果真的有假，到时候篡改人只能得不偿失、自食其果。

三、借款数额要清晰、具体，不要遗漏大写数字

阿拉伯数字 2 改为 3 或者 8，1 改为 7，或者在数字后面加个 0 之类的，真不费工夫，这种小伎俩确实经常被别有用心的人使用着。当然，根据现有科学技术，篡改的痕迹一般可以鉴定出来，但是也有鉴定不出来的时候。如果是人家写好的内容，被篡改还是很容易的。为了避免这种麻烦，借据上的字迹务必清晰、明确，特别是借款金额，切记写上大写数字。

四、借据尽量在拿到款之后或同时出具

如果先把借据交给出借人，万一他不给钱，你就得自认倒霉，因为借据已经在人家手上了！

五、自然人之间的借款，利息约定必须明确

《民法典》第六百八十条规定，借款合同对支付利息没有约定的，视为没有利息。

借款合同对支付利息约定不明确，当事人不能达成补充协议的，按照当地或者当事人的交易方式、交易习惯、市场利率等因素确定利息；自然人之间借款的，视为没有利息。

六、现金借款需谨慎

如果是现金借款，没有转账凭证，单凭借条，在起诉中可能会证据不足。如果是大额借款，或者借款金额与出借人的实际收入明显不相符，单凭借条，有可能不被法院认可和采信。因此，如果是大额现金借款的，最好有资金来源的证明材料。若是从银行取款支付的，最好保留取款凭证，或打出银行流水。现实中，有些人款项往来频繁，则更应记清楚从哪家银行、哪个账号取的款。

七、民间借贷超出全国银行间同业拆借中心公布的一年期贷款市场报价利率（LPR）4 倍的利息部分不受保护

过去曾有一段时间，按照当时的司法解释，对于民间借贷保护利息的上限是：未支付部分，最高为年利率 24%，已支付的部分为年利率不超过 36%。现在民间借贷利息保护的上限是中国人民银行授权全国银行间同业拆借中心公布的一年期贷款市场报价利率（LPR）标准的四倍。最高人民法院就民间借贷的问题先后于2015年8月、2020年8月、2020年12月出台过三个司法解释，对民间借贷利息保护的上限，有较大的变化，现在各地法院在审理此类案件时掌握的尺度也不尽一致，因此，借款期限或拖欠期间跨越新旧司法解释的，利息的计算相对复杂，遇到此类纠纷最好请专业的律师介入。

60. 空白介绍信惹的祸

很多企业，为了方便给员工或关联人员办理某些事务，都会给他们开空白介绍信（加盖了公章的空白信笺）。这样做，其实是存在很大风险的。

持空白介绍信的人员，可以随意在介绍信上增加不被授权的事务，并使别人对持介绍信的人员产生信任，而与之发生交易或其他业务往来，在某些情况下，出具介绍信的单位对此是要负责的。这一点，可参阅本书下一节关于“表见代理”的内容。

而如果是加盖了单位行政公章、合同专用章或财务印章的空白信笺，持信笺者如果心存非分之想，可做的文章就更大了。按照我国目前的民事法律规定，加盖了公章就视为企业对加盖公章的文件上内容的认可，加盖了合同章则意味着企业对合同的确认，加盖了财务印章则可以认定为企业对加盖了印章的文件上的财务事项的确认。

试想，如果持信笺人在空白信笺上书写收到别人的货款、借款等内容，并把钱拿走了，尽管这些款项没有交回企业，但提供信笺的企业必须对付款人负责，承担义务。就算持信笺者的行为构成诈骗或其他犯罪，都不影响出具信笺单位对付款人应承担的返还、赔偿责任。要是弄出一份交货价值几千万元的合同，则企业也必须履行，尽管企业根本没有“授权”他（她）这样做。如果履行不了，那赔偿数额小不了。当然，还有些持信笺者会利用这样的介绍信或信笺伪造债务，企业往往也得“背黑锅”，付出代价。

因此，一份空白介绍信或是加盖了公章的空白信笺，对于企业的危害往往是无法估量的，甚至可能因为这一份东西，就足以使一个企业破产。

61. 妻子未经丈夫同意卖了房子，为何追不回来?

有一对夫妻，跟朋友在一起吃饭时谈起有套房子想出售，当时那个朋友也没有提出要买。随后，丈夫出差了一段时间，就在他出差期间，那个朋友找到妻子说想买那套房子，经过商量，以35万元的价款签合同买下了那套房子。由于房子的产权证上只有妻子的名字，办理过户也是妻子去协助办理的。丈夫出差回来后，得知房子以35万元的价格卖掉了，觉得太便宜，便怪妻子没有与自己商量就把房子卖了，并找到那朋友要求把房子拿回来。那朋友不同意，最后丈夫以妻子未经自己同意卖掉夫妻共有的房子为由起诉到法院，但是法院判决合同有效，丈夫还是拿不回房子。

对于这个案件，有些朋友可能会纳闷：房子既然是夫妻共同财产，妻子未经丈夫同意擅自卖掉，法院怎么会不支持丈夫的诉讼请求呢?

这里涉及一个法律术语，叫“表见代理”。我国《民法典》规定：“行为人没有代理权、超越代理权或者代理权终止后，仍然实施代理行为，相对人有理由相信行为人有代理权的，代理行为有效。”《最高人民法院关于适用〈中华人民共和国民法典〉婚姻家庭编的解释》明确规定：“一方未经另一方同意出售夫妻共同所有的房屋，第三人善意购买、支付合理对价并已办理不动产登记，另一方主张追回该房屋的，人民法院不予支持。”

在这个案件中，虽然买房人明知是对方夫妻共有的房子，但是由于他曾听他们说起要卖房，后来又与其妻子经过商量才签的合同，从一般情况来说，买房人完全有理由相信这位妻子卖房是经过丈夫同意的。虽然妻子实际上没有征求丈夫的同意，没有得到丈夫的授权，属于无权代理丈夫处分房子，但是由于具有前述的情形，法律上认定妻子的行为是表见代理，其卖房的行为对于丈夫有约束力，丈夫不能以未经其同意为由要求撤销合同。

有一些贸易，是通过电话或传真等洽谈和成交的。如果客户打电话联系都是打到某企业办公室，文件往来也是用某企业的信笺，或是从该企业发出的传真，这些行为如果不是出自企业的真实意思表示，也可能构成表见代理。如某企业管理混乱，被熟悉该企业员工的朋友或企业外人员利用能接触该企业的便利与他人洽谈。由于客户看到打过来的电话是该企业的电话，传真也是从该企业的传真号码发出，客户就没有理由不相信跟他联系的人不是该企业的员工，因而形成的合同——甚至不一定需要企业加盖公章，该企业都得负责。这也是表见代理。

当然，在现实中，如何认定是表见代理，在尺度的掌握上有一定的弹性，也出现过法官滥用该权力的现象，学术界也有人对《民法典》中规定的表见代理提出了一些质疑。但是表见代理是一个国际上普遍认可的法律制度，朋友们在日常的工作和经营中可得多留点心眼。反过来，表见代理行为的对方也要谨慎，尽注意的义务，因为没有看到对方有书面的授权或未经亲自征求被代理人的意见时，对于没有授权、没有委托书的人，与之交易还是存在风险的，最后万一法院并不认定对方的行为构成表见代理，那么吃亏的还是自己。

62. 合买彩票中大奖，奖金分配起纷争

据早年网上报道，江西省赣州市有 4 名原本关系“很铁”的中学同学合伙买彩票，结果非常幸运地中了奖金为 18 万元的一等奖。不料，奖金到手后，其中 1 名同学却撕破脸皮欲独占。结果在经济利益面前，同学之间引发了一场官司。诉至法院后，赣州市中级人民法院作出二审判决，最终确认案件当事人陈某、邱某、谌某也一起平分福利彩票的奖金。这些年来，因合伙买彩票中奖引发的纠纷案例并不少见。

大家都知道，合伙购买彩票会减少博彩成本，因此不少彩民就选择了合伙出资，并由其中一人掌管彩票的形式。这种风险共担、利益共享的联合购彩方式，给彩票购买带来了新的活力，也给购买者带来了更多的中奖机会。但是，中奖后纠纷也多了。中国人讲究信任和面子，好朋友之间做生意或借款，包括合伙买彩票，一般都不好意思提出要订立协议。因为如果这样做，提议者担心会让朋友觉得自己是一个斤斤计较、不信任朋友的人，由此影响朋友之间的友谊。而且，买彩票只是一种射幸行为，能不能中奖、何时中奖、中多大奖，谁也说不清，说不定签了协议，运气就没有了。更多的人是把买彩票当成一种娱乐来看，合伙买彩票更不会签订有什么书面的协议了。

实际上，合伙做生意也好，买彩票也好，都是为了赚取利益。做人其实就应该“先小人后君子”。可以这么说，见利忘义是人的一种本性，往往隐藏在人的内心深处。当巨大的利益出现时，相当一部分人都不能用道德和理性去约束自己，这就是导致纠纷出现的根本原因。因此在合伙购买彩票时，为避免中奖时，尤其是中大奖时出现纠纷，购彩前应共同签署协议，协议内容应该包括资金

组成、投注方式、投注号码组成和奖金分配原则等。

购买后，还应该由保管者给其他合买人出具书面凭证，承认选取某某号码的彩票掌管在自己手中，或将彩票复印，由掌管者在复印件上签字确认合伙购买的彩票原件保管在他手中，并将确认的复印件交给其他合伙人。中奖后，则应由合伙人一起去办理兑奖手续，当即分配完毕，以免纠纷发生。

另外，有些朋友会经常到自己熟悉的彩票站买彩票，有时还会通过微信或其他线上支付的方式付款给彩票站的老板，让其按照自己的要求远程帮买彩票，一旦中大奖，也很容易出现纠纷。2019 年，陕西的姚某发了 20 元的红包给彩票站老板王某，交代他通过机选号码帮买十注大乐透彩票，王某帮买了彩票后还将彩票拍照通过微信发给姚某。令人没想到姚某的彩票中了 1001 万元的大奖，姚某找王某想拿彩票去兑奖时，王某却说搞错了，他拍照发送的彩票是别人购买的，后来王某的表哥拿彩票去兑的奖。姚某打了几年官司，直到 2024 年 3 月 15 日才拿到胜诉的一审判决。因此，通过电话、微信等方式找熟悉的彩票站买彩票，最好在开奖前把彩票拿回来，实在来不及，也要通过手机短信、QQ 或微信聊天信息、电话录音等方式，让彩票站确认已经完成彩票购买，以及所买彩票的种类、金额、下注号码和数量，否则一旦中大奖，万一对方变脸，可能会吃大亏。

63. 悬赏广告有效力，拒不付酬不合理

在报纸、电视和广播里，经常可以看到、听到各种各样的悬赏广告。比如某人丢失了孩子、重要物品，会刊登寻人、寻物启事，希望大家帮助寻找，并承诺帮助找到者可以得到多少酬金。也有在启事里写得不明确而只写“重谢”的。而公安机关现在也常常在发布追捕犯罪嫌疑人的通缉令中，承诺对于发现和提供线索使得公安机关能捉拿到犯罪嫌疑人者，给予相当数额的奖金。这些附带有酬谢、奖励内容的启事和告示、通缉令等，在法律上叫作悬赏广告。

什么是悬赏广告呢？就是行为人通过电视、广播、网络、报纸等媒体或张贴公告等其他公开的形式，公开向不特定的公众作出的附带条件的承诺，根据该承诺，任何人只要完成了满足该条件的行为，如帮助找到走失的人或遗失物，提供线索等，就可以获得相应的报酬。

现实生活中，相对人与悬赏人之间发生争议的情况时有发生。20 世纪 90 年代初，在悬赏广告的明确法律规定出台之前，法院对于此类纠纷的判决也各有不同。如烟台市的王某诉董某悬赏广告纠纷案件中，一审法院和二审法院就存在截然不同的两种判决。一审判决认为悬赏广告有效，被告应依据广告约定支付报酬。二审法院则援引《民法通则》第七十九条第二款关于“拾得遗失物、漂流物或者失散的饲养动物，应当归还失主，因此而支出的费用由失主偿还”的规定，认为遗失物的拾得人负有将拾得物归还失主的法定义务，没有向遗失人请求报酬的权利，否定了悬赏广告的法律效力，故判决驳回董某索取酬金的诉讼请求。类似的判决，在当时各地的法院都不少见，学术界对此也是见仁见智。

20 世纪 90 年代中期，司法界对这个问题的认识有了改变。1995 年，最高

人民法院在第 2 期法院公报（总第 42 期）中发表了《李珉诉朱晋华、李绍华悬赏广告酬金纠纷上诉案》，该案涉及人们日常生活中常见的悬赏广告。天津市中级人民法院在判决中认为：“悬赏广告，系广告人以广告的方法，对完成一定行为的人给付报酬的行为。只要行为人依法完成了所指定的行为，广告人即负有给付报酬的义务。案中朱晋华、李绍华先后在天津《今晚报》《天津日报》上刊登的‘寻包启事’，即为一种悬赏广告。李绍华还明确表示：‘一周内有知情送还者酬谢 15000 元’，系向社会不特定人的要约。上诉人李珉，即悬赏广告中的行为人，在广告规定的‘一周内’完成了广告指定的送还公文包的行为，则是完成了广告人指定的行为。从而，在李珉与朱晋华、李绍华之间形成了民事法律关系，即债权债务关系。”最后双方当事人在法院的主持下达成了和解。最高人民法院公布这个案例，实质上是对于悬赏广告法律效力的一种倾向性的认同。2000 年 10 月 30 日，最高人民法院公布的《民事案件案由规定（试行）》中，在“合同纠纷案由”中，第一次将“悬赏广告纠纷”明确列为一种案由。2003 年 7 月 24 日最高人民法院对山东省高级人民法院《关于张树东与平阴县平阴镇人民政府追索奖励费纠纷一案的复函》中，再次明确地提到了“悬赏广告”这个法律术语，并间接肯定了悬赏广告的法律效力。在随后的司法实践中，悬赏广告的法律效力、完成行为人的报酬请求权已经被各级人民法院普遍认可。

鉴于此，自 2007 年 10 月 1 日起施行的《中华人民共和国物权法》（以下简称《物权法》）第一百一十二条第二款明确规定：“权利人悬赏寻找遗失物的，领取遗失物时应当按照承诺履行义务。”这是我国首次以法律的形式确认悬赏广告的效力。

2009 年最高人民法院公布的《关于适用〈中华人民共和国合同法〉若干问题的解释（二）》，进一步明确了悬赏广告的法律效力，为此类争议的处理确定了统一规范。

《民法典》继续沿用了这种观点，规定“悬赏人以公开方式声明对完成特定行为的人支付报酬的，完成该行为的人可以请求其支付。”

因此，今后在媒体上刊登悬赏广告，不可不考虑自己的经济承受能力而随意承诺。完成了悬赏广告特定行为的朋友，如果没有得到约定的报酬（奖励），也完全可以拿起法律的武器，通过诉讼争取自己应得的报酬，维护自己的合法权益。

64. 定金、押金、保证金，合同里面要分清

在合同、协议以及其他经济往来文件中，经常会见到“定金”“订金”“保证金”“押金”这些相似而又让人容易混淆的词语。那么，在合同中究竟应该使用“定金”还是“订金”呢？“定金”和“押金”“保证金”是否有区别呢？

“定金”是一个严格的法律术语，是合同关系或债权债务关系中的一方给付对方用以担保合同或债务履行的金钱。《民法典》规定，当事人可以约定一方向对方给付定金作为债权的担保。交付定金以后，债务人履行债务的，定金一般抵作价款或者收回。

“订金”不是严格的法律术语，“保证金”“押金”也不能等同于“定金”。如果双方当事人在合同中对于给付和收取了“订金”后出现不履行合同的情形，对于“订金”的约定符合“定金”的法律规定的，那么实际上这个“订金”就等同于“定金”了。如果双方在协议、合同中没有就“订金”的性质及法律后果进行明确约定的话，当事人不能按照“定金”的法律性质主张权利。“保证金”“押金”也是如此。换句话说，在合同、协议和其他法律文件中使用“定金”这个术语，其法律解释和法律后果都是明确的，无须当事人进一步约定，而“订金”“保证金”“押金”等的含义和法律解释是不统一的，要看当事人在具体合同、协议和文件中如何约定。

不过，根据实际需要，有时在合同和协议中也需要或可以使用“押金”“保证金”这些词语。押金一般是合同一方交付给对方以便在自己不能及时履行支付义务时对方可以从押金中直接扣付的款项。保证金往往是给付一方对合同履行的一种担保，比如参加投标或拍卖会竞买的人，依约交纳保证金后才取得投标

或竞买资格，中标或竞得后若不履行相应的义务，保证金会被没收。押金也罢，保证金也罢，如果没有在合同中明确确定其定金性质，都不能按照定金主张权利，也就是说给付一方在对方不履约时无权要求双倍返还。反之，给付一方不履约，对方也不能没收这笔钱。

那么，定金的支付和收取有没有什么标准或额度呢？《民法典》合同编规定：“定金的数额由当事人约定；但是，不得超过主合同标的额的百分之二十”。也就是说，如果你们做 100 万元的生意，定金最多只能收 20 万元，多付的定金（超过 20 万元）在支付方不履约时对方不能没收，要退回；反之，收定金方不履约，你也只能要求他双倍返还 20 万元那部分，超出部分只退回原款。

65. 警惕格式合同中的“不平等条款”

格式合同是当事人为了重复使用而预先拟定，并在订立合同时未与对方协商的条款，即为格式条款，采用格式条款签订的合同，即为格式合同。提供格式合同的一方往往在交易中处于强势的地位，接受格式合同的一方往往处于弱势，一般很难与对方协商对格式合同条款进行修改和补充。比如，买家用电器，保修单后面印着“如有下列情况之一，本公司概不负责”；出差住店时，店方称“如有贵重物品，请交饭店保存，否则一旦丢失饭店概不负责”。此外，还有在接受服务时遇到商家单方面制定的营业规定、店堂告示、声明、通知以及与交易行为有关的口头说法等，这些都是格式合同。

格式合同条款对于提高效率，促进交易有其独特的意义，但由于格式合同条款具有预先拟定、重复使用、不得协商等特点，其制定者往往具有独占地位或经济上的优势地位，在制定格式合同条款时有可能尽量减少自己应负的责任，而要求对方所承担的责任相对较多，对于接受格式合同的一方有时不太公平，甚至会掉进陷阱。

我国《民法典》对格式条款作了一些限制性的规定，防止提供格式合同的一方滥用格式条款获取不正当利益，以此来保护合同相对人，尤其是消费者的合法权益。这些规定包括以下几方面：

一、规定格式合同条款提供方的特殊义务

根据《民法典》，提供格式合同条款的一方在拟定条款，确定权利义务时，应当遵守公平原则，在规定免除或者减轻其责任的条款时要合理、公正同时采取

合理的方式提示对方，不得将免责条款强加给对方，损害对方或消费者的利益。

在签订格式合同之前，提供方要履行两项义务：一是提示义务，即以合理的方式提请对方注意合同当中限制和免除提供方责任的条款，且提示的方式应达到足以引起一般相对人注意的程度；二是说明义务，即如果对方有要求，提供格式条款的一方应当向对方说明限制和免除提供方责任条款的含义。如果提供方未履行这两项义务，这个条款就不发生法律效力。

二、直接规定某些条款无效

根据《民法典》，提供格式条款一方不合理地免除或者减轻其责任、加重对方责任、限制对方主要权利的条款无效；提供格式条款一方排除对方主要权利的条款无效；在合同中约定造成对方人身损害、因故意或者重大过失造成对方财产损失时自己免责的，这些免责条款无效。

三、对格式合同的条款理解有歧义时，应作出对提供方不利的解释

《民法典》规定，对格式条款的理解发生争议时，应当按照通常理解予以解释。对格式条款有两种以上解释的，应当作出不利于提供格式条款一方的解释。

此外，《民法典》还规定，在一个合同中既有格式条款又有非格式条款，在两者内容发生不一致时，应当以非格式条款为主。

格式合同以其方便快捷、节约成本的优点在现实生活中得以广泛应用，因此对我们消费者来说警惕格式条款中的陷阱，维护自己的合法权益，显得尤为重要。

当然，电信、供电、供水等面向社会公众的服务企业，使用格式条款，还有利于维护社会公平，提高服务质量和工作效率。

66. 生意没做成，为何要赔偿对方损失?

有个朋友想买白糖，跟外省的几个供货商联系，由于几家供货商在价格、供货条件等方面各有优点，他一时拿不定主意，无法取舍，但是又都不想放弃。于是他分别通过电话、传真与几家供货商反复磋商，并分别邀请几家供货商到其所在地考察，表现出对供货商的条件满意和很想签订合同的意思。那几家供货商由于感觉到双方就合同条款已经基本达成一致，因此都把准备卖出的白糖留下来给这个朋友。过了一段时间，白糖跌价，这个朋友不与那些供货商签订合同。几个供货商由于都是同行，无意中了解到这个朋友同时与几家供货商谈判，但是又都没有真正的诚意，最终，几家供货商均提起诉讼，要求这个朋友赔偿损失。经过法院审理，认定这个朋友是恶意磋商，必须赔偿这几家供货商的损失。

这个朋友不明白：合同都没有签，法院怎么判他赔偿损失呢？相信大家也许会有同样的疑问。

其实，这就是《民法典》规定的“缔约过失责任”。所谓“缔约过失责任”，是指当事人在订立合同过程中有假借订立合同恶意进行磋商的行为，或故意隐瞒与订立合同有关的重要事实，提供虚假情况，或有其他违背诚实信用原则的行为，给对方造成损失，应当承担的损害赔偿责任。

这里，先谈谈恶意磋商。如果一方在就订立合同与对方磋商的过程中，故意就对方所提出的条件作出口头或书面承诺，明确表达签订、履行合同的愿望等，使对方产生了合理的信赖，认为双方已经基本谈妥，“搞定”合同只是迟早的问题，并积极为合同签订和履行作出合理的准备，但事实上他根本没有签约的诚意或履行能力，只是假借愿意订立合同的表象来打压对方的条件，让对方丧失与他人签订合同的机会，故意损害对方或第三人的利益，最终却不与对方签订合同，这样的做法就是恶意磋商。

其次，在订立合同过程中，一方隐瞒重要事实或者提供虚假情况导致合同最终无法订立，或合同虽然订立，但因其所隐瞒的重要事实或其提供虚假情况导致合同无效、被撤销，给对方造成损失的，也要承担缔约过失责任。比如房屋租赁者明知自己没有转租的权利，却告知对方可以转租，并与其签订转租合同，后因房东及时发现，主张转租合同无效。此时，转租者就要承担缔约过失责任，赔偿对方损失。

此外，缔约过失还包括在合同订立过程中，其他违背诚实信用原则并给对方造成损失的情形。比如，一方向对方承诺，只要对方在一定的期限内经营好自己的门店，年营业额达到一定规模，并按照其形象店的格局装修，就可以加盟成为其连锁店。对方做出了相应的投资，并达到其条件后，他却不与对方签订加盟合约。这就违背诚实信用原则，应承担缔约过失责任。

缔约过失的赔偿责任，应该相当于对方或第三人基于合理信赖而产生的损失，包括直接损失，比如对方为磋商和准备订立合同而产生的差旅费、样品费、资料费等各种额外费用，还包括间接损失，比如因丧失其他缔约机会而损失的可得利益。当然，这些损失还应该在可预见的合理范围之内。

需要强调的是，缔约过失责任有时候并非简单地归结于一方。在现实的司法实践中，很多关于缔约过失的案例，往往双方或各方都被认定有缔约过失责任。比如前面所说的转租合同无效的情形，严格来说，作为受损害的接受转租一方（次承租人），尽管对方隐瞒了真相，但是从谨慎的角度来说，他自己也应该要求转租人提供原有的租赁合同，了解转租人是否有转租的权利等，由于他自己没有尽到谨慎的义务，也存在一定的过错。在实践中，往往也会被判决承担一定的过错责任。

《民法典》明确规定了缔约过失责任，是对传统的合同法律观念的突破。我们在签订合同过程中，必须本着诚实信用的原则行事，否则有可能要承担缔约过失责任。

67. 签订合同的技巧

在我们的日常工作和生活中，几乎每个人都离不开合同或协议（本文均称合同）。买房，要签订商品房买卖合同；去工作，要签订劳动合同；跟朋友开公司，要签订投资合同或股东协议；租房子，要签订租赁合同。如此种种，不一而足。可以说，现代社会，没有人不跟合同打交道。

那么，怎样把合同签好呢？当然，最好的办法是找个律师做参谋，把法律上的事交给他。可是，很多时候你不一定会请，即使请了，律师也未必时时在你的身边。甚至，有时候，律师把拟好的合同文本交给你，最后你也许会在签约的过程中出现差错，给自己带来麻烦。这里，我们不想过多地谈论专业的法律知识，而是着重讨论签订合同时应该掌握的一些技巧。

一、务必了解清楚对方的背景

如果对方是自然人，应核实其身份并复印其身份证；如果对方是企业，应核实、复印其营业执照。万一合同履行不顺利，需要打官司，必须有明确的被告。为了提供被告的具体住所，我们必须早做准备。

二、合同必须当面签订

合同必须有双方（或各方）的真实签名、签章才有效。如果签订合同的人不是真正的合同对象，而是别人冒签或代签，而我们又未能及时发现，在今后的履行过程中，一旦出现问题可能会给对方留下耍赖的理由，甚至导致我们的合法权益得不到法律的保护。

再者，如果你签好字、盖好章后交给对方拿回去签字、盖章，还容易出现另外一个问题：对方在你已签字、盖章的合同上进行篡改，然后交回一份给你，到时你认也得认，不认也得认。因为双方都签字、盖章了，合同具有法律效力。

在实践中经常会遇到这样的案例。由于双方是多年的合作伙伴，一方将两份合同签字、盖章后一起交给对方，而对方没有签字、盖章返回合同，双方就按合同做起了生意。后来双方有争议，打起官司对方把合同修改了，签字、盖章后提供给法庭。而最先签字、盖章这一方连一份合同原件都拿不出！这时候，先签字的一方对法官说，是对方收到己方签字、盖章的合同后，没有在合同上签字、盖章，以及送回合同，现在有争议才单方改动合同并签字、盖章的。对方当然不承认改动了合同，法官自然也不可能凭一方的口头陈述就认定对方改了合同。最后，先签字、盖章，把合同交给对方的一方只有输官司的份了。

所以，在无法当面签合同的情况下，先签字盖章的一方，最好能够要求对方在线上对已签字、盖章合同的扫描件进行确认，及时将盖章的扫描件发送回来后，及时将原件寄回，避免发生争议时遭受损失。

另外，为了交易安全和提高效率，经常需要与外地客户签订合同的单位，建议使用电子签约平台远程签约。双方就合同条款达成一致后，发起签约的一方完成电子签名后，将 PDF 版的合同文本上传系统，对方只能在上面进行电子签约而无法做任何修改。完成电子签约后，若有需要双方可以根据电子签约的文本制作纸质签约文件（从法律效力的角度来说，不需要再做纸质文件）。

三、多页的合同要加盖骑缝章

很多人签订合同时，只习惯在最后一页加盖印章、签字，其他页码没有留下痕迹、印记。这样的合同存在很多风险，往往会发生令你意想不到的事情。

笔者就办理过一件这样的案件：签合同时，双方拿的是一样的文本。打起官司，双方向法庭提供的合同，却只有最后一页是一样的（盖有章，改不了），前面几页的内容竟然各不相同！表面上，各自提供的合同在内容上也都很连贯，法官一时也辩不清谁真谁假。幸好笔者经过仔细辨别，发现对方的合同前几页和最后的一页在排版上有细微的差异，每行字数比最后一页多一个，并且行距不同。通过法庭质证，对方露出了破绽，事实最终得以澄清。

这个案例说明，仅在合同的最后一页签字或加盖印章是不够的。要避免对方偷换前面几页内容引起争议的最简单的办法，就是在几页之间加盖骑缝章或双方在每一页上都签字盖章。

四、单位尽量不要让业务员拿着盖了章的格式合同出去办事

业务员拿着盖了章的格式合同出去谈业务，在未经本单位同意的情况下，修改了格式合同内容与别的单位签订合同产生的义务，作为提供格式合同的单位，都必须承担。这样的例子在搞生产的厂家、保险公司等单位，屡屡出现，到头来倒霉的往往都是提供格式合同给业务员的单位。

写好合同，需要法律知识；签好合同，需要技巧和细心。严谨合规，可以避免不必要的风险和损失。

68. 牵线搭桥想拿钱，中介合同要签好

人们常说，现在的社会是信息化的社会，掌握了信息，往往就掌握了获取财富的机会。日常生活中，常常有人利用自己的社会资源和信息优势，给别人介绍生意，因为没有签订书面合同，结果别人做成了生意，自己却白忙活，白辛苦。

那么，如何从法律上得到保障呢？给别人提供生意机会或信息的时候，如果想要获得合理的报酬，首先要放得下情面，作个书面约定。这种书面的约定在法律上称之为中介合同（《民法典》施行前，《合同法》称之为居间合同）。《民法典》规定："中介合同是中介人向委托人报告订立合同的机会或者提供订立合同的媒介服务，委托人支付报酬的合同。"给别人介绍生意或提供中介服务的人是中介人，因此得以订立合同、做成生意的人是委托人。《民法典》进一步规定，中介合同对中介人的报酬没有约定或者约定不明确，依据相关合同条款及交易习惯仍不能确定的，根据中介人的劳务合理确定。因中介人提供订立合同的媒介服务而促成合同成立的，由该合同的当事人平均负担中介人的报酬。中介人促成合同成立的，中介活动的费用，由中介人负担。中介人未促成合同成立的，不得请求支付报酬；但是，可以按照约定请求委托人支付从事中介活动支出的必要费用。

上面这些规定，为中介人提供中介服务和收取报酬提供了法律依据。当然，有了法律依据还要双方认真协商，订立合同，明确双方的权利义务。如果没有合同，虽然法律上也支持中介人获得报酬，但是由于没有约定或约定不明确，到时产生纠纷中介人就处于不利的境地，不容易拿到合理的报酬。

那么，如何订立好中介合同呢？笔者认为，合同应包含如下内容：中介服务涉及的关联方、服务工作任务及完成时间、服务成果的确认、报酬数额及支付时间、违约责任等。签订合同时，尤其需要注意以下两点：

一、签订中介合同前不可将准确信息提供给委托人，以免被甩

现实中，中介人提供机会的真实、可靠，是委托人愿意提供报酬及与之签订中介合同的前提条件。因此，委托人往往要求中介人提供可能与之订立合同的对方的名称、地址、联系方式等信息，以便核实和进行商业判断。而中介人一旦提供给委托人，如果委托人不诚信，直接与对方联系，中介人就被甩掉了。因此，中介人最好在提供具体明确的信息之前，与委托人谈妥中介合同的内容和细节，明确中介人的任务，而在合同草案中留空拟介绍与委托人订立合同的对方的详细信息，待委托人在中介合同上签字盖章之后，再填上那些具体、详细的信息。

二、预防委托人以关联企业或亲属的名义与对方订立合同，逃避支付报酬的义务

为了预防委托人掌握对方信息后，不以自己的名义，而以自己的亲属或关联企业的名义利用中介人提供的信息签订合同，逃避支付报酬的义务，最好在中介合同中明确，中介人提供有关信息和媒介服务后，在一定期限内，委托人的关联企业（有投资和被投资关系）、自然人委托人和单位委托人的投资者在一定范围内的亲属，以及与他们有利益关联的人，与中介合同约定的对方订立合同的，视为中介人完成中介合同任务，委托人应按照中介合同支付报酬。

69. 如何加强企业合同管理

企业的经营离不开合同，签订了合同还要管理好、执行好。可以说，很多企业成在合同，败也在合同。有时候一份重要的合同出了问题足以将一个实力雄厚的企业打垮。下面笔者提出几点建议和忠告，希望对投资办企业的读者有所帮助。

一、完善企业的合同管理架构和制度

企业应该建立完善的管理制度，健全法人治理结构。在合同管理方面，首先要建立和健全合同管理的决策机构，如股东会、董事会或其授权的总经理，其负责建立合同管理制度，保障合同管理机制的正常运行，对合同的最终审查、决策和执行负责。其次应有合同管理的审核部门，主要指企业的法务部门、财务部门和外聘法律顾问。法务部门或法律顾问的职责主要是审核合同的合法性、监控合同履行、及时协助业务部门处理合同纠纷等。如果没有专业的法律人员，可由业务熟练且有一定法律素质的人员兼任，最好有外聘法律顾问互相配合。财务部门主要审核合同是否与企业的财务能力相适应、价格是否合理，并在执行过程中给予财务支持。此外，还应有合同管理的具体业务部门和档案部门。业务部门是合同的经办部门，具体负责合同的签订、履行、变更等事宜。档案部门负责合同的保存、统计和归档，定期提供合同履行报表等信息以提醒业务和财务部门，以保证合同的正常履行，同时供决策部门作决策参考。

在健全合同管理架构的同时，要完善合同的管理制度，包括合同签订前的审查论证制度、合同会签制度、合同执行管理制度、合同档案管理制度、合同纠纷

防范和处理制度。

二、规范合同签订管理的流程

合同签订是合同管理的基础。企业应根据自己的经营特点在律师等专业法律人员的帮助下，制定相关合同的示范文本，并在经营过程中尽量采用示范文本，最大限度地规避合同风险。关于合同签订的管理流程，一般应由业务部门拟定合同草案或初步审查对方提供的合同文本，然后交由企业法务部、财务部等审核部门审核，最后由决策部门讨论通过，签字、盖章后交执行部门和档案管理部门保存和归档。在起草合同前，尤其要认真审查合同对方的基本资料和资信情况，包括合同对方主体的真实性、合法性的审查，如营业执照、资质证书、特许经营资格、授权委托书等；合同对方诚信度和履约能力的审查。审核部门要保持独立性，结合企业的交易目的、经营状况、履约能力和法律规定，严格审查合同的条款。合同管理的决策部门应严格管理，确保企业有关部门和人员按照合同会签制度起草、审查和签订合同。

三、合同的保存和归档

企业的合同要统一管理，及时归档，有条件的，应进行信息化管理。要建立合同的借阅、借用制度，合同正本的交接应该有书面的签收，重要合同正本一般不允许外借，需要外出或跨部门使用时，可由专人携带、保管。合同的保存和归档不仅仅针对合同文本，还包括在合同履行过程中形成的补充协议、往来函件等一切书面材料及音像资料。

合同正本最好留有两份以上，分别由企业的两个以上的部门保存管理。一般情况下，企业之间签订合同往往各方仅执一份。在只有一份合同正本的情况下，很多企业都是由办公室或秘书保管。在员工流动相对频繁的今天，员工万一对企业有意见离开而不办理交接，或者在发生重大纠纷时被对方收买，可能导致合同正本丢失。打起官司后，企业拿不出合同正本，就有可能任对方宰割了。当然，还有员工非恶意的失误导致合同正本丢失或一时找不着的情况，也同样麻烦。避免这个问题发生的好办法，就是留两份以上正本。如果合同只有两方，就签一式四份，双方各执两份。这两份合同，要分开管理，办公室或秘书保管一份，法务部门、财务部门或档案部门保管另一份。当然，如果是规模不太大的私营企业，老板自己保管另外一份也是不错的办法。这样，就有了双保险，基本不会出现前述的被动局面了。

四、合同履行的管理

合同履行是合同管理的关键。合同履行可分为两种情况，其一，按合同约定顺利履行；其二，合同履行过程中发生变更、纠纷甚至解除。企业应建立合同履行的预警机制，由业务部门对合同履行过程中出现的问题及时书面呈报给法务部门和决策部门，以便及时调整和应对。合同变更是指因签订合同时的客观情况发生变化或其他原因，需要对合同的履行内容进行适当调整。合同的解除可分为法定解除或约定解除。合同履行过程中出现纠纷、合同变更或解除，业务部门应注意保存证据，如双方往来的函件、变更协议书等。

合同的履行要由业务部门、财务部门、法务部门或法律顾问多方进行协调、管理。履行合同不仅仅是业务部门的事情，让财务部门对每一份合同的履行随时了解和跟踪，便于企业在财务上提前安排，可以避免因资金短缺而产生纠纷。这一点，很多企业都做到了，但是让法务部门或法律顾问定期不定期跟踪合同的履行，是很多企业做不到或不注意做的。法务部门或法律顾问随时跟踪合同的履行情况，一方面便于预防纠纷和前期协调处理，另一方面在纠纷发生但尚未诉诸法律时，得以收集、巩固和补充证据，使企业在今后的诉讼或仲裁中处于更为有利的地位。

五、合同纠纷防范与处理

合同履行过程中发生纠纷在所难免。预防纠纷，将纠纷消灭在萌芽阶段，是最好的选择。诉诸法律之后，专业律师的介入十分重要。为了有利于纠纷的解决，在合同中尽量约定企业所在地的法院为争议管辖法院，以减少参与诉讼的成本。合同还应有合理而详细的违约责任条款，并具有合法性和可操作性。合同履行过程中，对于一切影响合同顺利履行的因素和发生的变化，都应及时处理和汇总、汇报，以便法务部门或法律顾问进行审查、提出处理意见，以供决策部门及时决策。发生纠纷之后，应首选协商解决的方式，有时旷日持久的诉讼之后赢得官司未必比互谅互让解决问题对企业更为有利。当纠纷不可避免地要走上法律程序，更要提前着手，选聘专业的律师，依托业务部门和其他合同管理部门的帮助，进行处理。

根据笔者从事律师工作三十多年的经验，企业的重要合同，从项目的前期考察、论证开始就让专业的律师介入，并进行全程跟踪是十分有必要的。一份先天有缺陷的重大合同，签订之后，对于企业有时是个灾难，发生纠纷诉诸法律后，再聘请多么高明的律师有时都于事无补。企业的法务人员，由于专注于企业的法律事务，对于与企业主营业务密切相关的法律法规，有时比一般的律师更加专业，这是长处，但因缺少司法实践经验或接触案件类型比较单一，有时跟不上司法实践的变化，在审查和监督合同履行过程中，如果没有经验丰富的律师配合，容易犯错误。如果专业的律师从项目的提出开始介入，充分论证项目的合法性并全面提示法律风险，有利于企业领导层进行正确的决策。而专业律师往往有丰富的谈判经验，在合同的谈判过程中，更能及时发现对方设置的法律陷阱，在双方产生重大分歧和利益冲突，谈判陷入僵局时，往往能提出既在法律上充分保护己方利益又让对方可以接受的变通方案，促成项目合作及合同的订立。在合同履行过程中，专业的律师可以帮助企业培训合同履行涉及的部门和人员，帮助他们更加全面、准确地理解合同，有利于合同的顺利履行。在合同履行出现变更甚至是纠纷的时候，可以帮助企业及时收集、形成和保存证据，将纠纷消灭在萌芽阶段，并为今后万一发生的诉讼或仲裁做准备。发生诉讼或仲裁后，由于律师进行了全程跟踪，对合同的谈判、签订和履行了如指掌，应对起来比临时聘请的律师有更多的优势。

70. 民间借贷有风险，钱款往来需谨慎

无论是开公司做生意还是因为其他日常用途，人们难免需要向他人借钱暂时周转，如一些中小企业由于发展迅猛资金需求旺盛，在向银行等金融机构融资困难时，转而向民间筹措资金；生活中，亲朋好友之间的借贷更是屡见不鲜。这些借贷俗称“民间借贷”，民间借贷与从银行贷款相比，借款手续便捷，方式灵活，贷款催收方式灵活。但是民间借贷给人们带来极大便利的同时，同时也存在着很多风险，可能最终会血本无归。经常会看到一些新闻，个体老板因拖欠民间借款无法归还，纷纷“跑路”，有些借贷数额甚至高达几十亿元。那么，什么是民间借贷？法律有什么规定？民间借贷应该注意哪些问题？

一、民间借贷与高利贷

根据《最高人民法院关于审理民间借贷案件适用法律若干问题的规定》（简称《民间借贷司法解释》），民间借贷是指自然人、法人和非法人组织之间进行资金融通的行为。民间借贷只要不违反法律规定，都受法律保护。民间借贷的利率可以适当高于银行的利率，人民法院可根据本地区的实际情况具体掌握，但最高不得超过一年期贷款市场报价利率四倍。超出此限度的，超出部分的利息不予保护。

此外，有关法律法规还规定了，自然人之间的借款合同，自贷款人（即出借方）提供借款时生效。如果没有约定利息，视为无息。借贷双方对利息是有争议，法院认为属于约定不明的，自然人之间的借贷，出借人主张利息的，人民法院不予支持；除自然人外，出借人主张利息的，人民法院会结合民间借贷合同的

内容，并根据当地或者当事人的交易方式、交易习惯、市场报价利率等因素确定利息，一般都是参照一年期贷款市场报价利率计息。

民间借贷利息保护的上限，现行有关司法解释是这样规定的：借款合同成立于2020年8月20日前的，合同成立到2020年8月19日期间，利息按当时的司法解释计算，即年利率不超过24%，已经支付的利息超过24%但没有超过36%的部分，借款人主张返还的，法院不予支持；2020年8月20日之后至返还之日，利率不得超过起诉时一年期贷款市场报价利率的四倍。借款合同成立于2020年8月20日之后的，利率不得超过合同成立时的一年期贷款市场报价利率的四倍。超过规定上限的部分，法律不予保护。

高利贷，又称“大耳窿”、地下钱庄，指借款利率过分高于正常的利率的借款。过去，一般认为，民间借贷约定的利率超过24%即为高利贷；根据2020年12月发布的司法解释，约定的利息高于银行一年期贷款市场报价利率四倍的，就是高利贷了。高利贷不受法律保护，也就是说，超过四倍的部分，不能得到法律的支持。

二、企业之间的拆借是否受法律的保护？

企业之间的拆借很常见，如果出借一方不是以放贷为经营手段牟取利益，也没有破坏国家金融秩序，一般认定有效。现行有关司法解释规定，民间借贷有下列情形之一的，合同无效：（一）套取金融机构贷款转贷的；（二）以向其他营利法人借贷、向本单位职工集资，或者以向公众非法吸收存款等方式取得的资金转贷的；（三）未依法取得放贷资格的出借人，以营利为目的向社会不特定对象提供借款的；（四）出借人事先知道或者应当知道借款人借款用于违法犯罪活动仍然提供借款的；（五）违反法律、行政法规强制性规定的；（六）违背公序良俗的。现实中，很多企业的对外拆借存在前述情形，放贷前需要谨慎斟酌。

三、小额贷款公司、典当行等地方金融组织从事金融业务引发的纠纷，不再适用民间借贷司法解释！

过去，小额贷款公司、典当行因对外借款和典当发生的纠纷，适用最高人民法院《民间借贷司法解释》。2021年1月1日起施行的，与民法典配套的《民间借贷司法解释》规定，“经金融监管部门批准设立的从事贷款业务的金融机构及其分支机构，因发放贷款等相关金融业务引发的纠纷，不适用本规定。”2021年1月1日，最高人民法院在给广东省高级人民法院的《关于新民间借贷司法解释适用范围问题的批复》中明确，由地方金融监管部门监管的小额贷款公司、融资担保公司、区域性股权市场、典当行、融资租赁公司、商业保理公司、地方资产管理公司等七类地方金融组织，属于经金融监管部门批准设立的金融机构，其因从事相关金融业务引发的纠纷，不适用新民间借贷司法解释。

最高人民法院2017年8月印发的《关于进一步加强金融审判工作的若干意见》规定：金融借款合同的借款人以贷款人同时主张利息、复利、罚息、违约金和其他费用过高，显著背离实际损失为由，请求对总计超过年利率24%的部分予以调减的，应予支持。据此，法院一般理解为，小额贷款公司、典当行等金融机构借款利率最高上限为年利率24%。

四、民间借贷要注意的几个问题

民间借贷不仅要合法，还要做好防范风险。如何确保安全收回本金，取得约定的利息，是所有出借人必须考虑的问题。而如何确保出借人按照约定履行义务，保证能够按约定取得借款，满足自己的经营或其他需要，是借款人要考虑的问题。下面从避免和减少纠纷，保护自己合法权益的角度出发，给大家提几点建议。

（一）多个心眼没坏处，知根知底很重要

借贷双方都应该充分了解对方的情况。作为出借人，应充分了解借款人的信用、借款用途、还款来源和能力等。如果借款人将借款用于超前消费甚至非法活动，那么出借人的风险就太大了。如果出借人明知借款人是为了从事非法活动而仍然借款给借款人，那么出借人就是共同违法；借款人将借款用于犯罪活动的，出借人就是共同犯罪，更别想收回贷款本金和利息了。

借款人其实也应该充分了解出借人的款项来源。如果出借人的款项来源不合法，甚至是因为贩毒、诈骗、盗窃得来的赃款，而借款人又明知的情况下，仍向其借钱，这极有可能构成洗钱罪。出借人的款项来源不合法，即便借款人不知情，也可能因贷款人受到法律追究而导致无法顺利使用借款。

（二）义气二字不可靠，朋友也要明算账

民间借贷尤其是个人之间的借款，由于双方关系很好或碍于情面，有时借款凭义气，连借条都没有，只是口头约定，这很危险。借贷双方最好签订正式的借款合同，将有关事项一一明确。对于借款人来说，签订借款协议比给人家打个借条更能保障自己的权益。即使是写借条，千万别写成收条或欠条，这在法律上有歧义，收条在法律上不一定能认定为借款凭据，有时对贷款人不利。

（三）贷款有风险，担保很重要

民间借贷最常见的纠纷是借款人不能及时还款付息，很多人把款借出去，连本金都收不回。为了确保贷款安全，让借款人提供物的担保是最有效的办法，房地产、机器设备、汽车、轮船抵押以及有价证券、股权等权利凭证的质押，记得要办理登记手续。借款人无法提供充足的物的担保的情况下，最好能提供有实力、有信用的个人提供保证担保。不过，《民法典》对保证担保的法律规定进行了修改，非专业人士找个人或单位在借条上签字、盖章担保，几乎等于没有担保，因为绝大多数的人不明白保证担保该如何主张权利。具体可参阅下节关于“保证的责任”的内容。

（四）大额贷款要走账，分期支付勤监管

对于几十万、几百万甚至更大数额的民间借贷，最好通过银行汇款转账，而不要以现金方式支付，更不能仅让对方写个借据或收条。以免发生纠纷时，可能陷入关于款项来源及支付的举证困境。

大额借款，最好根据借款人的用款进度分期、分批发放，并及时跟踪了解其款项用途、去向以及经营状况等，发现不利情况可以及时控制风险，避免损失的扩大。

（五）“贪”字常害人，高息是陷阱

很多人都是贪图高息向别人提供借款，这往往是噩梦的开始。支付高息的借款人，不是将款项用于非法用途（如赌博、贩毒），就是进行风险投资（如炒股、购买期货），或者走投无路，万分无奈。将借款用于正常的经营和一般的用途，往往很难支付高额的利息。有些借款人，往往就是归还不了别人的欠款，被追得跳墙时，不得已通过更为高息的借款来归还已经到期的其他借款，这样“拆东墙补西墙”的后果，就是“墙”越拆越少，陷入恶性循环而不能自拔，害了自己，也害了贷款人。

借款人为了解决自己的困难，很多时候不得不接受出借人极不合理的高息。现在的民间借贷，甚至不属于民间借贷的小额贷款公司和典当行的贷款，实际收取的利息往往远高于法律规定的银行间同业拆借利率的四倍，出借人为了规避法律采取的手法往往是，在放款时，提前把高息的部分扣除，而让借款人出具足额收取借款的凭据，或者通过第三方收取所谓的佣金、服务费等。借款合同反映的是法律允许范围内的利率，而实际收取的月息高达 4 分、5 分不等，甚至更高。如果借款人完全接受出借人的这些操作和安排，而又未能留下任何证据的话，发生争议后，就可能无法保护自己的合法权益。

还有一种情形要特别提防：借款人在借款到期后不能及时归还时，有的出借人会要求借款人重新出具借据，甚至将借款本金和拖欠的利息一起累加起来，让借款人写个总额的欠条，同时注明借款利息。这样利息又变成了本金，形成利滚利，借款人就要承受更高的利息。

（六）贷款逾期要追索，保留证据防一手

如果借款人不能及时还款，贷款人应及时主张权利。民间借贷纠纷案件中，很多出借人都是口头、电话追索，未能留下书面证据，而对方又否认出借人曾主张过权利，因此被法院裁决超过诉讼时效而丧失胜诉权。需要注意的是，借款合同或借条中没有约定还款期限的，自出借人第一次向借款人追索而其没有归还时起算诉讼时效期间，而不是从借款之日起算，超过三年不主张权利的，即超过诉讼时效期间。

71. 保证的责任

小李曾向邻村的老张借款 20 万元买一辆货车搞运输，谈妥利息、还款期限后，老张还要求小李提供担保。小李找好朋友大刘帮忙，大刘二话没说，就在借条的“保证人”一栏签下大名。一年后，大刘忽然收到法院的传票。原来，小李在买车半年后经营不善，就把车卖了，从此销声匿迹。老张找不到小李，于是就找大刘“算账”来了。老张把大刘起诉到法院，要求大刘偿还小李尚未还清的借款及利息共计 25 万元。

大刘顿时傻了眼，自己出于朋友义气，在没有任何防范和保障的措施下，就稀里糊涂地做了“冤大头”。作为保证人，大刘本以为借钱买车搞运输是比较安全、可靠的，没想到小李竟然一走了之，现在还要他替小李还债。现实生活中，这样的案例并不少见。

担保和保证，很多人可能认为是一回事。在法律上，可不能将二者简单等同。担保是为确保特定的债权人实现债权，以债务人或第三人特定的财产来保障债权人利益的一种制度。担保形式包括抵押、质押、留置、保证等形式，每种担保方式的法律规定和法律后果都是不一样的。而保证，属于信用担保，是人的担保，仅仅是担保的一种方式，不可与担保混为一谈。下面，我们重点就保证的一些法律规定及需要注意的事项和大家说一说。

一、保证的含义和方式

保证，是指保证人和债权人约定，当债务人不履行债务时，保证人按照约定履行债务或者承担责任的行为。在借贷、买卖、货物运输、加工承揽等经济活动中，合同往往会有保证及相关约定，以保障合同的顺利履行。

保证的方式分一般保证和连带责任保证两种。当事人在保证合同中约定，债务人不能履行债务时，由保证人承担保证责任的，为一般保证。连带责任保证是相对一般保证而言的，通俗地说，就是债务人的义务和保证人的相关保证是相连带的，债务人在履行期限届满未按约定履行义务的，连带责任保证人承担连带支付义务。当事人在合同中约定承担连带责任的，为连带责任保证；当事人对保证方式没有约定或者约定不明确的，按照一般保证承担保证责任。这里特别需要强调的是，2021 年 1 月 1 日《民法典》施行前，没有约定或约定不明的保证视为连带保证责任，这个重大的改变会使很多借条、借据上签名担保的人由于债权人不懂得主张权利而得以免责。

二、一般保证和连带责任保证的区别

一般保证的保证人在主合同纠纷未经审判或者仲裁，并就债务人财产依法强制执行仍不能履行债务前，对债权人可以拒绝承担保证责任。但因债务人下落不明，且债务人无财产可供执行，人民法院受理债务人破产案件，债权人有证据证明债务人的财产不足以履行全部债务或者丧失履行债务能力，或保证人以书面形式放弃前述权利的，债权人可以要求保证人承担保证责任。

对于连带责任保证人，只要债务人未在合同约定的期限内履行债务，债权人就有权要求连带责任保证人代为履行。此时，债权人既可以向债务人主张权利，也可以直接向连带责任保证人主张权利，或者同时向债务人和连带责任保证人主张权利。

通俗地说，在一般保证的情况下，要先追债务人，追不着再追保证人。但是，如果是连带责任保证，可以同时追债务人和保证人，或者直接追保证人。

对于保证人来说，连带责任保证比一般保证的风险更大一些；反过来，对于债权人来说，让保证人提供连带责任保证则更为安全可靠。

三、保证人资格及责任承担

在《民法典》中，将民事主体分为自然人、法人、非法人组织三类，对保证人的资格仅是进行了限制性规定，机关法人不得为保证人，但是经国务院批准为使用外国政府或者国际经济组织贷款进行转贷的除外；以公益为目的的非营利法人、非法人组织不得为保证人。由此可以得出，这之外的主体都可以作为保证人。

实践中，学校、幼儿园、医疗机构、养老机构等提供担保的效力问题一直以来都存在争议，此类机构既有公办的，也有民办的，即便是民办机构，多数也是以公益为目的的非营利法人、非法人组织，故原则上不具有担保资格，但登记为营利法人的民办学校、幼儿园、医疗机构、养老机构等，性质上就是企业法人，具有担保资格，提供的担保有效。

同一债务有两个以上保证人的，保证人应当按照保证合同约定的保证份额，承担保证责任。没有约定保证份额的，保证人承担连带责任，债权人可以要求任何一个保证人承担全部保证责任，保证人都负有担保全部债权实现的义务。已经承担保证责任的保证人，有权向债务人追偿，或者要求承担连带责任的其他保证人清偿其应当承担的份额。

四、保证无效及后果

保证合同是从合同，是依赖于所担保的债权债务关系即主合同而存在的。如果主合同无效，保证合同就无效，但是法律另有规定的除外。比如，两人未取得香烟特许经营许可而签订的香烟买卖合同，是无效的；而为之提供保证的，当然也无效。

主合同有效，保证合同因违反法律强制性规定无效。比如，担保人是《民法典》中明确限制作为保证人的、保证合同内容触犯《民法典》中合同无效的规定，保证合同无效。

保证合同无效的情况不一样，其法律后果也是有所不同的。

主合同有效而第三人提供的担保合同无效，人民法院会区分不同情形确定担保人的赔偿责任。债权人与担保人均有过错的，担保人承担的赔偿责任不应超过债务人不能清偿部分的二分之一；担保人有过错而债权人无过错的，担保人对债务人不能清偿的部分承担赔偿责任；债权人有过错而担保人无过错的，担保人不承担赔偿责任。

主合同无效导致第三人提供的担保合同无效，担保人无过错的，不承担赔偿责任；担保人有过错的，其承担的赔偿责任不应超过债务人不能清偿部分的三分之一。

所以，在签订相关合同的时候，请专业律师帮助起草、签订是非常重要的，有时候，将为您避免重大损失。

五、保证人免责的情形

1. 主合同当事人双方串通，骗取保证人提供保证或主合同债权人采取欺诈、胁迫等手段，使保证人在违背真实意思的情况下提供保证的，保证人不承担民事责任。

2. 同一债权既有债务人提供的物的担保又有第三人保证的，在没有约定或约定不明的情况下，债权人放弃物的担保的，保证人在债权人放弃权利的范围内免除保证责任。

3. 一般保证的保证人与债权人未约定保证期间的，保证期间为自主债务履行期届满之日起六个月。在合同约定的保证期间和前款规定的保证期间，债权人未对债务人提起诉讼或者申请仲裁的，保证人免除保证责任。

4. 连带责任保证的保证人与债权人未约定保证期间或者约定不明确的，债权人应在自主债务履行期届满之日起六个月内要求保证人承担保证责任。在合同约定的保证期间和前款规定的保证期间，债权人未要求保证人承担保证责任的，保证人免除保证责任。

5. 一般保证的保证人在主债务履行期限届满后，向债权人提供债务人可供执行财产的真实情况，债权人放弃或者怠于行使权利致使该财产不能被执行的，保证人在其提供可供执行财产的价值范围内不再承担保证责任。

6. 保证期间，债权人许可债务人转让债务的，应当取得保证人书面同意，保证人对未经其同意转让的债务，保证人对受让人不再承担保证责任，但是债权人和保证人另有约定的除外。

7. 债权人转让全部或者部分债权，未通知保证人的，该转让对保证人不发生效力。保证人与债权人约定禁止债权转让，债权人未经保证人书面同意转让债权的，保证人对受让人不再承担保证责任。

特别提醒大家，在借条、借据、还款计划的担保人一栏签名、盖章，或者没有注明是担保人的，但在上面签名、盖章并承诺为该笔债务提供担保，这种简单的所谓“担保”，只要没有注明“连带”两个字，都是一般保证。这种不专业的做法显然也不会约定保证期间，因此，在债务履行期间届满之日起六个月内，债权人只要不打官司，不管追了保证人多少次，也不管保证人是否表示愿意承担保证责任，甚至债务人还在断断续续还款，提供担保的保证人按照法律规定都彻底免责了！而现实中，债务到期后六个月内就打官司的，有几个呢？所以，我们说让别人在借条、欠条上签个字做担保，大概率等于没有担保。

六、物的担保更为可靠

我们在处理债权债务关系或订立合同时，为了降低风险，往往都会要求对方提供担保。一般来说，物的担保比人的保证更可靠，更安全。所以，如果能提供动产、不动产抵押或动产、权利质押，会更好。

72. 抵押、质押是担保，登记手续不可少

很多人借款给别人收不回来后找到笔者，当被问起对方有没有提供担保时，他们往往都会拿出对方的房产证、土地证，说对方把房子、土地押给他们了。殊不知，这里面有大问题呢！光拿房产证、土地证而不办理抵押登记，是没有保障的。

担保的方式包括保证、抵押、质押、留置和定金等，每种保证方式的法律规定和法律后果都是不一样的。下面，就抵押、质押担保问题谈一谈。

一、抵押的概念

抵押，是指为担保债务的履行，债务人或者第三人不转移抵押物的占有，将该抵押物作为债权的担保。如果债务人不履行债务时，债权人有权将抵押物折价或者拍卖、变卖抵押物优先受偿。

二、抵押登记的办理和效力

关于抵押担保，必须注意抵押物登记的问题。

首先，登记不是抵押合同的生效前提。早年的《中华人民共和国担保法》规定以土地使用权、房产、运输工具、企业的厂房设备等抵押的，应当办理抵押物登记，抵押合同自登记之日起生效。而根据 2007 年颁布的《物权法》，抵押合同自依法成立之日起生效，不再以登记作为生效要件。也就是说，即使不办理抵押登记，抵押担保合同或担保条款依然是有效的，只不过作为债权人无法主张抵押物的优先受偿权。2021 年 1 月 1 日起，《物权法》废止，关于担保的问

题，统一由《民法典》进行规范。

其次，抵押登记产生对抗第三人的效力。抵押登记的目的，是通过登记的形式，向社会公开宣示，从而产生对抗第三人的效力，让抵押权人（接受抵押担保的债权人）在处置抵押物时享有优先受偿权。如果没有办理抵押登记，债务人不能及时履行债务，你主张处置抵押物以便偿还债务时，如果他还有其他债务，因你没有优先受偿权，就要和其他债权人一起按比例分配，若不足以偿还所有债务，你就要蒙受损失。

办理抵押物登记的部门如下：

1. 以土地使用权及/或房产抵押的，为核发不动产权证书的不动产登记管理部门；

2. 以林木抵押的，为县级以上林木主管部门；

3. 以航空器、船舶、车辆抵押的，为运输工具的登记部门；

4. 以企业的设备和其他动产抵押的，为财产所在地的市场监督管理部门；

5. 当事人以其他财产抵押的，可以自愿到抵押人所在地的公证处办理抵押物登记。

三、质押的含义

质押，也是担保的常见方式，根据《民法典》的规定，质押是将动产或其他权利（两者通常俗称为质押物）移交给债权人以作担保的行为，债权人有权就该动产优先受偿。提供质押担保的一方称出质人，接受质押担保的一方称质权人。质押包括动产质押和权利质押两种。所谓动产是相对于不动产而言的，是指能够移动而不损害其经济用途和经济价值的物，比如家具、生产工具、汽车等。权利质押是指将有权处分的权利（如债券、股票、股权等）为标的物而设定的质押。

可以出质的权利包括：汇票、支票、本票；债券、存款单；仓单、提单，可以转让的基金份额、股权；可以转让的注册商标专用权、专利权、著作权等知识产权中的财产权；应收账款等。

设立质权，当事人应当采取书面形式订立质权合同。动产质押必须移交占有，质权自出质人交付质押财产时设立。

四、权利质押的设立和登记

权利质押的质权自权利凭证交付质权人时设立；没有权利凭证的，质权自有关部门办理出质登记时设立。

要注意的是，以没有权利凭证的财产权利（比如股权）办理质押，应当办理登记手续。若不办理登记，则质权没有设立，更不可能对抗第三人。

以基金份额、证券登记结算机构登记的股权及依法可以转让的股票出质的，到证券登记结算机构办理出质登记，以其他股权出质的，到市场监督管理部门办理出质登记。

以依法可以转让的商标专用权出质或专利权、著作权等知识产权中的财产权出质的，到商标局、专利局、新闻出版局等管理部门办理出质登记。

以应收账款出质的，到信贷征信机构办理出质登记。

五、质押的效力

债务人不履行到期债务或者发生当事人约定的实现质权的情形，债权人有权就该出质的动产和权利优先受偿。动产出质必须交付的原因是，动产的交付通过转移占有的形式对外宣示，产生对抗第三人的效力。没有权利凭证的财产权利因无法交付，所以必须通过登记的形式对外宣示，产生对抗第三人的效力。因此，需要办理出质登记时，必须严格按照规定办理，否则质权不成立，更不可能产生对抗第三人的效力，即不可能取得优先受偿权。

六、抵押和质押的禁止性规定

关于抵押和质押，相关法律有很多禁止性规定，在这里简单说几点重要的：

1. 以下财产不得办理抵押登记：（1）土地所有权；（2）宅基地、自留地、自留山等集体所有土地的使用权，但是法律规定可以抵押的除外；（3）学校、幼儿园、医疗机构等为公益目的成立的非营利法人的教育设施、医疗卫生设施和其他公益设施；（4）所有权、使用权不明或者有争议的财产；（5）依法被查封、扣押、监管的财产。

2. 抵押权人在债务履行期届满前，不得与抵押人约定债务人不履行到期债务时抵押财产归债权人所有。

3. 质权人在债务履行期届满前，不得与出质人约定债务人不履行到期债务时质押财产归债权人所有。

第七章　合伙与投资

Partnership and Investment

73. 隐名股东受法律保护吗？

所谓隐名股东，是指在公司中不以自己的名义办理公司登记，而由他人作为名义股东登记于公司登记资料之中的实际投资人。实际投资人为隐名股东，而取代该隐名股东记载于公司登记资料上的股东为名义股东，即显名股东。现实中，出于各种各样的考虑，有些人不想或不便以自己的名义投资、经商，就会找个“替身”去做股东，由其代行股东的权利，或名义上登记为别人，实际上自己行使股东的实质权利。

那么，这种做法，有什么法律风险呢？作为隐名股东，其权利受到法律保护吗？根据《公司法》和相关司法解释，简单地说，隐名股东的权利是受到保护的，但是存在风险。反过来，显名股东并不是什么责任都没有，某些情况下也是要负法律责任的。

一、隐名股东的含义

相关司法解释将隐名股东称为“实际出资人”，显名股东称为“名义出资人”。严格来说，隐名股东由于不是公司登记资料上的股东，并不是严格法律意义上的股东，称之为“隐名投资人”或“实际投资人”更为贴切。而显名股东，称之为“显名投资人”或“名义出资人”，也更为符合其法律实质。但是，考虑到学术界以及生活习惯，本文依然称之为“隐名股东”和“显名股东”。

二、隐名股东与显名股东的约定受法律保护

隐名股东和显名股东签署合同，应就双方的权利义务进行约定。这些约定只要是双方的真实意思表示，且不违反法律的强制性规定，都是合法有效且受到保护的。比如说，如果显名股东与隐名股东就公司的分红归属问题发生争议，诉诸法律之后，法院一定会根据双方的合同、协议进行处理，而不会简单地根据公司登记资料判定分红的归属。

《公司法》相关司法解释明确规定：有限责任公司的实际出资人与名义出资人订立合同，约定由实际出资人出资并享有投资权益，以名义出资人为名义股东，实际出资人与名义股东对该合同效力发生争议的，如无法律规定的无效情形，人民法院应当认定该合同有效。

实际出资人与名义股东因投资权益的归属发生争议，实际出资人以其实际履行了出资义务为由向名义股东主张权利的，人民法院应予支持。名义股东以公司股东名册记载、公司登记机关登记为由否认实际出资人权利的，人民法院不予支持。

上述法律说明，隐名股东与显名股东之间的协议、合同，是受到法律保护的。

三、隐名股东与显名股东之间的约定不能对抗善意第三人

由于隐名股东与显名股东之间的约定往往是秘密的、未经公司登记机关登记并对社会公众开放和公示的，所以其约定不能对抗善意的第三人。比如，因公司股东有出资不足、抽逃出资等行为，公司债权人向公司股东包括该显名股东主张其承担赔偿责任时，如果显名股东出示其与隐名股东的协议，并以协议约定所有投资风险由隐名股东承担为由予以抗辩的，人民法院将不会支持显名股东的主张，而会判决该显名股东按照公司法的规定承担赔偿责任。显名股东承担责任后可以根据其与隐名股东之间的合同、协议向隐名股东追偿。

又如，当公司的其他股东不知道某一股东系显名股东，其背后有隐名股东的情况下，公司其他股东可以拒绝隐名股东参加公司的经营管理。当公司其他股东向该显名股东追偿投资不足，不按照公司有关股东约定或股东会决议履行义务时，显名股东亦不得以其系显名股东为由予以抗辩，直接把责任推给隐名股东；

在其他股东事前不知晓隐名股东的存在且没有约定的情况下，未经其他股东同意并放弃优先权，隐名股东不能直接依据其与显名股东的约定要求公司登记机关直接变更其为公司股东。

另外，如果显名股东未经隐名股东同意，将其在公司的股权转让给他人，并办理了公司登记变更手续，除非有证据证明受让人明知显名股东不是实际出资人并且知悉其与隐名股东存在约定，否则隐名股东不能以其与显名股东之间的约定要求撤销该股权转让协议，而只能依据其与显名股东的合同、协议向显名股东追索。

四、隐名股东如何保护自己的投资权益

（一）应该就投资的权益享有，在公司的股东权利行使以及显名股东的报酬等进行明确约定。

（二）尽量自己直接对公司行使决策、管理等股东的实际权利。最可取的办法是让其他股东知道自己的隐名股东身份并和他们签署协议约定有关事项，对显名股东的权利进行剥夺或限制，从而避免失控。但是，永远不能超越的是，显名股东在公司外的行为。根据法律规定只要是应由股东承担责任的，隐名股东都逃脱不了干系，都得负责。至于负责之后如何根据与显名股东的合同、协议向其追偿，那又是另一个法律关系了。

（三）不要轻易地为别人代持股权做显名股东，也不要代别人当公司的法定代表人或董事、经理。按照《公司法》，公司设立时，如果有些股东的货币出资不到位，或者以其他资产出资的作价显著低于其实际价值的，作为显名股东要承担连带责任。而董事会在有限公司成立后必须马上对出资情况进行核查，若存在出资不到位、抽逃出资等情形的，应当由公司向该股东发出书面催缴书，若没有及时履行催缴义务的，给公司造成损失的，负有责任的董事应当承担赔偿责任。

74. 合作开办企业要注意的几个法律问题

俗话说，“生意易做，伙计难寻”。其实生意有赚有亏，都很正常，最麻烦的是赚钱或亏本后股东之间争得你死我活，动口、动武，甚至法庭相见。笔者承接的案件中，就有这样的案例：双方十几年前一起出来创业，两三年后生意做得风生水起，赚钱了双方却反目成仇，一方突然把企业的资金、印鉴、合同文档及财务资料转移掉，令对方陷入十分被动的境地。接下来，双方打了十几年的官司，从黑发打到白发，大好的青春年华，耗费在诉讼之中。

要避免出现这种情况，或者让自己在出现纠纷时处于比较有利的地位，应该做好以下几项工作。

一、选好合作伙伴很重要

一起做生意，必须选对人。如果是知根知底的老同学、老朋友，那还好办，现实中很多合作伙伴，都是生意场上认识的，尤其是为了某些项目的合作而成立的公司，合作伙伴之间往往缺乏了解。在这种情况下，通过了解对方在法院是否有涉案诉讼、其所投资的其他企业的经营状况、客户评价等，往往可进一步了解其个人品德、诚信度等，以便作出决策。

二、先小人后君子，签好合同防风险

见利忘义，可以说是普遍存在的人性弱点。在利益面前，尤其是重大利益面前，真正能够做到不忘义的，要么是经过后天教育熏陶自我修养很好，约束力很强的“圣人”；要么是因为制度约束得好，贪利忘义必须付出更大的代价，所

以才不敢。用道德约束人，那是理想主义，往往不可靠。以制度和法律约束人，才是真正可靠的。所以，要避免和减少合作伙伴之间的纠纷，或者让自己在发生纠纷时得到更多的保护，在投资办企业时，应在投资合同、协议或公司章程等文件中，详细约定各方的权利义务。笔者建议，约定中最好有以下内容：1. 任何一方有隐匿公司财务资料、合同等重要文档、转移侵占公司资产的严重违约行为时，必须向守约方支付巨额的惩罚性违约金，甚至约定守约方可以无偿取得对方部分或全部股权等；2. 一方违约导致公司无法继续经营时损失赔偿的计算方法，比如按照成立公司时可行性研究报告的年度或月平均利润，或者在可以查明公司经营利润时，按照年平均利润结合公司章程约定的未满经营期限计算；3. 因一方违约行为导致企业经营严重恶化时，比照违约前企业的经营状况，其差额部分，由违约方加倍赔偿等。

完善的合同、协议及公司章程，可以规范各方的行为。严厉的违约条款，让任何一方想做出严重损害对方的违约行为时，不得不考虑违约的巨大成本，从而不敢轻举妄动。

三、管理制度要完善，执行起来不马虎

企业应根据自身特点完善各种管理制度，并严格执行。这些制度包括：1. 股东大会、董事会议事规则；2. 企业高级管理人员的职权范围；3. 财务管理制度；4. 印章使用管理制度；5. 档案资料管理制度；6. 人力资源管理制度等。

好的制度还要认真执行，很多企业制度很完善，但碍于情面或其他原因而流于形式，最终也会留下隐患。

四、留存重要资料，以备不时之需

对于管理不是十分规范、规模不大的个人合作开办的企业，在必要的时候还可以采取下列措施。

（一）每月应该做出一式几份的财务报表由投资各方签字确认并交每位投资人一份。需要指出的是，该财务报表必须是真实、完整的财务反映，而不应该是应付税务、市场监督等管理部门的不完整，甚至是虚假的财务报表。现实中，有些企业会弄两套财务账本，应对税务部门的是不反映或少反映利润，或者多反

映亏损的财务报表，交存市场监督管理部门的年检财务报表，也是如此。依法纳税是企业的义务，做假账应付税务、市场监督管理部门，往往得不偿失。但是，鉴于很多企业存在这种状况，因此，作为投资人，手上掌握一份经其他投资人签字确认的真实的财务报表复印件是十分重要的。

（二）重要的合同、协议等影响企业资产、债权、债务的文件，除了企业保存的正本之外，最好定期编号复印并列出目录清单，由各方签字确认，各存一份。

现实中，投资人之间发生纠纷，违约方往往是控制企业的一方，其一旦转移、藏匿企业的资金、印章、合同、协议和财务资料，守约方采取的措施一般是向公安机关报案，但是公安机关往往以双方系投资人之间的民事纠纷而不予立案处理。之后，在企业的控制、经营或诉讼过程中，守约方将一直处于被动的局面，最终受到巨大的损失。原因也许大家都知道，在法律上，加盖了企业印章的文件，对外代表企业，构成对企业的约束。所以，一方强行掌管了公章之后，对外签署了影响企业债权债务的文件，将直接损害被动方的利益。如果一方倒签日期，制造一些落款日期为抢夺公章之前的伪合同、伪债务，有时也很难鉴别出来，诉至法院、仲裁机构后也无法查明真假，被动方将蒙受不应有的损失。企业的合同协议和财务资料反映企业的经营和财务状况，发生争端后，守约方如果无法提供这些资料，而又不能提供证据证明对方具体转移、隐匿了哪些资料，其可能受到的损失，将无法预测。在司法实践中，财务资料一旦被隐匿或篡改，企业的真实财务状况将无法查明或很难复原，作为中间裁决方的法院、仲裁机构，尽管认定对方违约，由于无法查明损失的数额，也难以支持守约方的合理诉求。

如果多个心眼留一手，财务资料和重要文档己方都有了，企业的实际经营和资产、负债情况清清楚楚，万一发生纠纷，就不至于那么被动了。

五、重要岗位不唯亲，监督制约不可少

很多企业的各方投资人都喜欢往企业派驻亲信甚至亲戚，比如一方派会计，另一方派出纳；一方管公章，另一方管财务印鉴。这本是一个协助自己掌握企业和监督对方的好办法。但是有时候正因为他是你的亲戚，所以他干起侵吞企

业利益，中饱私囊的事情就更加有胆量了——企业是我亲戚的，拿点钱他还能把我怎么的？如果财务和重要管理人员是企业公开招聘的，他们往往会考虑干坏事的严重后果，甚至是刑事责任，而不敢轻易为之。当然，如果双方约定了各自委派人员管理财务等重要事项，那就得选好，管好，监督好，尽量不要把经营、财务管理大权等等全都交给对方，从而失去监督和制约。

六、律师、专家来帮忙，保驾护航堵漏洞

律师和财务顾问除了可以帮助企业对外妥善处理好法律和财务问题，还可以帮助企业规范管理，减少甚至避免企业内部出现纠纷。好的法律顾问除了审查企业的法律文书之外，还可以指导企业管理好重要的法律文件，企业的重要合同、协议可以在签署时一式多份，交一份原件给法律顾问备存。这样今后有什么纠纷就不至于找不到合同原件了。至于财务顾问，也可以起到类似的作用，对财务上重要的报表，也可以让财务顾问留有副本。而每年聘请一家会计师事务所对企业的财务情况进行全面、认真地审计，既为老板的经营提供了重要的财务参与，又可以避免企业内部出现严重财务问题而老板一无所知。

企业的经营管理是一件十分复杂的事情，上述几点建议，是笔者多年处理投资者纠纷的心得，供大家参考。

75. 拍卖有规定，程序要合法

张某为了偿还欠银行和朋友的 94 万元债务，想委托拍卖行卖掉自己的一栋楼房。签订拍卖委托协议时，拍卖行建议拍卖底价按照债务总额 94 万元确定。张某判断，这栋楼的市场价值应在 200 万元左右，不会只拍出 94 万元。但出于对拍卖行的信任，他不假思索就同意了。令张某意想不到的是，在签订拍卖委托协议的第二天，拍卖行就将这栋大楼按照 94 万元的底价拍出去了，竞买者只有一个人。张某怀疑，拍卖行与他人串通，故意以底价将他的房子拍卖掉，遂起诉要求法院撤销拍卖行与竞买者的拍卖成交确认书。法院审理查明：拍卖行是在签订协议的当天上午在电视上发布拍卖公告，且没有收取竞买人的任何保证金的情况下，当天下午就举行了拍卖会，参与竞买的只有一个人，遂按照起拍价（拍卖底价）成交。法院认为，拍卖行的拍卖程序违反《中华人民共和国拍卖法》（以下简称《拍卖法》）的有关规定，判决确认拍卖无效，房屋退回给张某。

拍卖是指以公开竞价的形式，将特定物品或者财产权利转让给最高应价者的买卖方式。现实中，有债务人因不履行生效判决确定的支付义务，而被法院强制执行，委托拍卖财产的情况，也有自行委托拍卖机构拍卖资产的情况。不管是出于何种原因委托拍卖，拍卖机构都必须严格遵守《拍卖法》的规定，拍卖活动应当遵循公开、公平、公正、诚实信用的原则。为此，《拍卖法》进一步规定：拍卖人及其工作人员不得以竞买人的身份参与自己组织的拍卖活动，也不得委托他人代为竞买；竞买人之间、拍卖人与竞买人之间，不得恶意串通，损害他人的利益。关于拍卖程序，《拍卖法》是这样规定的：1. 拍卖人应当于拍卖日的七日前发布拍卖公告，并在公告中载明拍卖时间、地点，拍卖标的，拍卖标的展示时间、地点，参与竞买应当办理的手续和其他事项；2. 拍卖公告应当通过报纸或其他新闻媒介发布；3. 拍卖人应当在拍卖前展示拍卖标的，提供查看拍卖标的的条件及有关资料，且拍卖标的的展示时间不得少于两日；4. 拍卖活动必须制作笔录，并妥善保管，等等。现在一般还要进行录音录像。

上述案例中，由于拍卖行当天发布拍卖公告，当天举行拍卖会，严重违反了《拍卖法》的上述程序规定，使得其他可能的竞买人失去了了解拍卖房屋，报名参加竞买的机会，当然就无法保证拍卖能以最高应价成交，因而损害了委托人的利益。

如果拍卖活动是在法院强制执行过程中发生的，属于强制拍卖行为。此时，拍卖机构在遵守《拍卖法》的同时，还要遵守最高人民法院《关于人民法院民事执行中拍卖、变卖财产的规定》，比如：拍卖前，除财产价格较低或价格依照通常方式容易确定的、当事人双方及其他执行债权人申请不进行评估的之外，一般需要经过评估，确定保留价；经过评估的，评估价即为第一次拍卖的保留价，如果出现流拍，再拍卖时，可以酌情降低保留价，但是每次降低的数额不得超过前次保留价的 20%，最多可以拍卖三次；竞买人必须交纳保证金（申请执行人参与竞买者除外），保证金的数额由法院确定，但不得低于评估价或市价的 5%；拍卖动产应当提前七日公告，拍卖不动产或其他财产权的，应当提前十五日公告等等。如果是通过网络拍卖，按照最高人民法院《关于人民法院网络司法拍卖若干问题的规定》执行，第一次起拍价，可以在评估价（或市价）的基础上降价 30%，如果流拍，第二次拍卖可以在前一次起拍价的基础上再降价 20%，第二次再流拍，就进行以物抵债。竞买保证金，为 5%~20%，由法院确定。如果拍卖机构违反《拍卖法》和前述规定，低价拍卖财产，当事人可以向执行法院提出执行异议，要求撤销拍卖成交确认书，如果执行法院裁定驳回异议，当事人还可以向上级法院申请复议。

对于拍卖过程形成的拍卖纪录和有关资料，以及经营活动账簿，《拍卖法》规定至少要保留 5 年。法院委托网络拍卖的，拍卖形成的电子数据，必须完整保存不少于十年。

此外，根据国土资源部《招标拍卖挂牌出让国有土地使用权规定》，拍卖机构拍卖国有土地使用权的，至少在拍卖开始日前二十日发布拍卖公告，公布拍卖出让宗地的基本情况和拍卖的时间、地点等。

最后，要提醒大家，参加竞拍要谨慎，不要冲动出价。一旦您以最高竞价成交，如果反悔，不仅竞买保证金拿不回来，还要承担重新拍卖的费用、赔偿低于您的成交价部分的损失。

76. 领取保险赔款后是否还能向侵权责任人索赔?

随着市场经济的发展，生活水平的提高，法律的完善，人们保险意识的加强，保险跟大家的生活越来越密不可分了。你买了汽车，起码得买车辆强制保险；买了房子，如果是按揭付款的，银行要求你必须给房子买保险；如果你是企业的老板，得按照国家有关规定给员工买医疗事故保险；还有很多人给自己或孩子、老人买了各种各样的人身保险。买了保险的朋友，万一出了保险事故，要及时向保险公司报告，以便保险公司理赔。但是，如果保险事故是因第三人侵权造成，被保险人、受益人得到保险赔款后，是否还可以向侵权责任人索赔呢?这是很重要而很多朋友并不很清楚的一个问题。

我们知道，保险根据保险标的不同，可分为财产保险和人身保险两大类。财产保险以财产及其相关利益为保险标的，包括财产损失保险、责任保险、信用保险、保证保险、农业保险等。它是以有形或无形财产及其相关利益为保险标的的一类补偿性保险。人身保险以人的寿命和身体为保险标的，当被保险人遭受保险事故或满足保险合同约定的条件，如疾病、年老以致丧失工作能力、伤残、死亡或年老退休时，保险人根据约定对被保险人或受益人给付保险金或年金。

《保险法》对人身保险和财产保险中的保险标的因第三人侵权所致的损失赔偿规定是不一样的。简单地说，如果你买的是人身保险，因第三人侵权造成保险事故的，被保险人、受益人在获得保险赔款后，还有权利向造成保险事故的第三人索赔。如果是财产保险，因第三人侵权造成保险事故的，被保险人得到保险赔款后，在获得保险赔偿金范围内，应将向造成保险事故的第三人追偿的权利让渡给保险人，而未得到保险赔偿部分，可以继续向造成保险事故的第三者追偿。

《保险法》对于人身保险和财产保险理赔为什么要进行区别规定呢？要回答这个问题，首先要分析一下人身保险、财产保险的特点和性质。人身保险是以人的寿命和身体为保险标的，生命无价，人身保险事故除了给当事人带来身体上的伤害、经济上的损失之外，还给他们造成了精神上和心理上的创伤，这种损失和创伤是无法用金钱来衡量的。因此人身保险合同一般是定额保险合同或通过确定的比例计算保险金的合同。因此，在人身保险合同中不存在超额保险，也不存在不足额保险和重复保险，投保人、被保险人或受益人可以根据不同的保险合同、不同的保险份额、从不同的保险公司，获得不止一份的保险金。

人身保险中保险人支付的保险金和财产保险中的赔偿金有着不同的意义。人身保险中，只要发生合同约定的保险事故，出现合同约定的保险金给付事由，保险公司就应依照约定支付保险金，而不是以财产损失为支付标准，因此人身保险是纯粹的给付性赔付。被保险人对第三人的求偿权是基于民法中侵权损害赔偿的规定，侵权责任与保险责任是两个不同的法律关系，二者不可包容或替代。被保险人对第三人的侵权损害索赔权也不因保险人支付了保险金而丧失。保险公司不是被侵权人，也不可能因支付了保险金而获得被保险人对第三人的追索权。

在财产保险当中，保险标的是财产及其相关利益，所遭受的损失可以以金钱度量。损失补偿是财产保险的基本原则，目的在于弥补被保险人的损失，被保险人不能因发生财产保险事故而获利，即不能获得比遭受的损失还多的保险赔偿。财产保险理赔，以实际损失为依据，以保险金额为上限。因此，被保险人获得保险赔款后，在此范围内不能继续向造成损害第三人索赔，而应将权利让渡给保险人。此外，财产保险的重要原则还包括重复保险分摊原则、代为追偿原则和委付原则。重复保险是指投保人对同一保险标的、同一保险利益、同一保险事故分别与两个以上保险人订立保险合同，且保险金额总和超过保险价值的保险。重复保险的各保险人赔偿保险金的总和不得超过保险价值，除合同另有约定外，各保险人按照其保险金额与保险金额总和的比例承担赔偿保险金的责任。代位求偿是指因第三者对保险标的的损害造成保险事故时，保险人向被保险人赔偿保险金之日起，在赔偿金额范围内代位行使被保险人对第三者请求赔偿的权利。委付是被保险人在发生保险事故造成保险标的推定全损时，将保险标的物的一切权利连同义务移转给保险人而请求保险人赔偿全部保险金额的法律行为。

在这里跟大家说说《保险法》关于责任保险的重要规定。所谓责任保险，是指以被保险人对第三者依法应负的赔偿责任为保险标的的保险。根据相关规定：1. 保险人可以依据法律或合同约定，直接向第三者赔偿保险金；2. 赔偿责任确定时，基于被保险人的请求，保险人应当直接向该第三者赔偿保险金；3. 被保险人怠于请求时，第三者可以直接向保险人请求赔偿保险金；4. 在被保险人未向第三者赔偿前，保险人不得向被保险人赔偿保险金。

上述规定，有利于保护受损害的第三者的利益，使受损害人能够更快得到赔偿。比如在交通事故中，无事故责任或承担次要责任的一方，对于自己在事故中受到的损失，可以直接向对方的保险人请求赔偿保险金，保险公司也有权直接向第三者赔付。

77. 说说典当

在电影、电视中，经常会看到旧社会的人们为了生计，把地契、房契、金银首饰、古董等拿去当铺典当，有时还会受到掌柜的欺骗或欺负。新中国成立后，典当行连同很多象征“万恶的旧社会”的东西一起销声匿迹。改革开放以后，各地的街头上又逐步出现了当铺。如今，典当这个古老的行业又慢慢兴旺起来。有些人搞不清楚，典当是否合法？我国目前关于典当有些什么规定呢？下面和大家谈谈典当的规定及需要注意的一些问题。

一、典当的概念和基本规定

典当，通俗地说，就是“以物换钱”，当户将汽车、首饰、古董、字画等动产和债券、存单、股权证等权利凭证作为当物交给典当行，或者将土地、房产等不动产抵押给典当行，取得当金，在约定期限内偿还当金及利息、支付一定比例的费用后赎回当物的行为。将动产及权利凭证交付给典当行，法律上称为质押，权利凭证质押和不动产抵押需要办理登记手续。在约定的期限内，如果当户没有赎回当物，也不续当的，为绝当（也称死当）。绝当物估价金额不足3万元的，典当行可以自行变卖或者折价处理，损益自负。当物估价金额在3万元以上的，典当行可以用该财产折价或者以拍卖、变卖该财产的价款优先受偿，也可以双方事先约定绝当后由典当行委托拍卖行公开拍卖。拍卖收入在扣除拍卖费用及当金本息、典当手续费后，剩余部分应当退还当户，不足部分向当户追索。当物若属于国家限制流通的物品，如保护文物等，要按有关规定处理，典当行不能自行处置。

二、设立典当行的规定

根据《典当管理办法》的规定，典当行是专门从事典当活动的企业法人，其组织形式与组织机构适用《公司法》的有关规定。典当行的名称应当符合企业名称登记管理的有关规定。典当行名称中的行业表述应当标明“典当”字样。其他任何经营性组织和机构的名称不得含有“典当”字样，不得经营或者变相经营典当业务。

典当行属于特许经营行业，典当行实收货币股本金最低限额为 300 万元；从事房地产抵押典当业务的，注册资本最低限额为 500 万元；从事财产权利质押典当业务的，注册资本最低限额为 1000 万元（必须是股东实缴的货币资本，不包括以实物、工业产权、非专利技术、土地使用权作价出资的资本）。

国家对典当行的要求是非常严格的。开办典当行必须符合国家对典当行统筹规划、合理布局的要求；有 2 个以上法人股东，且法人股相对控股；有符合要求的营业场所、设施、治安管理措施；有熟悉典当业务的经营管理人员及鉴定评估人员；配备保安人员；建立健全收当、续当、赎当查验、当物保管、通缉协查核对、可疑情况报告制度。

典当行还要设置报警装置、录像设备（录像资料至少保存 2 个月），有安全的保管库房和保险箱（柜、库），对营业柜台、门窗等设置更严格的防护设施，配备必要的消防设施及器材。

设立典当行，申请人应当向拟设典当行所在地设区的市（地）级商务主管部门提出申请，商务主管部门对典当业实施监督管理，公安机关对典当业进行治安管理。

三、典当行的业务范围和经营限制

根据中国人民银行 1996 年发布的《典当行管理暂行办法》以及商务部、公安部 2005 年联合发布的《典当管理办法》的规定，典当行主要经营下列业务：1. 典当业务，即以动产、财产权利质押或以房地产（外省、自治区、直辖市的房地产或者未取得商品房预售许可证的在建工程除外）抵押的典当业务；2. 变卖限额内绝当物品；3. 提供鉴定、评估及咨询服务；4. 商务部依法批准的其他典当业务。

典当行不得经营下列业务：1. 非绝当物品的销售以及旧物收购、寄售；2. 动产抵押业务（动产抵押就是债务人或第三人不转移动产占有，却以上述动产作为债务履行担保的方式，而质押是必须转移担保物的占有的）；3. 集资、吸收存款或者变相吸收存款；4. 发放信用贷款；5. 未经商务部批准的其他业务。

根据规定，典当行在经营过程中不得有下列行为：从商业银行以外的单位和个人借款；与其他典当行拆借或者变相拆借资金；超过规定限额从商业银行贷款；对外投资。

在经营活动中，典当行应该仔细甄别、核查，不能接受以下当物：1. 当户没有所有权或者未能依法取得处分权的财产；2. 被司法机关、行政机关等查封、扣押或者已经被采取其他保全措施的财产；3. 赃物和来源不明的物品；4. 易燃、易爆、剧毒、放射性物品及其容器；5. 管制刀具，枪支、弹药，军、警用标志、制式服装和器械；6. 国家机关公文、印章及其管理的财物；7. 国家机关核发的除物权证书以外的证照及有效身份证件；8. 法律、法规及国家有关规定禁止流通的自然资源或者其他财物。

四、典当的特点和优势

人们拿东西去典当的目的是更快地拿到资金应急，典当行作为非银行金融机构，与一般的商业银行相比，更加灵活、手续简便，其特点就是“短、急、快”。通常情况下，典当行的服务对象，主要是中小企业、个体工商户和个人。典当期限由双方约定，一般比较短，最长不得超过 6 个月，典当期内或典当期限届满后 5 日内，经双方同意可以续当，续当 1 次的期限最长为 6 个月。通过典当行融资，额度往往比较小，典当行的审查时间一般都很短，放款快，可以说是“救急解难”。

五、当户应该注意的问题

（一）到合法且信誉好的典当行进行交易

根据规定，典当行属于特许经营行业，典当行实收货币股本金最低限额为 300 万元，必须取得中国人民银行颁发的《金融机构营业许可证》、公安部门颁发的《特种行业许可证》、商务部门颁发的《典当经营许可证》以及工商行政管理部门颁发的《营业执照》，并将前述证照悬挂于营业场所的醒目位置。典当机构的名称必须含有“典当行”字样，其他任何组织的名称不得含有“典当行”字样，当户在进行典当交易时应该注意审查。

现在走到大街上，时不时可以看到“当”“押”的招牌，有时候连卖手机的商铺都“当手机”“押物品”换钱。其实这些店铺是没有资格经营典当业务的，他们这样做是违法的，到这样的地方“典当”物品，是没有保障的。还有一些正在筹办的典当行，还没取得合法的经营资格就开业经营，也是违法的。现在有些典当行，利用当户急于取得资金的心理，恶意压低当金，变相发放高利贷，恶意处置当物损害当户的合法利益。因此，当户如有需要，应该到合法且信誉好的典当行进行交易。

（二）注意查验、保存当票

当票是典当行收妥当物后开给当户的收据，也是质押贷款的契约，当票由双方签字盖章后生效，不能转让、出借和质押。当户应该认真查对当票，比对当票记载的下列内容是否准确：1. 典当行机构名称及住所；2. 当户姓名或者名称、住址、有效证件（名称和号码）；3. 当物名称、数量、质量状况；4. 估价金额、典当金额；5. 利率、综合费率；6. 典当日期、满当期限、续当期；7. 当户须知；8. 有些当票还可以记录有关注意事项、特别约定事项。

收到当票后，当户应该注意保存。如果当票遗失，当户应当及时向典当行办理挂失、补办手续。在未办挂失手续或者挂失前被他人赎当的，典当行是不负赔偿责任的。

此外，除了融资功能，典当行还发挥着当物保管，商品交易，当物的鉴定、评估、作价等服务功能。曾经有个朋友把几百万元的珠宝只当了几千元，旁人不解。朋友说：“我需要外出一段时间，这些珠宝随身携带或放在家都不安全，银行的保险箱租金又贵，典当行的安保措施不比银行差，费用却便宜得多，把珠宝放在这里我放心。”这就是典当的保管功能，这位朋友实在是精明得很啊。

我国的典当行业从明清时期的鼎盛到清末民初的衰落，再到 20 世纪 50 年代被取缔，改革开放后复兴，历经 1600 多年的兴衰沉浮，历史悠久。但是很多人对典当确实很陌生的，甚至人们常常戴着有色眼镜来看待典当行业，认为当铺、典当行是“剥削制度的产物”“胖子进去瘦子出来”“雁过拔毛”，是“暴利行业”。其实，这是对典当及典当行业的误解，我们不必再戴着有色眼镜看待典当行，它可以弥补银行贷款门槛高、手续烦琐、放款较慢等不足，为中小企业和百姓提供快捷、便利的融资渠道，促进了生产和经济的发展，解决了老百姓的一些实际困难，其作用是不可忽视的。

第八章　诉讼、仲裁

Litigation and Arbitration

78. 诉讼时效是两年还是三年？

常常有一些朋友或咨询者询问：“打官司要在两年内打吗？”还有一个朋友问：“我借一笔钱给别人有五年多了，借款人每个月都还钱，但是后来还得太少，我就起诉到法院，没想到最后法院竟然判决说时效过了，判我败诉！这究竟为什么？”

这里涉及的就是“诉讼时效”这个法律术语，是指当事人向法院请求保护民事权利的时间限制，或者说，指民事权利受到侵害的权利人在法定的时效期间内不行使权利，当时效期间届满时，即丧失了请求法院依诉讼程序强制义务人履行义务之权利（即所谓胜诉权）的制度。

一般情况下，诉讼时效期间为 3 年（2017 年 10 月 1 日前为 2 年），也就是说，打官司要在三年之内打。但是这个时效期间自权利人知道或应当知道权利受侵害之日起计算。

比如本文开始说的借款的案例，如果约定了借款期限，期限届满借款人没有按时还钱，那出借人的权利就受到了侵害，出借人当然也应当知道这个受侵害的事实了，那么从借款期满之日起 3 年内就应该向借款人追索并保留追索的证据或者直接打官司，否则，超过 3 年的诉讼时效，打官司时一旦对方提出诉讼时效抗辩，出借人就会败诉。如果没有约定借款期限，出借人可以随时要求借款人还款，但要给予合理的还款期限。借款人在该期限内仍未还款或明确表示拒绝还款的，前述所说的 3 年诉讼时效期间即起算，出借人应该及时主张权利。

必须注意的是，并非所有官司的诉讼时效都是 3 年。对于很多情况，法律规定的诉讼（仲裁）时效不是 3 年。比如，劳动争议仲裁案件申请仲裁的时效是一年；因国际货物买卖合同和技术进出口合同争议提起诉讼或者申请仲裁的期限为四年；人寿保险的被保险人或者受益人向保险人请求给付保险金的诉讼时效期间为五年，等等。

不过，对于物权请求权和基于身份、人格关系的请求权和一些特殊法律关系中的请求权，不适用诉讼时效。比如，房屋主人请求返还房屋，受侵害人请求停止侵害、排除妨害、消除危险等。

对于诉讼时效，还要知道诉讼时效的中止和中断。尤其是诉讼时效的中断，情况比较复杂，除了主张权利、义务人履行或同意履行义务、提起诉讼或仲裁之外，很多情形下都会造成诉讼时效中断，中断后诉讼时效重新起算。

此外，《民法典》还规定："自权利受到侵害之日起超过二十年的，人民法院不予保护"。根据这一规定，从权利被侵害之日起计算是最长的诉讼时效期间二十年。即使权利享有人不知道自己的权利被侵害，一旦超过二十年，其权利人民法院不予保护。最近，有朋友拿出二十世纪九十年代的借条找我咨询，其实这借条已成了废纸一张，真的让人痛惜！

另外，诉讼时效具有强制性，由法律、法规强制规定，任何单位或个人对时效的延长、缩短、放弃等约定都是无效的。

回到前面那个借款官司的案例，明明是别人每月都还钱，按理说时效期间还没有起算啊，法院怎么会认定超过了呢？我们还必须知道，法院判案依据的是"法律事实"，即有证据支持的事实，而不是客观事实。客观事实是对方每月都还钱，但是法官作为第三人并不在场。如果都是现金还款，并且原告打的收条都在对方手中，一旦对方否认这个还款的事实，向法院说借期超过几年了，原告没有向自己追讨过，自己也没还过钱。这时原告仍拿不出追讨过对方或对方还过款的书面证据，又没有其他法律上能认可的证据，原告的"客观事实"就没有证据支撑，就没法变成法律事实。那么，法院只能判决原告败诉了。

关于时效中断，有很多司法解释，情况很复杂，普通人很难区分清楚并正确运用。所以，请教专业律师，是最稳妥的办法。

79. 生效判决书怎么成了废纸一张？

到法院打官司，就是为了保护自己的权益。法院的生效判决书、裁定书及调解书，具有强制执行的效力。如果根据生效的法律文书，对方应该对你履行义务，而对方履行，这时你就可以申请人民法院强制执行。比如你供货给别人，由于种种原因，对方没跟你结清货款，你不能去他家抢，更不能使用武力解决。那应该怎么办？我们应该依靠法律，走司法程序解决问题。起诉到法院，只要法院判决确认对方应该归还货款的数额，如果超过判决书确定的履行还款期限，对方仍不归还的话，你就可以向法院申请强制执行。《中华人民共和国民事诉讼法》（以下简称《民事诉讼法》）规定："发生法律效力的民事判决、裁定，当事人必须履行。一方拒绝履行的，对方当事人可以向人民法院申请执行，也可以由审判员移送执行员执行。调解书和其他应当由人民法院执行的法律文书，当事人必须履行。一方拒绝履行的，对方当事人可以向人民法院申请执行。"也就是说，对于发生法律效力的民事判决、裁定，当事人可以申请执行，审判人员也可以直接移送执行。法院的执行员接到申请执行书或者移交执行书，应当向被执行人发出执行通知，并可以立即采取强制执行措施，而不再像以前先责令其在执行通知书指定的期间履行，逾期不履行的，才强制执行。被执行人未按执行通知履行法律文书确定的义务，人民法院有权向有关单位查询被执行人的存款、债券、股票、基金份额等财产情况，并根据不同情形扣押、冻结、划拨、变价被执行人的财产。

但是，有人拿到了胜诉判决书，去法院申请执行时却被告知超过期限了，不能受理，判决等同于一张废纸。这究竟是为什么呢？

我们必须知道，法律赋予你一定的权利，也会对权利的行使设定一定的条件，包括行使的期限。向法院申请执行生效判决，是行使自己权利的一种表现，但是必须及时行使，不能无限期地拖延。《民事诉讼法》规定，可以申请执行的法律文书包括：发生法律效力的民事判决、裁定书、调解书、经法院确认的调解协议、仲裁机构的裁决书、公证机关依法赋予强制执行效力的债权文书，刑事判决、裁定中的财产部分以及其他应当由人民法院执行的法律文书。一方当事人不依照有关法律文书履行义务的，对方当事人可以向有管辖权的人民法院申请执行。

那么，在多长的期限内申请呢?《民事诉讼法》规定申请执行的期间为二年，从法律文书规定履行期间的最后一日起计算；法律文书规定分期履行的，从最后一期履行期限届满之日起计算；法律文书未规定履行期间的，从法律文书生效之日起计算。申请执行时效的中止、中断，适用法律有关诉讼时效中止、中断的规定。申请执行时效因申请执行、当事人双方达成和解协议、当事人一方提出履行要求或者同意履行义务而中断。从中断时起，申请执行时效期间重新计算。也就是说，如果超过了上述期限，再到法院申请，法院是不能受理和强制执行的。法院不能受理了，裁判文书就失去了强制执行的保障作用，无疑就是废纸一张。

对于行政诉讼案件，《最高人民法院关于适用〈中华人民共和国行政诉讼法〉的解释》规定：“对发生法律效力的行政判决书、行政裁定书、行政赔偿判决书和行政调解书，负有义务的一方当事人拒绝履行的，对方当事人可以依法申请人民法院强制执行。”“申请执行的期限为二年。申请执行时效的中止、中断，适用法律有关规定。”

从上面援引的法律和司法解释条文可见，即使手持生效判决书以及其他具有强制执行效力的法律文书，也不能掉以轻心，忽略了申请执行的期限啊！

80. 白纸黑字才能做证据吗?

人们常说，打官司的证据得白纸黑字！也就是说，必须有书面的字据（法律术语叫书证）。这个说法有道理，但也不尽然。借了款给对方，但是对方没立字据，或者别人收了我们的货，却没有打收条，这样的官司还能打得赢吗？其实，这样的证据的确是有欠缺的，但是还可以通过借据以外的其他证据来证明这些事实。常见的其他证据有微信聊天记录、网络平台发布的信息、录音、录像等电子数据、视听资料。通常在没有书面证据的情况下，我们应该想法子补充证明这些事实。《民事诉讼法司法解释》和《最高人民法院关于民事诉讼证据的若干规定》（以下简称《民事诉讼证据规定》）明确地列举了电子数据包括的种类，包括网页、博客、微博客等网络平台发布的信息；手机短信、电子邮件、即时通信、通讯群组等网络应用服务的通信信息；用户注册信息、身份认证信息、电子交易记录、通信记录、登录日志等信息；文档、图片、音频、视频、数字证书、计算机程序等电子文件；其他以数字化形式存储、处理、传输的能够证明案件事实的信息。视听资料包括录音资料和影像资料。

有时候，当我们拿出录音的时候，对方会反驳说："你们这是非法录音，没有经过我的同意！"其实，在录音的时候，不必征得对方同意，这样的录音是不违法的。根据有关司法解释的规定，当事人搜集的证据只要没有违反法律的禁止性规定或者侵犯他人的合法权益就是合法的证据。对方欠着我们的钱，我们去找他，他不愿意还钱或推托的时候，他也许不会愿意再给我们立字据，但是很多时候在口头上还是承认的。我们应该提前有所准备，一边谈话或通电话一边进行录音，尽量把欠款的前因后果、具体数额、是否有过还款等情况说清楚，尽量让对方多说话、多承认，并尽可能多“重复”（为了证明事实，啰唆点也没关系的）。有了证据，我们就能把官司打赢了。如果这个时候我们告诉他，我们要录音，他肯定也就不承认了，还能录吗？所以，所谓的“非法”，只是对方一种强词夺理式的推托罢了。

在采取录音的方式收集自己所需的证据时，应当尽量采用先进的录制设备。在实际操作过程中，要尽量选择杂音干扰少的地方录制。在录音过程中，应先表明自己的身份及录制时间，并巧妙地引导或提示对方表明身份，让对方多陈述、承认事实，以增加录音录像的证明内容，增强可信程度和证明效果。

此外，在录音之后，不能进行剪接或剪辑，要保证内容前后连接紧密，具有客观真实性和连贯性，否则会弄巧成拙。根据《民事诉讼证据规定》，存有疑点的视听资料不能单独作为认定案件事实的依据。在法庭上一般要求提供录音的原始载体，如果对方发现录音被剪辑、修改过并向法庭举证的话，录音的证据效力会大大降低，被法官采信的可能性也大大减少了。

所以，对于一些诸如口头合同、没有借条的民间借贷纠纷、货款纠纷等等，在没有书面证据的情况下，我们要善于利用科技手段，采用录音录像资料证明对方承诺的价款、违约的事实等等，只要对方口头承认，我们又录了音、录了像，打起官司就有把握了。

81. 明明有理却输官司，证据运用有讲究（一）

打民事官司，靠的是证据。在客观事实对你有利的情况下，还得学会收集和运用证据。没有证据，客观事实不能成为法律事实，有理也会打输官司。

2002 年 7 月，有个建筑工程施工企业，帮别人做了工程。建设单位为了拖延支付两千多万元工程款，对该施工企业提供的结算报告一直不予审核和确认。无奈之下，施工企业起诉到法院。审理过程中，对于施工企业做了工程，被拖欠工程款的事实，建设单位都不否认，但是对于施工企业提交给法院的单方的结算报告，依然不予确认。最后，法院判施工企业败诉！施工企业这回傻了眼：明明做了工程，对方也承认，怎么两千多万元的工程款就这么打了水漂？一审判决后，施工企业提起上诉，二审法院审理后，也觉得案件判得不公平，但最终维持了一审判决，施工企业欲哭无泪！

为什么会出现这样的判决结果呢？是不是法官枉法裁判？并不是。这得从最高人民法院 2001 年 12 月 21 日公布的，自 2002 年 4 月 1 日起施行的《民事诉讼证据规定》说起。根据该《证据规定》，对于建设工程造价等对方不予确认而需要由专业的鉴定部门鉴定才能确定的事项，当事人应当申请鉴定。当事人申请鉴定，应当在举证期限内提出。对需要鉴定的事项负有举证责任的当事人，在人民法院指定的期限内无正当理由不提出鉴定申请或者不预交鉴定费用或者拒不提供相关材料，致使对案件争议的事实无法通过鉴定结论予以认定的，应当对该事实承担举证不能的法律后果。虽然根据案件的事实双方都承认工程已经完工并且没有完成结算，由于施工企业不了解当时新发布的司法解释，超过举证期限没有申请工程造价鉴定，法院只能严格执行最高人民法院的相关司法解释，驳回施工企业的请求支付工程款的诉讼主张。从实体来看，这个判决是错误的，但是在诉讼程序和司法解释的适用上，法院当时只能这么判。

上述《证据规定》在规范证据形式、举证期限、逾期举证的法律后果、举证责任分配、鉴定的申请等方面，首次进行了系统的规范，对民事审判规范化和提高效率、节省司法资源起了很好的作用，但是，确实也存在一些问题。前述案例就是一个很典型的例子。正因为这样，最高人民法院先后于 2008 年、2019 年两次修正了该证据规定。现结合《民事诉讼法》《最高人民法院关于适用〈中华人民共和国民事诉讼法〉的司法解释》及 2019 年修正的《民事诉讼证据规定》，跟大家谈谈民事诉讼证据问题。在法律日益完善的今天，打民事官司如何运用证据，不再是一个简单的问题，希望读者朋友足够重视。有时看起来比较简单的官司，如果没有专业律师的帮助，很容易出问题。下面结合相关法律和司法实践，给大家简单介绍一下一些该注意的地方。

一、举证期限及申请延期

过去，我国的《民事诉讼法》实行“证据随时提出主义”，法律对于当事人提供证据的时间不做任何限制，当事人在审理终结前提出的证据，法院都可能组织质证并采信。对于正常的民事诉讼中没有提出的证据，也可以在二审程序终结后，以新证据为理由申请再审。《证据规定》的出台，改变了这一做法，当事人必须在规定的期限内举证，否则将承担不利的后果。

《民事诉讼法》规定，举证期限由法院根据当事人的主张和案件审理情况来确定。当事人应该在法院指定的期限内举证。适用简易程序审理的案件的举证期限一般比适用普通程序审理的案件要短。举证期限自当事人收到举证通知书的次日起计算。当事人在该期限内提供证据确有困难的，应该在举证期限内向法院提出申请延长期限，人民法院根据当事人的申请适当延长。

根据《证据规定》，举证期限可以由当事人协商，并经人民法院准许。人民法院指定举证期限的，适用第一审普通程序审理的案件不得少于十五日，当事人提供新的证据的第二审案件不得少于十日。适用简易程序审理的案件不得超过十五日，小额诉讼案件的举证期限一般不得超过七日。现在法院人少案多，举证期限也比较短，当事人一定要及时举证，尤其是作为被告，接到应诉通知书后，可能超过了举证期限还没有确定请哪个律师，这一点各位读者要特别注意。

《民事诉讼法》规定，当事人逾期提供证据的，人民法院应当责令其说明理由；拒不说明理由或者理由不成立的，人民法院根据不同情形可以不予采纳该证据，或者采纳该证据但予以训诫、罚款。这一规定旨在确保诉讼的公正和效率，防止当事人滥用诉讼权利，同时也保护了当事人的合法权益。也就是说，当事人逾期举证，很可能不被法院采纳，从而被视为举证不能，并要承担相应的法律后果。这几年逾期举证被法院罚款的并不少见，要引起大家重视。

还需要注意的是，当事人收到对方交换的证据及人民法院调取证据出示后，当事人可以提出反驳并提出新证据，人民法院可以酌情确定相应的举证期限。一方当事人提出管辖异议或追加当事人后，法院也应重新确定举证期限。一方当事人申请延长举证期限，法院准许的，该延长的期限适用于其他所有的诉讼参与人，等等。人民法院酌情延长举证期限的做法便于当事人有充分的时间来准备和提交他们的反驳证据，也有助于确保诉讼过程的公正性和效率。

二、新证据的提出

所谓“新证据”，是指当事人在举证期限内尚未取得的或者尚未形成的证据，不包括应当事人管理不善暂时不能从档案中翻出的证据、因当事人的档案资料管理人员外出暂时不能拿到的证据。一审程序中的新证据包括：当事人在一审举证期限届满后新发现的证据；当事人确因客观原因无法在举证期限内提供，经人民法院准许，在延长的期限内仍无法提供的证据。二审程序中的新证据包括：一审庭审结束后新发现的证据；当事人在一审举证期限届满前申请人民法院调查取证未获准许，二审法院经审查认为应当准许并依当事人申请调取的证据。再审程序中的新证据包括：是指原审庭审已经结束后新发现的证据；原审庭审结束前已经发现，但因客观原因无法取得或在规定的期限内不能提供的证据；原审庭审结束后原作出鉴定结论、勘验笔录者重新鉴定、勘验，推翻原结论的证据；当事人在原审中提供的主要证据，原审未予质证、认证，但足以推翻原判决、裁定的，应当视为新的证据。当事人经人民法院准许延期举证，但因客观原因未能在准许的期限内提供，且不审理该证据可能导致裁判明显不公的，其提供的证据可视为新的证据。

确定当事人提供的证据是否为“新证据”，应当结合以下因素综合认定：1. 证据是否在举证期限或者其他期限内已经客观存在；2. 当事人未在期限内提供证据，是否存在故意或者重大过失的情形；3. 新的证据必须对诉求具有较强的证明力，足以从事实认定或法律适用上推翻原裁判；4. 当事人因客观原因未能在期限内提供证据的，如不可抗力、意外事件的发生，法院本应依当事人申请调取而未调取的，或者当事人能力范围之外的，包括认知能力和提取能力范围之外的情况。

当事人在一审程序中提供新证据的，应当在一审开庭前或者开庭审理时提出；在二审程序中提供新证据的，应当在二审开庭前或者开庭审理时提出，二审不需要开庭审理的，应当在人民法院指定的期限内提出；在再审程序中提供新证据的，应当在申请再审时提出。

举证期限及关于新证据的规定，就是要促使当事人要及时举证，配合法院查明事实，避免当事人搞证据突袭，导致拖延审理，浪费司法裁判资源。

三、鉴定

对于不能根据证据本身直接查明而需要鉴定的专门性问题，当事人可以申请鉴定，法院认为需要鉴定的，也可以依照职权委托鉴定。当事人申请鉴定，应当在举证期限内提出，并预交鉴定费用。逾期不提出申请或者不预交鉴定费用的，视为放弃申请。但是当事人在质证过程中对另一方出示的证据的真实性存有异议的，可以在质证过程中提出鉴定申请。超过期限申请鉴定的，法院可以不予准许。

人民法院在审理案件过程中认为待证事实需要通过鉴定意见证明而负有举证责任的当事人未申请鉴定的，法院应当向当事人释明，并指定提出鉴定申请的期间。

当事人申请鉴定的，由双方当事人协商确定具备资格的鉴定人；协商不成的，由人民法院指定。人民法院认为鉴定人提出的鉴定意见需要补充或者重新鉴定的，可以要求原鉴定人进行补充鉴定或者重新鉴定，也可以委托其他鉴定人进行鉴定。当事人未申请鉴定，法院在必要时也有权直接委托鉴定。鉴定人既可以是个人也可以是具备相应资质的鉴定机构。

当事人未按规定申请鉴定或者无正当理由不预交鉴定费用或者拒不提供相关材料，致使对案件争议的事实无法通过鉴定予以查明的，应当承担举证不能的法律后果。

一方当事人在起诉前和诉讼过程中，也可以自行委托鉴定。根据《证据规定》，一方当事人自行委托鉴定人作出鉴定意见，另一方当事人有证据足以反驳的，有权申请重新鉴定。一般而言，非因个案的特殊需要，笔者不主张当事人自行委托鉴定，因为当事人单方委托的鉴定，有时不容易被法院采信，对方提出异议并申请鉴定的，法院往往会委托重新鉴定。

《民事诉讼法》同时还规定："当事人对鉴定意见有异议或者人民法院认为鉴定人有必要出庭的，鉴定人应当出庭作证。经人民法院通知，鉴定人拒不出庭作证的，鉴定意见不得作为认定事实的根据；支付鉴定费用的当事人可以要求返还鉴定费用。""当事人可以申请人民法院通知有专门知识的人出庭，就鉴定人作出的鉴定意见或者专业问题提出意见。"由于鉴定涉及专门的问题，只有具备相关专业知识的人，才能对鉴定意见的初稿和终稿进行认真审查、提出有价值的、可能被鉴定机构或法院采信的专业意见。因此，在有些案件，当事人最好聘请专家顾问协助律师开展工作。这些专家顾问在开庭的时候，可以作为专家辅助人出庭代表该当事人，就专门的问题向鉴定人提问，或向法庭提供专业意见。

四、证人证言及申请证人出庭

很多案件，为了查明事实，往往需要证人作证。

一般情况下，能够正确表达意志的成年人才能作为证人。如果待证事实与其年龄、智力状况或者精神健康状况相适应，无民事行为能力人和限制民事行为能力人也可以作为证人。

证人应当出庭作证并接受当事人的质询。因此，如果提供证人证言的一方不申请证人出庭，法院一般不会采信证人证言。当事人申请证人出庭作证，最迟应当在举证期限届满前向人民法院提交申请书。申请书应当载明证人的姓名、职业、住所、联系方式，作证的主要内容，作证内容与待证事实的关联性，以及证人出庭作证的必要性。

《民事诉讼法》规定，经人民法院通知，证人应当出庭作证。有下列情形之一的，经人民法院许可，可以通过书面证言、视听传输技术或者视听资料等方式作证：“（一）因健康原因不能出庭的；（二）因路途遥远，交通不便不能出庭的；（三）因自然灾害等不可抗力不能出庭的；（四）其他有正当理由不能出庭的。”证人因履行出庭作证义务而支出的交通、住宿、就餐等必要费用以及误工损失，由败诉一方当事人负担。当事人申请证人作证的，由该当事人先行垫付；当事人没有申请，人民法院通知证人作证的，由人民法院先行垫付。

证人在人民法院组织双方当事人交换证据时出席陈述证言的，可视为出庭作证。

五、当事人申请人民法院调查收集证据及人民法院依职权调查收集证据

《民事诉讼法》规定：“当事人及其诉讼代理人因客观原因不能自行收集的证据，或者人民法院认为审理案件需要的证据，人民法院应当调查收集。”也就是说，人民法院可以依当事人申请或依职权调查收集证据，这有助于保障当事人的合法权益，也有助于法院公正、公平地审理案件。

当事人及其诉讼代理人申请法院调查收集证据，必须符合下列条件：1. 申请调查收集的证据属于国家有关部门保存必须由人民法院依职权调取的档案材料；2. 涉及国家秘密、商业秘密、个人隐私的材料；3. 当事人及其诉讼代理人确因客观原因不能自行收集的其他材料。当事人及其诉讼代理人申请法院调查收集证据，最迟应当在举证期限届满前提出。

法院认为案件涉及可能有损国家利益、社会公共利益或者他人合法权益，或者认为有关追加当事人、中止诉讼、终结诉讼、回避等与实体争议无关的程序事项没有查清，可以依职权进行调查，收集证据。

除非上述情形，法院调查收集证据，应当依当事人的申请进行。

关于证据保全、举证责任倒置等问题，请看下节内容。

82. 明明有理却输官司，证据运用有讲究（二）

对于民事案件证据的运用及相关法律规定，限于篇幅，在前文只讲了几个问题，未能囊括重点内容。本文中，笔者拟通过以下案例接着和大家分享几个知识点。

陆某和董某两人是好朋友，一起合伙开公司，陆某为公司的法定代表人，平时公司经营管理都由他一人操办，相关合同文档、印章、证照、财务报表等都由其掌握。董某投入资金后，因忙于别的事，对公司所有业务都不闻不问，只管分红。在陆某的努力下，公司业务不断拓宽，盈利水涨船高。陆某仗着董某对公司业务及盈利状况不甚了解，分配给董某的分红越来越少。董某了解情况后，找到陆某理论，但并不能解决问题。无奈之下，董某一纸诉状把公司和陆某告上了法庭，请求法院查清公司收支盈利状况，按章程约定分配利润，以求维护自己的权益。因平时公司经营管理都由陆某一人操办，相关合同文档、印章、证照、财务报表等都由其掌握。起诉后，很多财务资料陆某都不提供出来，而董某因缺乏法律知识，不能很好地运用证据规则，也无法提供证据来证明公司的经营及实际盈利，不能证明自己的主张，最后被法院驳回了诉讼请求。

这个案例中，董某本可依法律规定申请法院进行证据保全，并申请鉴定部门审计公司的经营状况和利润，从而支持自己的主张。但却因证据运用不当，遗憾地输掉了官司。在民事诉讼中，以下几点值得注意。

一、及时申请证据保全

民事诉讼中，主张权利的一方，一般负有举证责任，若提供不了证据证明相关事实，或证据不足无法得到法院的确认，可能就会输掉官司。而有的证据，如果不及时予以保全以后可能会难以取得，或者灭失，这样就有必要在起诉前或起诉中，采取证据保全措施，以利于案件的公正审理和判决。

证据保全，是指在证据可能灭失或者以后难以取得的情况下，当事人可以在诉讼过程中向人民法院申请保全证据，人民法院也可以主动采取保全措施。因情况紧急，在证据可能灭失或者以后难以取得的情况下，利害关系人可以在提起诉讼或者申请仲裁前向证据所在地、被申请人住所地或者对案件有管辖权的人民法院申请保全证据。证据保全分为诉前证据保全和诉讼过程中证据保全。

（一）诉前证据保全

申请诉前证据保全应符合以下条件：1.必须由利害关系人在起诉或申请仲裁前提出申请；2.必须是情况紧急，证据可能灭失或以后难以取得；3.必须向证据所在地、被申请人住所地或对案件有管辖权的人民法院申请。当然，如果其他法律对某类案件有特别规定的，应当依其规定处理；4.利害关系人申请诉前保全，应当提供担保。

申请人在人民法院采取保全措施后三十日内不依法提起诉讼或者申请仲裁的，人民法院应当解除保全。

原《民事诉讼法》没有诉前证据保全制度，仅在《中华人民共和国海事诉讼特别程序法》《中华人民共和国专利法》《中华人民共和国著作权法》《商标法》等法律中有诉前证据保全的相关规定，对于侵害著作权、商标权、专利权及海事侵权、海商合同纠纷等案件，可以申请诉前证据保全。自2012年修订的《民事诉讼法》开始，明确规定了诉前证据保全制度，拓宽了可以申请诉前证据保全的范围。

（二）诉讼过程中的证据保全

在诉讼过程中，当事人可向人民法院申请证据保全措施，人民法院也可主动采取证据保全措施。申请证据保全，最好在起诉的同时向法院提出，以免起诉后“打草惊蛇”，对方隐藏、转移或毁灭证据。

需要注意的是：当事人向人民法院申请保全证据，应当在举证期限届满前向人民法院提出；当事人申请保全证据的，人民法院可以责令其提供相应的担保。

根据笔者的经验，在合伙、合作投资经营纠纷，股东权益纠纷，婚姻财产纠纷案件中，有关经营管理、债权债务及财产情况的证据往往由一方控制和管理，或即使双方共同管理，在任何一方均可取得的情况下，诉讼后对方都有可能隐藏、转移或毁灭证据，如有必要，应及时申请证据保全。

二、正确运用证据推定原则

一般来说，根据“谁主张、谁举证”的原则，主张权利的一方应该提供证据予以证明。但是，当一方有证据证明对方持有对你有利的证据时，可以在诉讼中向法院反映，并要求对方将证据提交法院，若对方无正当理由拒不提交，则形成对己方有利的局面。

根据《民事诉讼法司法解释》及《证据规定》，书证在对方当事人控制之下的，承担举证证明责任的当事人可以在举证期限届满前书面申请人民法院责令对方当事人提交。申请理由成立的，人民法院应当责令对方当事人提交，因提交书证所产生的费用，由申请人负担。对方当事人无正当理由拒不提交的，人民法院可以认定申请人所主张的书证内容为真实。一方当事人控制证据无正当理由拒不提交，对待证事实负有举证责任的当事人主张该证据的内容不利于控制人的，人民法院可以认定该主张成立。

上述案例中，虽然公司收支盈利状况的财务报表、合同档案等证据材料掌握在陆某手中，董某没有相关材料备份和副本，但他若有证据证明陆某在经营管理公司以及持有公司的财务报表、合同档案等材料，其完全可依《民事诉讼法司法解释》的规定，在举证期限届满前书面向法院申请，要求公司、陆某提交持有的证据，法院责令公司、陆某提交，而公司、陆某拒不提交的，法院可以认定申请人所主张的书证内容为真实。若董某主张相关材料备份和副本的内容是不利于公司、陆某的，而他们又拒不提交的，法院可以采信董某的主张。

需要注意的是，提出申请一定要以书面的形式，不要仅在庭审过程中口头提出。

三、善于运用举证责任分配原则

很多人认为，“打官司就是打证据”，这话虽然不全面，但确实有道理。举证原则一般是“谁主张，谁举证”，但是有些官司实行“举证责任倒置”，即根据法律规定，将通常本应由提出主张的一方（一般是原告）证明某种事实存在的举证责任，转由他方（一般是被告）就该种事实存在或不存在承担举证责任，若其不能就此举证证明，则承担不利后果。根据《民法典》等法律法规，常见的举证责任倒置情形有以下几点：

（一）共同侵权行为，行为人需证明自己没有过错，对自己不是侵权人承担举证责任。

（二）无民事行为能力人在幼儿园、学校或者其他教育机构学习、生活期间受到人身损害的，幼儿园、学校或者其他教育机构应当承担侵权责任；但是，能够证明尽到教育、管理职责的，不承担侵权责任。

（三）因污染环境、破坏生态发生纠纷，行为人应当就法律规定的不承担责任或者减轻责任的情形及其行为与损害之间不存在因果关系承担举证责任。

（四）非法占有高度危险物造成他人损害的，由非法占有人承担侵权责任。所有人、管理人不能证明对防止他人非法占有尽到高度注意义务的，与非法占有人承担连带责任。

（五）饲养动物致人损害的侵权诉讼，由动物饲养人或者管理人就受害人有过错或者第三人有过错承担举证责任；动物园的动物造成他人损害的，动物园应当承担侵权责任；但是，能够证明尽到管理职责的，不承担侵权责任。

（六）建筑物、构筑物或者其他设施及其搁置物、悬挂物发生脱落、坠落造成他人损害，所有人、管理人或者使用人不能证明自己没有过错的，应当承担侵权责任。

（七）禁止从建筑物中抛掷物品。从建筑物中抛掷物品或者从建筑物上坠落的物品造成他人损害的，由侵权人依法承担侵权责任；经调查难以确定具体侵权人的，除能够证明自己不是侵权人的外，由可能加害的建筑物使用人给予补偿。可能加害的建筑物使用人补偿后，有权向侵权人追偿。

（八）堆放物倒塌、滚落或者滑落造成他人损害，堆放人不能证明自己没有过错的，应当承担侵权责任。

（九）在公共道路上堆放、倾倒、遗撒妨碍通行的物品造成他人损害的，由行为人承担侵权责任。公共道路管理人不能证明已经尽到清理、防护、警示等义务的，应当承担相应的责任。

（十）因林木折断、倾倒或者果实坠落等造成他人损害，林木的所有人或者管理人不能证明自己没有过错的，应当承担侵权责任。

（十一）在公共场所或者道路上挖掘、修缮安装地下设施等造成他人损害，施工人不能证明已经设置明显标志和采取安全措施的，应当承担侵权责任。

（十二）专利侵权纠纷涉及新产品制造方法的发明专利的，制造同样产品的单位或者个人应当提供其产品制造方法不同于专利方法的证明。

（十三）股东不能证明公司财产独立于股东自己的财产的，应当对公司债务承担连带责任。

（十四）经营者提供的机动车、计算机、电视机、电冰箱、空调器、洗衣机等耐用商品或者装饰装修等服务，消费者自接受商品或者服务之日起六个月内发现瑕疵，发生争议的，由经营者承担有关瑕疵的举证责任。

（十五）发生劳动争议，当事人对自己提出的主张，有责任提供证据。与争议事项有关的证据属于用人单位掌握管理的，用人单位应当提供；用人单位不提供的，应当承担不利后果。

（十六）普通投资者与证券公司发生纠纷的，证券公司应当证明其行为符合法律、行政法规以及国务院证券监督管理机构的规定，不存在误导、欺诈等情形。证券公司不能证明的，应当承担相应的赔偿责任。

四、善用“自认”

根据《民事诉讼法司法解释》，一方当事人在法庭审理中，或者在起诉状、答辩状、代理词等书面材料中，对于己方不利的事实明确表示承认的，另一方当事人无须举证证明。对于涉及身份关系、国家利益、社会公共利益等应当由人民法院依职权调查的事实，不适用前款自认的规定。自认的事实与查明的事实不符的，人民法院不予确认。在民事诉讼中，对于案件的事实一定要全面细致地分析，不要轻率提交法律文件，更不要在开庭过程中对拿不准的事实轻率表态。发现对方存在对自己有利的自认，要及时向法院提出。当事人聘请律师代理案件的，对于律师起草的诉状、答辩状、代理词、证据目录和质证意见，都要结合案件的事实和自己的诉求认真审查，否则，律师在不完全清楚案件事实的情况下，一旦作出自认如果没有相关的事实和证据予以推翻，会对自己不利。

对于证据的运用，法律规定比较复杂，虽然笔者用了两节的篇幅和读者讨论，仍不能一一详述，仅能列举出诉讼中经常碰到而又比较重要的几点和大家分享交流，希望对大家有所帮助。

83. 没钱打官司怎么办?

王女士中年丧偶，生活困难。好不容易把身患残疾的儿子拉扯大，岂料祸不单行，去年夏天她儿子在街上被一辆大货车撞倒，送到医院抢救，花了3万多元的医疗费，可最终还是没能抢救过来。更可气的是，王女士为此事多次找到肇事司机协商赔偿事宜，但肇事司机却置之不理。大半年过去了，王女士仍然没有得到任何赔偿。王女士想打官司又不知道该怎么打，想获得律师帮助又出不起律师费，茫茫然不知所措。

其实王女士这样的情况完全符合法律援助的申请条件，可以向当地的法律援助机构申请法律援助。法律援助机构会免费指派律师帮她打官司。同时她还可以向法院申请司法救助，请求减交、缓交或免交诉讼费。下面我们就来介绍一下有关法律援助的相关规定。

一、法律援助的对象

所谓"法律援助"，是指由政府设立的法律援助机构组织法律援助人员，为经济困难或特殊案件的人无偿提供法律服务。

所谓"经济困难"，一般是指家庭人均年收入低于当地最低生活保障线的困难群体，比如五保户、低保户等，具体参照当地政府的规定。而为了保障和促进法律援助事业，很多地方规定：农民工因请求支付劳动报酬或者工伤赔偿、公民因实施见义勇为行为致使自身合法权益受到损害申请法律援助的，不受经济困难条件的限制。农村五保供养对象、领取最低生活保障金或者生活困难补助金的人、在社会福利机构由政府供养的人或重度残疾或者患有重大疾病且无固定生活来源的人以及法院给予司法救助的人，法律援助机构可以直接认定其经济困难，无须提供经济困难证明。

所谓“特殊案件”，是指刑事案件的被告人是盲、聋、哑或者未成年人没有委托辩护人的，或者被告人可能被判处死刑而没有委托辩护人的案件。这类案件的被告人按照《刑事诉讼法》的相关规定，可能被判处无期徒刑的被告人、犯罪嫌疑人以及尚未完全丧失辨认或者控制自己行为能力的精神病人也列入法律援助的对象，人民法院为其指定辩护时，法律援助机构应当提供法律援助，无须对被告人的经济状况进行审查。

具体来说，法律援助对象（受援人）包括以下几类。

1. 五保户、低保户等确因经济困难，无能力或无完全能力支付法律服务费用的人。

2. 可能被判处死刑却没有委托辩护律师（辩护人）的被告人。

3. 没有委托辩护律师（辩护人）的盲、聋、哑和未成年人刑事被告人或犯罪嫌疑人。

4. 因经济困难没有能力聘请辩护律师的其他残疾或老年被告人或犯罪嫌疑人。

5. 刑事案件中没有委托辩护律师（辩护人）的外国人、无国籍人、我国港澳台地区被告人。

此外，法律援助机构认为有必要的，可以为公益福利组织、公益事业举办者或者见义勇为者及请求支付劳动报酬或工伤赔偿的农民工提供法律援助。

二、法律援助范围

1. 公民依法请求国家赔偿、社会保险待遇、最低生活保障待遇、抚恤金、救济金、赡养费、抚养费、扶养费、劳动报酬以及主张因见义勇为行为产生的民事权益，因经济困难没有委托代理人或辩护人的，可以申请法律援助。

2. 犯罪嫌疑人在被侦查机关第一次询问后或者采取强制措施之日起，因经济困难没有聘请律师的，可以申请法律援助。

3. 公诉案件中的被害人及其法定代理人或者近亲属，自案件移送审查起诉之日起，因经济困难没有委托诉讼代理人的，可以申请法律援助。

4. 自诉案件的自诉人及其法定代理人，自案件被人民法院受理之日起，因经济困难没有委托诉讼代理人的，可以申请法律援助。

5. 公诉人出庭公诉的案件，被告人因经济困难或者其他原因没有委托辩护人，人民法院为被告人指定辩护时，法律援助机构应当提供法律援助。

6. 被告人是盲、聋、哑人或者未成年人而没有委托辩护人的，或者被告人可能被判处死刑而没有委托辩护人的，人民法院为被告人指定辩护时，法律援助机构应当提供法律援助，无须对被告人进行经济状况的审查。

以下事项不能申请法律援助。

1. 因申请人的过错责任侵犯他人的合法权益而引起的民事诉讼或刑事自诉案件。

2. 因申请人过错而引起的行政诉讼案件。

3. 申请人提供不出涉讼案件的有关证据而且无法调查取证的案件。

4. 可由行政机关处理而无须通过诉讼程序的事务。

5. 申请人出具虚假证明骗取法律援助的。

6. 诉讼标的不足 3000 元的债权债务纠纷。

7. 其他经主管机关批准，法律援助机构对外声明不予受理的案件。

三、法律援助者

法律援助者可以由以下人员担任。

1. 法律援助机构的公职律师、工作人员。

2. 律师、公证员或基层法律服务工作者。

3. 热爱法律援助事业、具备一定的法律服务经验、符合法律援助机构规定条件的其他公民。

4. 应妇联、共青团组织等社会团体、其他社会组织的要求，法律援助机构可以安排该团体、组织所属人员办理法律援助案件。

目前，直辖市、设区的市或者县级人民政府司法行政部门都设有法律援助机构。

四、法律援助的形式

1. 法律咨询、代拟法律文书、提供法律意见。

2. 刑事辩护或者刑事自诉案件代理。

3. 民事诉讼、行政诉讼、非诉讼法律事务（如调解、协商）代理。

4. 公证。

5. 其他形式的法律服务。

五、申请法律援助的相关规定

1. 公民请求国家赔偿的，向赔偿义务机关所在地的法律援助机构提出申请。

2. 请求给予社会保险待遇、最低生活保障待遇或者请求发给抚恤金、救济金的，向提供社会保险待遇、最低生活保障待遇或者发给抚恤金、救济金的义务机关所在地的法律援助机构提出申请。

3. 请求给付赡养费、抚养费、扶养费的，向给付赡养费、抚养费、扶养费的义务人住所地的法律援助机构提出申请。

4. 请求支付劳动报酬的，向支付劳动报酬的义务人住所地的法律援助机构提出申请。

5. 主张因见义勇为行为产生的民事权益的，向被请求人住所地的法律援助机构提出申请。

6. 刑事案件中经济困难的受援人申请法律援助的，应当向审理案件的人民法院所在地的法律援助机构提出申请。受援人被羁押的，其申请由看守所在24小时内转交法律援助机构，申请法律援助所需提交的有关证件、证明材料由看守所通知申请人的法定代理人或者近亲属协助提供。

公民申请代理、刑事辩护的法律援助应当提交身份证或者其他有效的身份证明、经济困难的证明以及与所申请法律援助事项有关的案件材料。

法律援助是一项扶助贫弱，保障社会弱势群体合法权益的社会公益事业。了解有关法律援助的基本法律知识，在自身合法权益受到侵害或者在特殊案件中需要法律服务援助的时候，就可以得到更好的法律服务和法律保护。

84. 仲裁是解决国际经济贸易合同争议最好的办法

随着这些年我国外贸体制的改革和经济的发展，越来越多的企业获得外贸经营资格，国际贸易、投资、运输和保险等方面的业务越来越多。在国际经贸往来中，争议也在所难免。如何签订好合同，减少争议并在万一发生争议时处于相对有利的局面，是很多企业应该重视的问题。这些国际贸易、投资、运输、保险等合同，在这里我们统称为涉外合同，既包括与外国客户签订的合同，也包括与我国港澳台地区客户签订的合同。

根据二十多年处理国际经济贸易争议的经验，笔者认为，涉外合同中，法律适用和争议解决条款特别重要，选择仲裁的方式解决争议，对合同当事人最为有利。

一、尽量选择适用中国法律

在涉外合同中，当事人可以在合同中选择适用哪个国家和地区的法律。一般来说，涉外合同如果主要履行地在中国，应该选择适用中国法律，这样既符合国际惯例，发生争议时处理起来也相对方便，节省法律成本。如果当事人在合同中没有选择适用的法律，根据国际法最密切联系的原则，法院和仲裁机构会适用与合同有最密切联系国家的法律。在确定最密切联系地法律时，会综合考虑当事人国籍、营业地、合同签订地、合同履行地、标的物所在地等与交易有关的全部事实。

二、选择仲裁方式解决争议

争议解决的方式，一般来说有法院裁决和仲裁裁决两种。很多朋友不太了解仲裁，尤其是涉外仲裁，所以在合同中不选择仲裁，或依然简单地选择向法院起诉的方式解决国际经贸争议，这是不可取的。主要原因在于，一个国家或地区的法院判决的效力，只能遍及这个国家或地区，也就是说，拿到另一个国家或地区去，是不能得到承认和执行的，除非这两个国家和地区之间签订有相互承认和执行对方国家或地区的法院判决的司法协定。而国家（包括地区）之间签订有这样的司法协定的并不多见。也就是说，简单地通过法院裁判解决的话，原告与被告同在一国之内，原告打赢了官司，要再申请强制执行被告的财产很简单。但如果原告在本国法院打赢了与外国（以及中国的港澳台地区）客户的官司，由于被告的营业地点和财产都在国外、境外，原告拿这份判决书到被告的国家申请该国（或该地区）的法院执行，很大的可能是不会得到执行，判决书就变成废纸一张。而仲裁就不同了。1958 年，联合国经济及社会理事会在美国纽约召开的国际商事仲裁会议上通过了《承认及执行外国仲裁裁决公约》（也称《纽约公约》），根据这个公约，缔约国之间要相互承认和执行对方国家的仲裁机构作出的裁决。我国已加入该公约并受其约束，目前，已经有 140 多个国家和地区成为公约成员。也就是说，只要合同对方所在的国家和地区加入了公约，我国的仲裁裁决书就可以拿到对方国家和地区的法院，根据其有关法律规定申请强制执行，而不受主权国家范围的限制，这样，裁决书跟判决书一样，都具有强制效力。这就是在合同中应当约定通过仲裁解决争议的原因。

三、签订仲裁协议或仲裁条款的注意事项

1. 约定要明确，最好选择标准条款

合同中约定选择仲裁就必须排除法院的管辖，应表达为发生争议“应当”向某仲裁机构申请仲裁。如果表达为“可以”或仲裁机构不明确，均为约定不明，仲裁条款无效，发生争议后，如果双方不能另行达成仲裁协议或条款，仲裁机构不能受理。为了避免表达不清，建议选择合同约定的仲裁机构的示范或标准条款，比如中国国际经济贸易仲裁委员会（英文简称 CIETAC，又称中国国际商会仲裁院）的标准条款就是：“凡因本合同引起的或与本合同有关的任何争议，

均应提交中国国际经济贸易仲裁委员会，按照申请仲裁时该会现行有效的仲裁规则进行仲裁。仲裁裁决是终局的，对双方均有约束力。”以前，笔者就碰见过有的律师帮当事人起草涉外合同，机械照抄法律条文中关于仲裁的规定，结果把“应当”提交仲裁表达为“可以”提交仲裁，结果因约定不明确，仲裁机构不予受理。

2. 最好选择在国内的仲裁机构，首选中国国际经济贸易仲裁委员会

中国国际经济贸易仲裁委员会（简称“贸仲委”）总部设在北京，并在深圳、上海、天津、重庆、杭州、武汉、福州、西安、南京、成都、济南、海口、雄安分别设有华南分会、上海分会、天津国际经济金融仲裁中心（天津分会）、西南分会、浙江分会、湖北分会、福建分会、丝绸之路仲裁中心、江苏仲裁中心、四川分会、山东分会、海南仲裁中心和雄安分会。贸仲委在香港特别行政区设立香港仲裁中心，在加拿大温哥华设立北美仲裁中心，在奥地利维也纳设立欧洲仲裁中心。可以根据便利选择在总部北京和各分会、仲裁中心进行仲裁。选择国内仲裁机构仲裁，在语言上、仲裁规则甚至法律理解上对我们更为有利。目前，我国各地成立了很多仲裁委员会，也可以受理涉外仲裁案件，但是最专业、最权威的，还是中国国际经济贸易仲裁委员会，因为它有几十年的处理国际经济贸易争议的经验，并在国际上享有盛誉。

处理国际贸易争议，需要有专业的法律知识和丰富的实践经验。涉外合同的当事人，最好在谈判、合同的签订、履行到争议的解决这整个过程中，都聘请专业律师来提供法律帮助。

第九章　刑事

Criminal Affairs

85.“安乐死”，是解脱还是谋杀?

1986 年，陕西省汉中市发生了由于一起“安乐死”引起的刑事案件：医生蒲连生应患者家属的请求，对严重肝肾功能衰竭的患者夏某注射了氯丙嗪（俗称“冬眠灵”）致其死亡。事后，这位医生连同死者的儿子王某被以故意杀人罪逮捕，在经历了 6 年的漫长诉讼之后，法院最终以该行为“情节显著轻微，危害不大”为由宣判两人无罪。这是见诸报端的国内最早、最有争议的“安乐死”刑事案件。在此后发生的同类案件中，同样是帮助他人实施安乐死，不少人却因此被追究刑事责任。

“安乐死”一词源自西方，一般是指根据现有的医疗技术水平没有治愈希望，处于极端痛苦之中的身患绝症者，为了减轻痛苦和折磨，由其本人或家属请求医生采取一定医学措施，使患者平静、安乐地死去。安乐死分为积极安乐死和消极安乐死两种，前者是指采取注射药物等措施加速患者死亡；后者是指通过停止输液，关闭人工呼吸机等停止或撤销维持和延续患者生命的措施使患者尽快死去。

安乐死在其本质上属于一种受托杀人的行为，就是接受他人的委托提前结束患者生命。目前在我国，由于实施安乐死没有法律依据，因此帮助他人实施安乐死就是非法剥夺他人生命的行为，根据《刑法》的规定，构成故意杀人罪。帮助别人实施安乐死往往是“好心办坏事”，甚至给自己招来牢狱之灾，需要十分谨慎。

帮助他人实施安乐死与一般的故意杀人行为是有本质区别的，前者是基于患者本人或神志不清、无法表达自己意志的病危患者的家属的恳求而实施的，是对患者生命的尊重和尊严的维护，其主观目的是帮助患者和家属减轻痛苦，严格来说没有主观恶意，社会危害性较小。另外，安乐死对于减少患者及家属的经济负担，节约医疗资源也有积极的意义。因此很多人认为实施安乐死不是犯罪行为，法律界对此也存在很大争议。但是毕竟目前无法可依，以《刑法》来衡量，实施安乐死还是构成犯罪。鉴于此，现实的司法实践中，即使检察机关对安乐死实施者提起公诉，法院在量刑时都会考虑上述因素，免予刑事处罚或判处较轻的刑罚。当然，出于谋财、报仇、掩盖罪责或其他目的，以实施安乐死的名义故意杀人，则另当别论。

在国外，安乐死也是颇有争议的，也有不少帮助他人实施安乐死的人被追究刑事责任。不过，安乐死合法化已经逐步成为一种趋势，荷兰、比利时等十几个国家已经通过立法允许实施安乐死。

在我国，长期以来一直不乏“安乐死合法化”的呼声，许多专家和学者也提出了立法建议。他们认为，虽然从《刑法》上来说“安乐死”符合“故意杀人”罪的种种条件，但是从本质上看还有许多不同之处。只要法律在承认“安乐死”合法化的同时，对“安乐死”的操作程序等作出严格、细致的规范，建立起一套完整、科学的“安乐死”操作制度，就能避免安乐死合法化的弊端，让人在“有尊严”地活着的同时也可以选择“有尊严”地离开这个世界。

86. 贪官家中被查出3000万现金，为何只判八年刑？

有一个朋友曾经问笔者：最近在报纸上看到有个省的厅长，家里被搜出总价值3000多万元现金、存折和珠宝等其他财物，结果才被法院判了八年！金额那么大，为何判得那么轻？

这样的疑问不止他一个人有！其实笔者在工作中或茶余饭后的闲谈中，常常被别人问起类似的问题。被搜出3000万元财物的贪官得到轻判的原因，从根本上说，是因为我国《刑法》对贪污、受贿罪和巨额财产来源不明罪的刑事责任规定有着巨大的差异！

政府官员等公职人员利用职权犯罪，主要是贪污和受贿，但是如果没有充分的证据证明他是从哪贪污的或者是受谁的贿，那么从犯罪的构成要件来说，由于没有充分的证据，就不能认定他犯了贪污或受贿罪，而只能比较他的合法收入，扣除能说明来源的合法收入后，其余的如果数额巨大，就认定构成巨额财产来源不明罪。

《中华人民共和国刑法》(以下简称《刑法》)规定：国家工作人员利用职务上的便利，“侵吞、窃取、骗取或者以其他手段非法占有公共财物的”，是贪污罪；“索取他人财物的，或者非法收受他人财物，为他人谋取利益的”，是受贿罪。贪污、受贿数额是量刑的主要标准，个人贪污、受贿数额在三百万元以上的，为数额特别巨大，判处十年以上有期徒刑、无期徒刑或者死刑，并处罚金或没收财产；数额在二十万元以上不满三百万元的，为数额巨大，判处三年以上十年以下有期徒刑，并处罚金或没收财产；数额在三万元以上不满二十万元的，判处三年以下有期徒刑或者拘役，并处罚金。贪污、受贿数额低于前述规定，但是有法律规定的情节、情形的，也可能会被刑事追究或者受到较重的刑罚。比如贪污救灾、抢险、防汛、优抚、扶贫、移民、救济、防疫、社会捐助等特定款物的；拒不交代赃款赃物去向或者拒不配合追缴工作，致使无法追缴的；多次索贿的；为他人谋取不正当利益，致使公共财产、国家和人民利益遭受损失的；等等多种情形。

我们再看看巨额财产来源不明罪，《刑法》是这样规定的："国家工作人员的财产、支出明显超过合法收入，差额巨大的，可以责令该国家工作人员说明来源。不能说明来源的，差额部分以非法所得论，处五年以下有期徒刑或者拘役；差额特别巨大的，处五年以上十年以下有期徒刑。财产的差额部分予以追缴。"这就是说，巨额财产来源不明罪，别说是 3000 万元，就是 3 个亿，最多也只能判十年！现在，也有很多法律界人士提出，巨额财产来源不明罪量刑太轻，导致一部分拒不交代这些财产来源的贪官反而只得到了很轻的刑事处罚；而坦白交代罪行，说明是张三、李四、王五所送或被查清楚是从哪里贪污的贪官，由于司法解释有数额的"高压线"作为量刑的硬性依据，却不得不"领受"重刑。

这些犯巨额财产来源不明罪的官员的财产从何而来呢？实际上大部分都是贪污和受贿而来的，只不过他不供认或者有些钱财他实在记不清是谁送的、怎么送的了，而检察机关也查不出来，缺乏确凿的证据。法律是要讲证据的，尤其是 1997 年《刑法》修订之后，确立了"无罪推定"原则，过去证据不足采取"疑罪从轻"的原则，现在则是"疑罪从无"。不管从其家中搜查出多少钱财，只要没有充分的证据证明从何处贪，向谁人收，就不能定其贪污、受贿罪，而只能定巨额财产来源不明罪。

有人认为，巨额财产来源不明罪与贪污、受贿罪等同类犯罪相比，刑罚差距巨大，显失公平。贪污、贿赂类犯罪的刑种丰富，量刑幅度较大，轻的可以免予刑事处罚，重的可以判处无期徒刑甚至死刑，但巨额财产来源不明罪过去最高却只能判处五年有期徒刑，现在尽管提高了，最高也只能判十年。两类犯罪之间过于悬殊的法定刑，在司法实践中不可避免地导致行为人避重就轻，拒不交代贪污、受贿等严重的犯罪行为，即使被认定构成巨额财产来源不明罪，最多也就领刑十年。也有人建议取消这个罪名，理由是巨额财产来源不明罪量刑太轻，成了某些严重贪污贿赂犯罪的"避难所""免死牌"。但是，对巨额财产来源不明罪及现行量刑规定持支持态度的人则从立法意旨的角度提出了另外的意见，认为从该罪的犯罪构成上看，巨额财产来源不明罪是一种推定的犯罪，行为的社会危害性和行为人的人身危险性是建立在盖然性基础之上的，本身就包含了冤枉无辜的可能。所以现行的罪名和量刑是合理的。

争论归争论，现行的法律规定就是如此，在修改之前，只能这样执行。所以，这个被搜查出 3000 万元的贪官，得以轻判的原因，其实就是只承认了少量的受贿，其余的闭口不说，你也拿他没办法，所以只“领到”八年的刑期。

87. 打了小偷也要负法律责任

现实生活中，在火车、公共汽车、小商店、购物中心、车站、码头等人流较多的公共场所，时常发生偷盗。

小偷令人痛恨。不少人恐怕都有过被盗的经历。有句话说“过街老鼠，人人喊打”，用来形容大家对小偷的态度是再贴切不过的。

想打是一回事，痛恨也可以理解。问题是，我们能打小偷吗？打了会出现什么后果？甚至是严重的后果？小偷盗窃，是一种违法甚至是犯罪的行为，但是违法犯罪行为应该由公安机关和司法部门依照法定的程序处理。该拘留的拘留，该立案侦查的立案侦查，该判刑的判刑。作为被盗者和旁观群众，不能因为对盗窃行为的痛恨而对小偷进行殴打或强迫其游街、示众等。

《中华人民共和国刑事诉讼法》(以下简称《刑事诉讼法》)规定，对于正在实行犯罪或者在犯罪后即时被发觉的、通缉在案的、越狱逃跑的、正在被追捕的犯罪嫌疑人，任何公民都可以立即将其扭送公安机关、人民检察院或者人民法院处理。但是法律并未赋予任何公民对违法行为人和犯罪嫌疑人的其他处置权利。根据《刑事诉讼法》的规定，“未经人民法院依法判决，对任何人都不得确定有罪。”也就是通常说的“无罪推定”原则。对于小偷，他的行为可能构成违法，却不一定严重到构成犯罪的地步；而即使是惯偷，盗窃数额较大构成犯罪，也必须经过司法程序侦查取证，获得充分证据并经过法院的审判程序才能定罪。更何况，有时我们抓到的“小偷”，还未必真的是小偷，会有抓错人、冤枉人的情况呢！根据法律规定，抓到小偷不扭送公安机关而擅自强迫其游街、示众的，构成侮辱或对其名誉侵权，严重的还会构成侮辱罪或非法拘禁罪，对其实施暴力殴打的，构成故意伤害，严重的会构成犯罪。小偷的行为构不构成犯罪，与殴打、拘禁、强迫他游街示众的行为是否构成犯罪没有因果关系，即使小偷构成犯罪，也不能因此减轻殴打、拘禁、强迫他游街示众行为人的罪责。抓到小偷的人将其打伤、打死，最后自己锒铛入狱的情况也时有发生。所以，不管是被盗的当事者，还是旁观者，都要注意控制自己的情绪，要在法律的框架内做事，千万不要意气用事。不要随意对小偷进行殴打或强迫其游街、示众或不送公安机关而私自长时间拘禁、限制其自由。否则，本来自己是被盗者，是受害人，最后还弄个犯罪入狱，实在不值得。

88. 正当防卫有尺度，防卫过当被惩处

遇到坏人以暴力手段侵犯生命、健康或财产的时候，你该怎么办？一般人都会说：反抗、防卫。现实中，有人进行防卫时，由于防卫手段、方法掌握不好，最后反而受到法律制裁，令人惋惜。那么，什么是正当防卫？防卫的限度是什么？防卫过当要承担什么样的责任？

首先，谈谈什么是正当防卫。

根据《刑法》的规定："为了使国家、公共利益、本人或他人的人身、财产和其他权利免受正在进行的不法侵害，而采取的制止不法侵害的行为，对不法侵害人造成损害的，属于正当防卫，不负刑事责任。"

正当防卫应当同时具备以下条件：1. 实施防卫行为必须是出于使国家、公共利益、本人或者他人的人身、财产和其他权利免受不法侵害的正当动机，针对的应该是不法侵害行为，对依法执行职务的合法行为，如依法拘留、逮捕、依法没收财产等，不能实行正当防卫；2. 防卫行为所针对的不法侵害必须是正在进行的，对尚未开始实施或者已经停止或结束不法侵害的不法侵害人，不能采取正当防卫行为；3. 实行防卫行为的直接目的是制止不法侵害，因此正当防卫的行为应当是制止不法侵害的行为，即实行防卫应以制止住不法侵害行为为限，不法侵害的行为已经停止或被制止后，不能继续采取防卫行为。

此外，还要注意划清正当防卫与防卫挑拨的界限，注意正当防卫和假想防卫的区别。正当防卫是为了维护国家、公共利益、本人或他人的合法权益，被迫实施的制止不法侵害的行为；而防卫挑拨是为了加害他人，故意挑逗对方先对自己进行侵害，然后以正当防卫为借口加害对方。防卫挑拨的行为，实质上是打

着“防卫”的名义实施侵害的行为，应根据其行为所构成的犯罪依法惩处。假想防卫是行为人出于主观认识上的错误，误认为有不法侵害存在，对根本不存在或尚未发生的“侵害”进行“防卫”，并给他人造成损害。假想防卫由于没有侵害作为前提，如果构成犯罪的，依法应该承担刑事责任。

其次，什么是防卫过当？防卫过当应当承担什么样的责任？

防卫过当是指防卫行为明显超过必要限度并造成重大损害。防卫过当应当负刑事责任，但是应当减轻或者免除处罚。

防卫过当应当同时具备以下特征：

1. 明显超过必要限度。“必要限度”是指为有效地制止不法侵害所必需的防卫的强度，一方面要分析双方的手段、强度、人员的多少与强弱、客观环境与现场形势，另一方面还要权衡防卫行为所保护的合法权益大小与防卫行为所造成的损害后果，即不能为了保护微小权益而造成不法侵害者人身伤亡或重大的财产损失。比如，对方只是扇耳光或者往身体非要害部位的一般踢打，结果受到侵害的人抄起铁棍、菜刀就赶过去，显然就超出必要的限度。

2. 对不法侵害人造成了重大损害。“重大损害”是指因防卫人明显超过必要限度的防卫行为，造成不法侵害人或者其他人严重的人身伤害、死亡或重大的财产损失。

防卫过当应当负刑事责任。由于防卫过当超出正当防卫所必需的防卫强度，造成了不应有的损害，具有一定的社会危害性，应当负刑事责任。但是其动机是出于保护自己或他人的合法权益不受侵害，阻止违法犯罪行为，再考虑到遭遇这种不法侵害的时候，情势比较紧急，实施防卫的人有时不容易准确、恰当地判断和掌握必需的防卫强度，所以法律规定防卫过当应当承担刑事责任，同时规定应当减轻或者免除处罚。如果对防卫过当的行为不进行适当的处罚，会纵容有些人在实施防卫行为时，不考虑具体的情况、手段和后果，甚至以防卫之名而加害于侵害人。

再说说无限防卫。对正在进行行凶、杀人、抢劫、强奸、绑架及其他严重危及人身安全的暴力犯罪，采取防卫行为，造成不法侵害人伤亡的，不负刑事责任。这就是我们常说的“无限防卫权”。前述暴力犯罪，都是严重威胁人身安全的，防卫人很难判断暴力侵害的程度和后果，也很难掌握实行防卫行为的强度，此时不采取断然措施，往往不足以保护受侵害人的生命安全。如果对此规定得太严，就会让防卫人束手束脚，从而给受侵害人带来不可挽回的严重后果。

“行凶”的法律含义是什么，“严重危及人身安全”的侵害行为包括哪些，在现实司法实践中存在一定的争议。因此，有些人不知道究竟在什么情况下，采取断然的防卫行为不用承担刑事责任。现实司法实践中，也有不少当事人认为自己行使的是无限防卫权，但是却受到刑事追究的案例。近年来，最高人民法院、最高人民检察院和公安部高度重视正当防卫的问题，并于2020年8月28日印发《关于依法适用正当防卫制度的指导意见》。该《指导意见》提出：要准确理解和把握正当防卫的法律规定和立法精神，对于符合正当防卫成立条件的，坚决依法认定。要切实防止“谁能闹谁有理”“谁死伤谁有理”的错误做法，坚决捍卫“法不能向不法让步”的法治精神。要立足防卫人防卫时的具体情境，综合考虑案件发生的整体经过，结合一般人在类似情境下的可能反应，依法准确把握防卫的时间、限度等条件。要充分考虑防卫人面临不法侵害时的紧迫状态和紧张心理，防止在事后以正常情况下冷静理性、客观精确的标准去评判防卫人。防卫是否“明显超过必要限度”，应当综合不法侵害的性质、手段、强度、危害程度和防卫的时机、手段、强度、损害后果等情节，考虑双方力量对比，立足防卫人防卫时所处情境，结合社会公众的一般认知作出判断。在判断不法侵害的危害程度时，不仅要考虑已经造成的损害，还要考虑造成进一步损害的紧迫危险性和现实可能性。不应当苛求防卫人必须采取与不法侵害基本相当的反击方式和强度。

笔者认为，近年来的一些典型案例，以及前述《指导意见》，最重要的进步在于，明确“法不能向不法让步”，在判断是否属于正当防卫、防卫是否超出必要限度等问题上，更加人性化、合理化，更加重视保护合法的权益。

89. 谨防六合彩等信息诈骗

六合彩是我国香港地区发行的一种彩票，类似于我们常说的福利彩票。在香港地区，发行和投注六合彩都是合法的。但是在内地，六合彩目前并没有被允许发行，接受六合彩投注的，都是非法的外围庄家；投注和坐庄，在内地都是非法的。很多人因为赌六合彩而倾家荡产。

这里我们着重谈谈利用六合彩信息进行诈骗的行为。

据 2007 年 6 月 7 日新华网福建频道报道，“因涉嫌组织、参与 8 宗虚假信息诈骗案，6 月 6 日南安警方对郭某新、陈某立等 14 名嫌犯公开宣布执行逮捕。”本案中有一种诈骗方法就是，“建立六合彩网站，在网站上发布虚假六合彩特码信息，要求受害者提供会员费。”在现实生活中，还有很多犯罪分子通过群发手机短信的形式，将不同的特码发送给不同的群，骗取那些参与六合彩赌博的用户缴纳所谓的“信息费”。

说这是信息诈骗，有些朋友可能会不同意或不太理解，原因就是他们曾经收到过“很灵验”“很准确”的特码信息。这是为什么呢？有些读者朋友也许还不完全了解那些犯罪分子的手段。其实说来很简单，尤其是通过向手机用户发送特码短信的办法，最容易欺骗一部分用户了。比如六合彩共有 49 个号码：阿拉伯数字 1 到 49，犯罪分子只要分别将 1 到 49 个号码向 49 个群发送特码，并且以不同的手机号码发出，那么总有一组是对的。如果每组发送 10000 人，那么就有 10000 个用户会觉得这些特码短信实在是太“灵验”了！同样的道理，犯罪分子还可以按照六合彩十二生肖给十二个组群发送短信，每一组发送一种生肖，那么也总有一组用户收到的生肖特码是“灵验”的。当然，还有什么颜色啦、单双啦，等等，甚至给一些似是而非、玄之又玄的“口诀”，让你发挥想象去瞎猜，结果有时跟出来的码又有某种“联系”，猜出来是你蒙对了，猜不出还得怨你自己“没水平”。所有这些，无非都是骗子的把戏而已。通过网站发布的六合彩信息，其实无非也都是这些伎俩。所以，发布六合彩信息者，都是虚构事实（宣称他们有内部线索等），发布虚假信息，骗取接收信息者汇去的信息费，完全符合《刑法》关于诈骗犯罪的构成，应予以严厉打击。

大家不要以为他们骗取的是几百元信息费那么简单，从单个接收诈骗信息者被骗的钱财数额来看，往往不容易引起大家的重视，以为是个简单的违法行为。但是，由于他们借助了现代的信息技术，通过网络和移动通信的手段，发布出去的虚假信息数量是十分惊人的，而受骗者也绝不在少数，诈骗者骗得的非法收入，往往是几万、几十万、几百万元甚至更多。这些犯罪分子为了逃避打击，往往用的都是不是真实身份注册的手机号码，所开的银行账户也是利用虚假身份办理的。这里我们首先呼吁广大群众，不要参与六合彩赌博，更不要轻信那些虚假信息。

近年来，犯罪分子通过手机发送“中奖信息”“银行卡消费信息”“汇款账号信息”等手段骗取钱财，形式多种多样，作案手段不断翻新，令人防不胜防。尤其是近年来越来越猖獗的电信诈骗，让很多人被骗得倾家荡产。有些诈骗分子，还专门对老人和其他弱势群体下手。缅北的电信诈骗，其规模之大、手段之多样，对被骗过去的人实施的犯罪手段之残忍，都令人发指。好在国家出重拳予以打击，已经把大部分犯罪分子抓捕归案。现在的电信诈骗，大多是团伙作案，从拨打电话，提供网络平台和通信线路支持到转账取款，都有细致的分工和严密的组织。还有很多网络上的虚拟投资，打着投资理财、高科技旗号包装出来的诈骗行为，应该严防。

预防各种各样的信息诈骗，是社会各方的共同责任。大家不要心存贪念，不要幻想天上掉馅饼，不要总想着发急财；要与诈骗犯罪行为做斗争，收到可疑或诈骗信息要及时举报；信息运营商、网络运营者应对群发短信进行审查和必要的拦截、屏蔽，不能让虚假、诈骗短信满天飞，给公众造成误导；金融机构应该加强对开户人的身份信息和资料的审查，尽量避免犯罪嫌疑人利用假身份证和他人的身份证开户，同时加强对账户尤其是资金出入频繁、往来异常的账户的监管；公安机关则要加大打击力度，对诈骗分子坚决予以打击，决不手软，切实维护人民财产安全；政府部门应该尽快建立跨地域、多部门的协调和联动机制，由专门的机构接受群众举报，对信息的来源、内容、途径等进行分析、分类，并协调、敦促相应的部门进行处理。

90. 为单位送红包竟成贪污犯

小李是某单位的秘书，单位领导以前每年过年都会给上级有关领导送些红包、烟酒和特产之类的礼物。2011 年春节前，单位开班子会，决定拿出几十万元经费用于过节送礼，还列出了送往的单位、领导名单及具体应送金额或礼品。按照班子会议精神，其中十多万元的红包由小李负责送给几个单位的领导。

几个月后，由于该单位领导涉嫌贪污、受贿被检察机关立案侦查，侦查人员发现该单位每年给上级有关领导送礼金额较大，遂将有关负责送礼的人员一一传讯，小李当然也在其中。小李供认已按单位要求将红包送给了上级领导，但该领导否认收到过小李送的红包，检察机关最终以贪污罪起诉小李。小李和家人、朋友都觉得很冤枉，很纳闷：明明是为单位送礼，自己一分钱好处没得到，怎么定了个贪污罪呢?

类似小李的问题，现实中并不少见。这些年来，腐败现象比较严重，很多本来就是严重犯罪的行为，在人们的眼中甚至变成了司空见惯的"正常人情往来"。这已经成了一种认识上的误区。其实，送红包的行为小则违纪，大则犯罪。

《刑法》规定："为谋取不正当利益，给予国家机关、国有公司、企业、事业单位、人民团体以财物的，或者在经济往来中，违反国家规定，给予各种名义的回扣、手续费的，处三年以下有期徒刑或者拘役，并处罚金。单位犯前款罪的，对单位判处罚金，并对其直接负责的主管人员和其他直接责任人员，依照前款的规定处罚。"小李所在的单位过年给有关领导送礼金，构成了单位行贿罪，相关责任人员都要追究刑事责任。

本案中，就单位行贿而言，单位主要领导应负主要责任，小李负责送了十多万元，如果查实已经送出，他属于“其他直接责任人员”，应按单位行贿罪追究他的刑事责任。由于收礼人在收取红包的时候，一般都是在家里或其他私密的场所，没有旁人，绝大部分收礼人时候为了逃避责任，一般不会承认，但小李从单位领出款项，是有凭据的。案发后，面对检察机关的讯问，收了红包的人都不承认，从证据上，只能认定钱在送礼人手上，被小李“贪污”了。所以，小李最后被判定构成贪污犯罪。

所以说，送红包，尤其是为单位去送红包，数额较大，如果查实已经送出，则构成单位行贿罪；如果送礼人声称已经送出，但是无法证实对方已经收受，所谓的“送礼人”则构成贪污罪。这样的教训值得吸取。

91. 犯罪嫌疑人有权保持沉默吗?

看法律题材的外国电影时，经常会听到警察或其他侦查人员在拘捕犯罪嫌疑人的时候这样说：“你有权保持沉默。但你现在所说的每一句话将来都可能成为呈堂证供。”很多朋友不禁要问：在我国，当一个人被公安机关或检察机关拘捕、讯问的时候，是否也有权保持沉默呢?

在国际上，沉默权是指犯罪嫌疑人、被告人在接受侦查机关的讯问或出庭受审时，有保持沉默、拒不回答且并不因此而受到法律追究的权利。简单地说，沉默权就是不回答问题的权利。

沉默权要求：1. 供述必须基于供述人自愿，不得对供述人施加任何物理的或精神的强制；2. 不得从犯罪嫌疑人、被告人沉默这一事实推导出不利于他的结论；3. 证明被控诉的人有罪的责任在控诉一方，被控诉的人不负举证责任；4. 违反沉默权规则而实施的诉讼行为，应为无效。

我国现行的《刑事诉讼法》没有关于沉默权的规定，相反，要求犯罪嫌疑人“对侦查人员的提问，应当如实回答”，只是对与本案无关的问题有拒绝回答的权利。

尽管我国法律没有明确规定沉默权，但是犯罪嫌疑人、被告人的诉讼权利逐步得到更为有效的保护。尤其是 2012 年 3 月 14 日全国人大代表大会通过的《关于修改〈中华人民共和国刑事诉讼法〉的决定》，明确规定“严禁刑讯逼供和以威胁、引诱、欺骗以及其他非法方法收集证据，不得强迫任何人证实自己有罪。”同时增加了非法证据排除的规定和程序。也有人认为，这些规定在一定程度上，赋予了犯罪嫌疑人在适当时候保持沉默的权利。

当然，沉默并非解决问题的办法，如果涉嫌刑事犯罪被讯问甚至被限制了人身自由的人，尽早聘请律师介入，才是维护自己合法权益的最好选择。

面对犯罪嫌疑人、被告人的“沉默”，有些侦查人员会采取刑讯逼供的方法非法取证。大家知道，刑讯逼供是导致冤假错案最主要的原因之一，如何避免刑讯逼供，前述《决定》增加了刑事诉讼非法证据排除的制度，2012 年 12 月 20 日公布并于 2013 年 1 月 1 日与修改后的《刑事诉讼法》同步施行的《最高人民法院关于适用〈中华人民共和国刑事诉讼法〉的解释》作出了详细的规定。这些年来，《刑事诉讼法》的后续修订，最高人民检察院、最高人民法院出台了司法解释和刑事政策，都不断强调要完善非法证据的排除制度。首先，明确“刑讯逼供等非法方法”包括：使用肉刑或者变相肉刑，或者采用其他使被告人在肉体上或者精神上遭受剧烈疼痛或者痛苦的方法，迫使被告人违背意愿供述的行为。其次，规定当事人及其辩护人、诉讼代理人提供涉嫌非法取证的人员、时间、地点、方式、内容等相关线索或者材料，在开庭审理前申请人民法院排除以非法方法收集证据的，人民法院应当审查，对证据收集的合法性有疑问的，应当召开庭前会议，就非法证据排除问题了解情况、听取意见。在法庭审理过程中提出的，法庭也应当进行审查。经审查，对证据收集的合法性有疑问的，应当休庭进行调查。人民法院经审理，确认或者不能排除存在以非法方法收集证据情形的，对有关证据应当排除。前述规定，对于减少和避免刑讯逼供，提供了制度和程序上的保障，是刑事诉讼制度的重大进步。

92. 退赃等于认罪吗?

很多朋友询问笔者：在经济犯罪的侦查过程中，犯罪嫌疑人或他的家属根据侦查人员的要求退赃，是不是等于认罪？是否会因退赃而被认定为有罪?

退赃，不能简单地等同于认罪，当然也不能因此而推定犯罪嫌疑人、被告人有罪。《刑事诉讼法》规定："未经人民法院依法判决，对任何人都不得确定有罪。"这就是无罪推定原则。

追缴赃款赃物，从侦查开始，贯穿整个刑事诉讼过程，公安机关、检察机关、法院都有追缴赃款赃物的职责。侦查机关在侦查过程中，对于涉嫌犯罪的款物，可以冻结、查封和扣押，也可以责令犯罪嫌疑人清退。但是，未经法院最终审理和判决，犯罪嫌疑人的行为不能确定是否构成犯罪。当然，其所预退或被扣押的款物，也只是暂扣，只有经过审判后才能确定是否为赃款赃物，是否应予追缴或责令退赔。因此，在侦查过程中，犯罪嫌疑人不管是出于何种原因退了"赃"（严格来说，未经审判还不能说是"赃"），都只是被暂扣而已。与其行为是否构成犯罪没有必然的联系，也不等同于犯罪嫌疑人认了罪。而即使犯罪嫌疑人自认犯罪，最终还要结合事实和证据，并经审判后才能确定其是否有罪。

现实生活中，有些犯罪嫌疑人由于缺乏法律知识，往往对于自己的行为是否构成犯罪不能作出正确的判断。有些犯罪嫌疑人虽然并不构成犯罪，或者涉案的金额并没有那么多，由于多退了"赃"，在案件审结后为了拿回退错或多退的钱物，有时候还真得费些周折。

在法律上，积极主动退赃，或者亲属代为缴纳赃款，可以成为法院对被告人从轻处罚的理由。从这个意义上说，犯罪嫌疑人和被告人在侦查阶段、审查起诉阶段或审判阶段退赃，并没有本质的区别。在审判阶段退赃，按照法律规定也可以从轻处罚。所以，应否“退赃”，何时主动“退赃”，不妨先听听律师的意见，而之前即使“退了赃”，也不意味着就是认罪，更不能直接等同于有罪。

93. 刑事犯罪能私了吗?

张二柱（化名）的独生儿子小柱（化名）从小娇生惯养，14 岁就不读书在外面胡混。前几年，刚满 20 岁的小柱，和一个小混混一起持刀威胁，把邻村的二丫的项链、现金等价值三千多元的财物给抢了。由于二丫认识张二柱，她事后没有去公安机关报案，而是带着家里人去找张二柱。经过双方协商，张二柱把小柱抢的东西及现金退还给二丫，并赔偿二丫一千元。双方还签了协议，约定不追究小柱的责任。时隔半年，警察突然到村里把小柱铐走。原来是那个小混混因其他犯罪行为被抓后供出曾与小柱一起抢过二丫的财物。张二柱把和二丫签的协议提交给公安机关。二丫也和警察说，她不追究小柱的责任了。但是，公安机关并没有释放小柱。最终小柱被判了刑。张二柱、小柱和二丫都很不理解：明明双方都了结了，为何公安机关还“多管闲事”，要追究小柱的刑事责任呢?

这就是大家通常所说的刑事案件的“私了”问题。那么，刑事案件究竟能不能“私了”？

对于这个问题，要具体情况具体分析。刑事案件分为公诉案件和自诉案件两种。公诉案件不能“私了”，自诉案件有些可以“私了”。

公诉案件由公安机关或检察机关等部门立案侦查，由人民检察院代表国家向人民法院提起公诉；自诉案件，由被害人自己或其法定代理人向人民法院提起诉讼，“不告不理”是人民法院处理自诉案件的基本原则。

公诉案件为何不能“私了”？打击犯罪，保护人民群众的生命和财产安全，维护社会和经济秩序，是《刑法》的任务。公安机关、人民检察院和人民法院依照法律规定各司其职，正确使用法律，惩罚犯罪分子，保障无罪的人不受刑事追究，这些在《刑事诉讼法》中都有严格的规定。公诉案件，不同于自诉案件的“不告不理”，属于国家公权力的行使，任何人包括犯罪嫌疑人、被告人、被害人都不能干涉或左右。根据《刑事诉讼法》，被害人及其亲属与犯罪嫌疑人、被告人及其亲属之间的和解以及达成的赔偿协议等，不能免除犯罪嫌疑人、被告人的刑事责任，更不能直接成为公安机关、人民检察院和人民法院撤销案件、不予起诉或免予处罚的法定事由。公诉案件中，当事人之间的“私了”，不具有法律效力，所以也“了不了”。但是，双方之间的民事赔偿和谅解可以作为人民法院的量刑情节予以考虑。

自诉案件包括三类：告诉才处理的案件；被害人有证据证明的轻微刑事案件；被害人有证据证明对被告人侵犯自己人身、财产权利的行为应当依法追究刑事责任，而公安机关或者人民检察院不予追究被告人刑事责任的案件。

告诉才处理的案件包括涉嫌侮辱、诽谤、暴力干涉婚姻自由、虐待、侵占等犯罪的案件。被害人有证据证明的轻微刑事案件，一般包括涉嫌故意伤害（轻伤），重婚，遗弃，妨害通信自由，非法侵入他人住宅，生产、销售伪劣商品（严重危害社会秩序和国家利益的除外），侵犯知识产权（严重危害社会秩序和国家利益的除外）犯罪的案件以及属于《刑法》分则第四章、第五章规定的涉嫌侵犯公民人身、民主及财产权利，对被告人可以判处三年有期徒刑以下刑罚的其他轻微刑事案件。对于这两类自诉案件，法院可以进行调解；自诉人在宣告判决前，可以同被告人自行和解或者撤回自诉。也就是说，当事人不管是否已经提起自诉（包括反诉），都有处分自己权利的自由，当然也可以自行和对方协议了结，可以“私了”。

对于被害人有证据证明对被告人侵犯自己人身、财产权利的行为应当依法追究刑事责任，而公安机关或者人民检察院不予追究被告人刑事责任的案件，被害人可以提起自诉，但是这类自诉案件不能“私了”，也不适用调解。若当事人之间因公安机关或者人民检察院不予追究而“私了”，也不能排除公安机关和人民检察院再予追究的权利。

本文中小柱的行为构成抢劫罪，属于公诉案件的范围，所以，尽管受害人二丫事后没有去公安机关报案，并与对方协商达成了和解，但是他们真正能够和解了结的，仅仅是退赔的民事责任。刑事责任是否追究，二丫说了不算，而是由法院结合具体的情节，在法定定刑范围内判处小柱相对较轻的刑罚。

需要指出的是，《刑事诉讼法》同时规定，在部分公诉案件中，犯罪嫌疑人、被告人真诚悔罪，通过向被害人赔偿损失、赔礼道歉等方式获得被害人谅解，被害人自愿和解的，双方当事人可以和解。这些案件包括因民间纠纷引起的，涉嫌侵犯公民人身权利、民主权利罪，侵犯财产罪，可能判处三年有期徒刑以下刑罚的行为以及除渎职犯罪以外的可能判处七年有期徒刑以下刑罚的过失犯罪案件（但犯罪嫌疑人、被告人在五年以内曾经故意犯罪的，不适用和解）。双方当事人和解的，公安机关、人民检察院、人民法院根据向当事人和其他有关人员了解的情况，对和解的自愿性、合法性进行审查，并主持制作和解协议书。

对于达成和解协议的案件，公安机关可以向人民检察院提出从宽处理的建议。人民检察院可以向人民法院提出从宽处罚的建议；对于犯罪情节轻微，不需要判处刑罚的，可以作出不起诉的决定。人民法院可以依法对被告人从宽处罚。

此类公诉案件可以“和解”，但并不等于可以“私了”。不管当事人的和解是在公安机关介入侦查之前还是在公安机关的侦查阶段、检察机关的审查起诉阶段或法院的审判阶段达成的，当事人的和解协议是否合法、自愿，对案件的处理起到何种作用，都应该经过公、检、法机关的审查。双方自行达成的和解协议，也不能排除公、检、法等机关对案件的介入。

94. 被判缓刑还可以保留公职和领取退休金吗?

公职人员（本文指公务员以及参照公务员管理的事业单位在编工作人员）犯罪被判处有期徒刑缓期执行（俗称缓刑），还能保留公职，退休后还能领取退休金吗？这是一个很多人都弄不明白的问题。那么，相关法律法规和政策对此是如何规定的呢？

一、被判刑（包括缓刑）的，不能保留公职

2007 年 6 月之前，人事部 1989 年颁布的《人事部关于国家行政机关工作人员被判处管制、拘役及被判处刑罚宣告缓刑后的工作和工资问题的通知》规定，国家行政机关工作人员（包括事业单位工作人员和专业技术人员）被人民法院判处刑罚宣告缓刑的，其职务撤销，安排不担任职务的临时工作，降低工资待遇。缓刑期间悔改表现好的，缓刑考验期满后可以分配正式工作，重新确定职务和工资等级；表现不好的，予以开除。因此，很多单位对被判处缓刑的公职人员往往都比较宽容，一般情况下仍然保留公职，缓刑考验期后，很多待遇都能恢复，当然，退休后也能享受退休待遇。

2006 年 1 月 1 日，《中华人民共和国公务员法》（以下简称《公务员法》）开始施行。根据该法，公务员必须遵守国家的法律和纪律，不得有贪污、受贿、行贿、利用职权谋取私利等违法违纪的行为，若有违反，应该承担相应的责任。2007 年 6 月 1 日，根据《公务员法》制定的《行政机关公务员处分条例》（以下简称《条例》）进一步明确，行政机关公务员依法被判处刑罚的，给予开除处分，《条例》同时规定，参照公务员管理的事业单位工作人员，参照《条例》执行。

因此，公务员及参照公务员管理的事业单位在编工作人员被判处刑罚（包括缓刑）的都不再保留公职。

《条例》加大了对违法违纪行为的惩处力度，改变了以往对被判处刑罚（包括缓刑）的公务员及参照公务员管理的事业单位工作人员仍保留公职的做法。

二、被判处缓刑的公职人员退休后不能享受退休待遇

依照前述理解，由于被判处缓刑的公职人员不可以保留公职，没有公职，即不存在所谓“退休”的问题，当然也就不能再领取退休金和享受相关的退休待遇。

很多人都存在这样的疑问：我原来在单位服务了那么多年，在职时，单位应该为我办理有社会保险，交纳了社保费，现在虽然被开除了，难道社保的养老金都不能领了吗？这么多年的奋斗白费了？

其实这是一个误解。公职人员实行国家统一的职务、职称与级别相结合的工资制度，工资包括基本工资、津贴、补贴和奖金，按照国家规定享受住房、医疗等补贴、补助。其养老保障体系也有别于《中华人民共和国社会保险法》所规定的社会保险制度，他们在职期间，无须交纳社保费用，其退休后的养老保障费用由国家从财政统筹中列支。很多发达国家为了维护公务员队伍的廉洁，退休待遇是很高的，一旦被判刑，这些待遇就没有了，因此，越是工作时间长的公务员，越不敢轻易触犯法律。

三、退休以后才被判刑（包括缓刑）的，也不能按原来的标准享受退休待遇

已退休的公职人员，退休后被判处管制、拘役或拘役被宣告缓刑、有期徒刑被宣告缓刑期间，停发退休费待遇，按本人原基本退休费的60%计发生活费。刑罚执行完毕或者缓刑考验期满不再执行原判刑罚的，按40%降低基本退休费，补贴按办事员确定。今后国家调整退休费时，按办事员的标准执行。被判处有期徒刑以上刑罚的，取消原退休费待遇。

95. 如何申请减刑和假释？

减刑和假释是我国两种重要的刑罚执行制度。为了鼓励犯罪分子接受教育改造，悔过自新，重新做人，犯罪分子被法院定罪量刑后，在刑罚执行过程中，符合法定条件时可以申请减刑或假释，提前出狱。

2016 年 11 月 14 日，最高人民法院通过了《最高人民法院关于办理减刑、假释案件具体应用法律的规定》（以下简称《规定》），该《规定》自 2017 年 1 月 1 日起开始施行，对减刑和假释的具体应用问题进行了详细的规定。下面，结合《规定》，谈一谈申请减刑或假释应该具备什么条件？该如何申请？

一、减刑的条件

《刑法》第七十八条规定，被判处管制、拘役、有期徒刑、无期徒刑的犯罪分子，在执行期间，如果认真遵守监规，接受教育改造，确有悔改表现的，或者有立功表现的，可以减刑；有重大立功表现之一的，应当减刑。

立功包括下列情形：1. 阻止他人实施犯罪活动；2. 检举、揭发监狱内外犯罪活动，或者提供重要的破案线索，经查证属实；3. 协助司法机关抓捕其他犯罪嫌疑人（包括同案犯）；4. 在生产、科研中进行技术革新，成绩突出；5. 在抢险救灾或者排除重大事故中表现积极；6. 对国家和社会有其他较大贡献。其中第 4 项、第 6 项的技术革新或者其他较大贡献应当由罪犯在刑罚执行期间独立或者为主完成，并经省级主管部门确认。

重大立功包括下列情形：1. 阻止他人实施重大犯罪活动；2. 检举监狱内外重大犯罪活动，经查证属实；3. 协助司法机关抓捕其他重大犯罪嫌疑人（包括同案犯）；4. 有发明创造或者重大技术革新；5. 在日常生产、生活中舍己救人；6. 在抗御自然灾害或者排除重大事故中，有突出表现；7. 对国家和社会有其他重大贡献。

二、减刑的办理程序

根据《刑法》《刑事诉讼法》《监狱提请减刑假释工作程序规定》和《规定》，对于犯罪分子的减刑，由执行机关（包括监狱、公安机关、未成年犯管教所等）向中级以上人民法院提出减刑建议书，并将建议书副本抄送检察院，检察院可以向人民法院提出书面意见。法院应当组成合议庭进行审理，对确有悔改或者立功事实的，裁定予以减刑。非经法定程序不得减刑。其中，被判处有期徒刑的罪犯的减刑（包括假释），由监狱提出建议，提请罪犯服刑地的中级人民法院裁定。被判处死刑缓期二年执行的罪犯的减刑，被判处无期徒刑的罪犯的减刑（包括假释），由执行监狱提出建议，经省、自治区、直辖市监狱管理局审核同意后，提请罪犯服刑地的高级人民法院裁定。也就是说，减刑必须由监狱根据罪犯的实际表现向服刑地中级以上人民法院提出。当然，罪犯及其家属也可以向监狱提出申请，但是必须具备减刑的条件，监狱才会向法院提出建议。根据前述规定，只要符合条件，监狱就应该提出减刑建议。而罪犯或家属如果直接向法院提出，法院则不会受理。

三、减刑的限制性规定

服刑多长时间才可以减刑、每次减刑的幅度及两次减刑之间的时间间隔，《规定》中有详细的规定，在这里和大家说说比较重要的几点。1. 被判处拘役或三年以下有期徒刑并宣告缓刑的，一般不适用减刑，缓刑考验期间有重大立功表现的除外；2. 被判处五年以上不满十年有期徒刑的罪犯，一般在执行一年六个月以后方可减刑；被判处十年以上有期徒刑的，应当执行二年以上方可减刑；3. 被判处无期徒刑的罪犯，如果符合减刑条件，服刑二年以后可以减为有期徒刑，减刑幅度为：确有悔改表现或有立功表现的，可以减为二十二年有期徒刑；确有悔改表现并有立功表现的，可以减为二十一年以上二十二年以下有期徒刑；有重大立功表现的，可以减为二十年以上二十一年以下有期徒刑；确有悔改表现并有重大立功表现的，可以减为十九年以上二十年以下有期徒刑；4. 被判处死刑缓期执行的罪犯，在死刑缓期执行期间，如果没有故意犯罪，二年期满以后，减为无期徒刑；如果确有重大立功表现，二年期满以后，减为二十五年有期徒刑；5. 被判处死刑缓期执行的罪犯减为无期徒刑后，符合减刑条件的，服刑三年以后可以减刑。减刑幅度为：确有悔改表现或有立功表现的，可以减为二十五年有期徒刑；确有悔改表现并有立功表现的，可以减为二十四年以上二十五年以下有期徒刑；有重大立功表现的，可以减为二十三年以上二十四年以下有期徒刑；确有悔改表现并有重大立功表现的，可以减为二十二年以上二十三年以下有期徒刑；6. 被判处有期徒刑的，根据不同的刑期，一次减刑为九个月到二年不等，两次减刑时间间隔一般不少于一年或一年六个月；7. 对于原具有国家工作人员身份的贪污贿赂犯，减刑的限制更为严苛。2019 年 4 月 24 日发布的《最高人民法院关于办理减刑、假释案件具体应用法律的补充规定》针对此类贪污贿赂犯的减刑、假释的幅度以及时间间隔做出了补充规定。具体的规定内容比较详细和复杂，在此不一一罗列。

减刑后实际服刑的最低年限规定如下：减刑以后实际执行的刑期，判处管制、拘役、有期徒刑的，不能少于原判刑期的二分之一；判处无期徒刑的，不能少于十三年，起始时间自无期徒刑判决确定之日起计算。根据《规定》，对于被判处死刑缓期执行的罪犯，在经过一次或几次减刑后实际执行的刑期，不能少于十五年，死刑缓期执行期间不包括在内。

限制减刑：（1）《刑法修正案（八）》增加了限制减刑的规定，人民法院对于以下两类被判处死刑缓期执行的罪犯，可以同时根据犯罪情节等情况决定对其限制减刑：a. 累犯；b. 故意杀人、强奸、抢劫、绑架、放火、爆炸、投放危险物质或者实施有组织的暴力性犯罪的。被限制减刑的死刑缓期执行罪犯，缓期执行期满后依法减为无期徒刑的，减刑后实际执行刑期不能少于二十五年；缓期执行期满后依法减为二十五年有期徒刑的，实际执行刑期不能少于二十年。此类罪犯的减刑，应当比照未被限制减刑的死刑缓期执行罪犯，在减刑的起始时间、间隔时间和减刑幅度上从严掌握。（2）根据 2016 年 4 月 18 日发布的《最高人民法院、最高人民检察院关于办理贪污贿赂刑事案件适用法律若干问题的解释》第四条的规定，贪污、受贿数额特别巨大，犯罪情节特别严重、社会影响特别恶劣、给国家和人民利益造成特别重大损失的，可以判处死刑。根据犯罪情节等情况可以判处死刑缓期二年执行，同时裁判决定在其死刑缓期执行二年期满依法减为无期徒刑后，终身监禁，不得减刑、假释。

四、假释的条件

假释，是指被判处有期徒刑或者无期徒刑的罪犯，在执行一定刑期之后，因其确有悔改表现，没有再犯罪的危险而附条件地将其提前释放。法院对罪犯决定假释时，还应考虑其假释后对所居住社区的影响。

根据《刑法》有关规定，罪犯获得假释的条件如下：1. 被判处有期徒刑的罪犯，执行原判刑期二分之一以上，被判处无期徒刑的罪犯，实际执行十三年以上；对死刑缓期执行罪犯减为无期徒刑或者有期徒刑后，实际执行十五年以上（死刑缓期执行期间不包括在内）；2. 认真遵守监规，接受教育改造，确有悔改表现，假释后没有再犯罪的危险。如果有特殊情况，经最高人民法院核准，可以不受上述执行刑期的限制。但是累犯以及因故意杀人、爆炸、抢劫、强奸、绑架、放火、投放危险物质或者有组织的暴力性犯罪被判处十年以上有期徒刑或无期徒刑的罪犯，不得假释。而且，因前述情形被判处死刑缓期执行的罪犯，被减为无期徒刑、有期徒刑后，也不得假释。

《规定》中也列明了一些可以对罪犯依法从宽适用假释的情形：1. 过失犯罪的罪犯、中止犯罪的罪犯、胁迫参加犯罪的罪犯；2. 因防卫过当或紧急避险过当而被判处有期徒刑以上刑罚的罪犯；3. 基本丧失劳动能力、生活难以自理，假释后生活确有着落的老年罪犯、患严重疾病罪犯或者身体残疾罪犯；4. 服刑期间改造表现特别突出的罪犯；5. 具有其他可以从宽假释情形的罪犯。罪犯既符合法定减刑条件，又符合法定假释条件的，可以优先使用假释。

五、假释的考验期限

假释是有一定的考验期的，有期徒刑的假释考验期限，为没有执行完毕的刑期；无期徒刑的假释考验期限为十年。假释考验期限，从假释之日起计算。在假释考验期限内，罪犯如果没有犯新罪，或没有被发现有漏罪和违反法律、行政法规或者国务院有关部门有关假释的监督管理规定的行为，考验期满，就认为原判刑罚已经执行完毕，并予以公开宣布告，不再执行。而在考验期内，有违反法律、行政法规或者国务院有关部门有关假释的监督管理规定的行为，尚未构成新的犯罪的，应当撤销假释，收监执行尚未执行完毕的刑罚；被发现在判决宣告以前还有其他罪没有判决的，应当撤销假释，按照《刑法》第七十条规定的“先并后减”原则确定尚需执行的刑期（即先对新发现的漏罪作出判决，把前后两个判决所判处的刑罚，按照数罪并罚的方式确定执行的总刑期，减去已经执行的刑期，即为还需执行的刑期）。考验期内，被假释的罪犯犯有新罪的，应当撤销假释，按照先减后并的方法实行数罪并罚（即先对新犯的罪作出判决，把前罪没有执行的刑罚和后罪所判处的刑罚，按照数罪并罚的方式确定执行的总刑期）。罪犯前罪为无期徒刑的，则将新罪所判处的刑罚与无期徒刑实行并罚。

六、假释的办理程序

被判处有期徒刑的罪犯的假释，由监狱提出建议及其他相关材料，并附上社区矫正机构关于罪犯假释后对所居住社区影响的调查评估报告，提请罪犯服刑地的中级人民法院裁定。被判处无期徒刑的罪犯的假释，由监狱提出建议，经省、自治区、直辖市监狱管理局审核同意后，提请罪犯服刑地的高级人民法院裁定。建议权在监狱，决定权在法院，家属无权直接向法院提出。

“确有悔改表现”是减刑和假释的共同条件，根据《规定》，“确有悔改表现”必须同时具备以下四个条件：1. 认罪悔罪；2. 认真遵守法律法规及监规，接受教育改造；3. 积极参加思想、文化、职业技术教育；4. 积极参加劳动，努力完成劳动任务。

关于减刑和假释，最高人民法院的有关《司法解释》中，对于各种不同的情况，有具体的规定，必要时，可以聘请律师协助办理。

96. 刑事案件中律师能为委托人做的几件重要事情

家属或比较亲密的朋友被刑事拘留，或者被公安机关、检察机关、监察机关讯问，怎么办呢？应该第一时间咨询律师！那么，在刑事案件中，律师究竟有些什么特别的权利？能起到什么作用？可以为犯罪嫌疑人、被告人做些什么事情呢？

刑事案件分为公诉案件和自诉案件。公诉案件一般分为侦查阶段、审查起诉阶段、审判阶段。侦查阶段指公安机关、检察机关等侦查部门立案后展开侦查直到案件侦查完毕，将案件移送检察机关审查起诉为止的这一段时间。审查起诉阶段，是检察机关根据法律规定，审查侦查机关移送的案件材料，讯问被告人，以判断被告人的犯罪事实是否清楚，证据是否充分，并最终确定是否提起公诉的阶段。审判阶段，是人民法院依据事实、证据和法律展开审判活动，以确定被告人是否构成犯罪，若构成犯罪应受到何种刑事处罚的阶段。下面就律师在公诉案件的各个阶段以及自诉案件中的作用及工作内容简单和大家谈一谈。

一、代理公诉案件

（一）在侦查阶段会见犯罪嫌疑人并为其提供法律帮助

侦查机关在此阶段的主要任务是调查收集犯罪证据，查明犯罪事实。在确定犯罪嫌疑人和初步掌握犯罪证据后，侦查机关一般会对犯罪嫌疑人采取强制措施。此时，犯罪嫌疑人的家属最为焦急，但是又不能见到犯罪嫌疑人，无法了解嫌疑人的处境，更不知案件的具体情况。侦查阶段对于犯罪嫌疑人是否构成犯罪至关重要，此时聘请的律师，可以会见犯罪嫌疑人，了解案件情况，这对于稳定犯罪嫌疑人的情绪，避免犯罪嫌疑人因缺乏法律知识或受到刑讯逼供而无辜担罪有着十分重要的意义。根据《刑事诉讼法》的规定，犯罪嫌疑人自被侦查机关第一次讯问或者采取强制措施之日起，有权委托辩护人；在侦查期间，只能委托律师作为辩护人。侦查阶段，律师可以开展的工作主要有以下几点：

1. 向侦查机关了解犯罪嫌疑人涉嫌的罪名和案件有关情况，提出意见。

2. 会见犯罪嫌疑人、同犯罪嫌疑人通信，向其了解与案件有关的所有情况（会见危害国家安全罪、恐怖活动罪的犯罪嫌疑人，需经过侦查机关的批准）。

3. 为犯罪嫌疑人提供法律咨询和帮助，包括：向其解释犯罪嫌疑人的基本权利，有关强制措施的条件、期限、适用程序，有关侦查人员回避的法律规定；根据了解的情况初步分析其行为是否构成犯罪，若构成犯罪会受到何种刑事处罚；洗脱罪名或减轻处罚的途径；等等。

4. 申请变更强制措施。

5. 代为申诉和控告。律师根据了解的案件情况，认为犯罪嫌疑人明显不构成犯罪的，可以向有关机关提出申诉，要求予以纠正；发现侦查人员在办案中有违反法律规定的行为，甚至实施了刑讯逼供，侵犯犯罪嫌疑人的人身权利、诉讼权利或其他合法权益的，可以向有关部门提出控告。

6. 在案件侦查终结前，辩护律师可向侦查机关提出要求，侦查机关应当听取辩护律师的意见，并记录在案。辩护律师提出书面意见的，应当附卷。

（二）在审查起诉阶段担任辩护人或诉讼代理人

刑事案件由侦查机关向人民检察院移送审查起诉后，律师可以接受被告人及其法定代理人或其近亲属的委托，担任辩护人，或接受被告人、受害人的委托，担任刑事附带民事诉讼的代理人。在审查起诉阶段，律师在审查起诉阶段享有更多的权利，这些权利的充分、正确行使，对于被告人有着十分重大的意义，具体包括以下几点：

1. 查阅、摘抄、复制案卷材料。

2. 会见被告人，有权与被告人通信。

3. 调查和收集案件有关材料，向被告人核实有关证据；经证人或者其他有关单位和个人同意，可以向他们收集与案件有关的材料，也可以申请人民检察院、人民法院收集、调取证据，或者申请人民法院通知证人出庭作证；经人民检察院或者人民法院许可，并且经被害人或者其近亲属、被害人提供的证人同意，可以向他们收集与案件有关的材料；认为在侦查、审查起诉期间公安机关、人民检察院收集的证明犯罪嫌疑人、被告人无罪或者罪轻的证据材料未提交的，有权申请人民检察院、人民法院调取。

4. 根据掌握的情况，向人民检察院提出被告人不构成犯罪或不构成所指控的犯罪，以及犯罪的情节、涉案金额等方面的不同意见。

5. 人民检察院审查案件时，向检察院提出意见，检察院应将辩护人的意见记录在案。辩护人提出书面意见的，应当附卷。

6. 人民检察院审查批准逮捕犯罪嫌疑人的，辩护律师可以向检察院提出自己的意见；若辩护律师提出要求的，应当听取辩护律师的意见。

（三）审判阶段，担任被告人的辩护人

人民检察院将案件起诉至人民法院后，律师可以接受被告人或其近亲属的委托，担任被告人的辩护人，履行以下职责：

1. 到人民法院查阅、摘抄、复制案件材料。律师查阅案件材料时，发现缺少检察机关依法必须移送的材料时，有权申请人民法院通知检察机关补充移送。

2. 会见被告人，听取被告人的陈述和辩解，核实案情和证据材料；了解被告人是否被超期羁押及合法权益是否受到侵害。向被告人介绍法庭审理程序，告知被告人在庭审中的诉讼权利、义务及应注意的事项。

3. 根据实际情况进一步调查、收集与案件有关的证据材料。

4. 在开庭以前，就回避、出庭证人名单、非法证据排除等与审判相关的问题，提出意见。

5. 根据了解的案情，确定辩护方案。参加法庭审理，参与法庭调查，进行质证，对证人证言和鉴定意见提出异议，进行法庭辩论，维护被告人的合法权益。根据法律，若辩护人提出异议的证人证言对案件定罪量刑有重大影响，人民法院认为证人有必要出庭作证的，证人应当出庭作证。若辩护人对鉴定意见提出异议后法院认为鉴定人有必要出庭的，鉴定人应当出庭作证。经人民法院通知，鉴定人拒不出庭作证的，鉴定意见不得作为定案的根据。

6. 辩护人、诉讼代理人可以申请法庭通知有专门知识的人出庭，就鉴定人作出的鉴定意见提出意见。

7. 一审判决后，律师可以会见被告人，征求其是否上诉，并给予必要的法律帮助。在死刑案件中，最高人民法院复核死刑案件时，辩护律师可向最高人民法院提出要求，法院应当听取辩护律师的意见。

（四）律师在整个刑事诉讼阶段，都可以做下列工作，维护犯罪嫌疑人、被告人的诉讼权利和合法权益

1. 向人民法院、人民检察院和公安机关申请变更强制措施。

2. 对于人民法院、人民检察院或者公安机关采取强制措施法定期限届满的，辩护人有权要求解除强制措施。

3. 对于司法机关及其工作人员有下列行为之一的，辩护人有权向该机关申诉或者控告：采取强制措施法定期限届满，不予以释放、解除或者变更的；应当退还取保候审保证金不退还的；对与案件无关的财物采取查封、扣押、冻结措施的；应当解除查封、扣押、冻结不解除的；贪污、挪用、私分、调换、违反规定使用查封、扣押、冻结的财物的。

4. 辩护人可以依照规定提出申请，要求审判人员、检察人员、侦查人员以及书记员、翻译人员和鉴定人回避，若申请回避的要求被驳回的，还有权申请复议一次。

律师担任公诉案件二审辩护人与担任一审辩护人所履行的职责基本相同，在此不再展开。

二、代理刑事自诉案件

刑事自诉案件包括下列案件：告诉才处理的案件，即侮辱罪、诽谤罪、暴力干涉婚姻自由罪、虐待罪、普通侵占罪；被害人有证据证明的轻微刑事案件和被害人有证据证明对被告人侵犯自己人身、财产权利的行为应当依法追究刑事责任，而公安机关或者人民检察院不予追究被告人刑事责任的案件。

对于自诉案件，自诉人及其法定代理人有权随时委托诉讼代理人。律师接受委托后，可以做以下工作。

1. 帮助自诉人分析案情，确定被告人和管辖法院，调查、了解有关事实和证据，代写刑事自诉状；自诉人同时要求民事赔偿的，律师还可代为起草刑事附带民事起诉状，写明被告人犯罪行为所造成的损害，具体的赔偿请求及计算依

据。应该注意的是，附带民事诉讼代理应另行办理相应委托手续。

2. 律师可以帮助自诉人选择有利的程序，依法可以适用简易程序的，律师可以代理自诉人要求人民法院适用简易程序；依法不应适用简易程序的，律师可以代理自诉人对于法院适用简易程序的决定提出异议。

3. 法院对自诉案件进行审查后，要求自诉人补充证据或撤回自诉的，律师可协助补充证据或与自诉人协商是否撤回自诉；法院对自诉案件审查后不予立案的，律师可以代理自诉人向人民法院申请复议。

4. 法院决定开庭审理的案件，律师应做好开庭前准备工作。对于自己无法取得的证据，可代为申请人民法院依法调查取证。律师还应当告知自诉人自诉案件开庭的有关法律规定，避免因自诉人拒不到庭或擅自中途退庭导致法院按自动撤诉处理的法律后果。

5. 刑事自诉案件的被告人提起反诉的，律师还可接受自诉人委托，在办理相应委托手续后，担任其反诉辩护人。对于被羁押的自诉案件被告人，辩护律师可代其申请取保候审。

律师接受自诉案件的被告人的辩护人，基本权利和义务与上述基本相同，不再赘述。

及时聘请专业水平高的律师，往往能为犯罪嫌疑人和被告人提供很多有效的帮助，甚至会使得案件出现反转。对于无罪被羁押的，更要重视律师的作用，避免蒙冤。在刑事诉讼中，律师作为辩护人，代表犯罪嫌疑人、被告人的利益，利用专业知识，寻找他们无罪、罪轻的证据，才能达到控辩平衡，才利于保护犯罪嫌疑人、被告人的合法权益。

97. 老板以员工名义办理信用卡恶意透支是犯罪

小李刚进入一家私营企业工作，老板就叫他拿身份证给公司办理信用卡，但是办好后，卡和密码却由老板保管。老板说每个员工都要拿自己的身份证给公司办理信用卡的，以便公司在资金紧缺时透支使用，透支款由公司负责偿还。过了一段时间，公司经营不善，严重亏损，员工的信用卡透支款项都无法归还。银行在追讨欠款过程中发现，这些员工都同属一个公司，并且信用卡都是老板在使用，遂向公安机关报案。结果，老板被追究刑事责任，员工受到连累。

这是私营企业利用信用卡恶意透支犯罪的常见案例，老板的行为构成信用卡诈骗罪。信用卡诈骗是以非法占有为目的，违反信用卡管理法规，利用信用卡进行诈骗活动，骗取财物数额较大的行为。具体情形有以下几种：

一、使用伪造或作废的信用卡，或冒用他人的信用卡

1. 使用伪造的信用卡，或者使用以虚假的身份证明骗领的信用卡。这里的使用，是指以非法占有他人财物为目的，利用伪造的信用卡，骗取他人财物的行为，包括用伪造的信用卡支取现金、购买商品和接受服务。

2. 使用作废的信用卡。作废的信用卡，是指根据法律和有关规定不能继续使用的过期的信用卡、无效的信用卡、被依法宣布作废的信用卡和持卡人在信用卡的有效期内中途停止使用，并将其交回发卡银行的信用卡，以及因挂失而失效的信用卡。

3. 冒用他人的信用卡。根据信用卡管理规定，信用卡仅限于持卡人本人使用，不得转借或转让。非持卡人以持卡人的名义使用持卡人的信用卡而骗取钱

财，是冒用行为。信用卡丢失或者被盗后被冒用是最常见的情形。

以上三种情形，数额在 5000 元以上不满 5 万元的，属于“数额较大”，构成犯罪；数额在 5 万元以上不满 50 万元的，属于“数额巨大”；数额在 50 万元以上的，属于“数额特别巨大”。

二、使用信用卡进行恶意透支

透支是指在银行设立账户的客户在账户上已无资金或资金不足的情况下，以超过其账上资金的额度支用款项的行为。透支实质上是银行借钱给客户。恶意透支，是指信用卡的持卡人以非法占有为目的，超过规定限额或者规定期限透支并且经发卡银行催收后仍不归还的行为。

透支分为善意透支和恶意透支。持卡人正常使用信用卡进行透支，但没有非法占有的目的，并按规定及时归还透支款和利息，为善意透支；持卡人为了将透支款占为己有或者根本没有偿还能力，透支后经银行催讨拒不偿还，为恶意透支。

恶意透支数额在 5 万元以上不满 50 万元的，属于“数额较大”，构成犯罪；数额在 50 万元以上不满 500 万元的，属于“数额巨大”；数额在 500 万元以上的，属于“数额特别巨大”。

以上两种情形，达到“数额较大”的，都是信用卡诈骗犯罪。按照《刑法》的规定，进行信用卡诈骗活动，数额较大的，处五年以下有期徒刑或者拘役，并处 2 万元以上 20 万元以下罚金；数额巨大或者有其他严重情节的，处五年以上十年以下有期徒刑，并处 5 万元以上 50 万元以下罚金；数额特别巨大或者有其他特别严重情节的，处十年以上有期徒刑或者无期徒刑，并处 5 万元以上 50 万元以下罚金或者没收财产。

本案中，公司老板的行为就属于“冒用他人的信用卡”的行为，因为他冒用员工的信用卡，支取了 200 多万元而无法偿还，给银行造成了巨大损失，因而被追究刑事责任。而小李和其他员工，提供了身份证给老板办理信用卡，且明知老板是用来透支做生意的，严格来说，也构成犯罪，案发后由于他们尽自己的能力，积极退赔被透支的款项，最后没有被追究刑事责任，但是损失惨重，教训十分深刻。现实中，类似的案例也屡见不鲜，希望大家引以为鉴。

98. 是房地产开发还是非法倒卖土地使用权?

近年来，资金雄厚的开发商，在大城市搞大楼盘；资金相对少一点的，到中小城市、县城和乡镇开发中小楼盘，甚至弄几栋房子或单栋楼房，利润往往也不错。从城市向乡村扩张的同时，有些人就打起了靠近城镇、公路的集体土地的主意，甚至有些乡镇政府、村委会也参加进去。根据我国目前的土地管理法律法规，集体土地不得用于房地产开发，弄不好，那些所谓的房地产开发就变成了犯罪。先看下面这个案例。

杨某是广西某村的农民。2008 年 3 月至 5 月，杨某与本村九队 27 户村民达成土地承包户口头协议，由其以每亩 16.5 万元的价格将该 27 户承包的位于地名为中下崩江洞的近 19 亩的土地买下，然后由其将该片土地规划为街道、水沟和 60 平方米至 80 平方米不等的 6 栋宅基地共 88 间进行出卖，出卖得钱后再按上述商定的价格付给各承包户。杨某除把 32 间作为本村九队群众的宅基地外，其余的以每间 2.7 万元至 5.7 万元不等的价格对外出卖，后被土地执法部门和公安机关立案查处。案发时，杨某已将其中的 34 间非法倒卖给 33 人，得款 150 多万元。经县国土资源局确认，杨某所倒卖的土地为基本农田以外的耕地。县法院经审理后认为，被告人杨某以牟利为目的，违反土地管理法规，非法倒卖土地使用权，其行为已构成非法倒卖土地使用权罪。因有自首情节，法院判决被告人杨某有期徒刑二年十个月，并处罚金十万元。

上述判决，依据的是《刑法》第二百二十八条的规定：“以牟利为目的，违反土地管理法规，非法转让、倒卖土地使用权，情节严重的，处三年以下有期徒刑或者拘役，并处或者单处非法转让、倒卖土地使用权价额百分之五以上百分之二十以下罚金；情节特别严重的，处三年以上七年以下有期徒刑，并处非法转让、倒卖土地使用权价额百分之五以上百分之二十以下罚金。”

《中华人民共和国土地管理法》（以下简称《土地管理法》）规定：“城市市区的土地属于国家所有。农村和城市郊区的土地，除由法律规定属于国家所有的以外，属于农民集体所有；宅基地和自留地、自留山，属于农民集体所有。”关于这一点，大家首先要准确理解，集体土地是属于农民“集体所有”，而不属于农民“个人”所有。所谓集体所有，是属于村民小组（有些地方叫生产队、屯）或者村委会所有。所以，村民是没有权利转让集体土地的。根据《土地管理法》的规定：“建设占用土地，涉及农用地转为建设用地的，应当办理农用地转用审批手续。永久基本农田转为建设用地的，由国务院批准。”宅基地，属于集体建设用地，是经过审批后给村民建房的，也不可以随便转让。2019 年修订的《土地管理法》规定，土地利用总体规划、城乡规划确定为工业、商业等经营性用途，并经依法登记为集体经营性建设用地，作为土地所有权人的集体，可以通过出让、出租等方式交由单位或个人使用，但是土地所有权人应当依据规划条件、产业准入和生态环境保护要求，编制出让、出租方案，报市、县人民政府批准，才能办理。根据这些规定，作为集体组织成员的个人，也是无权转让土地的，否则，一来受让人无法办理报建手续，无法按照设想使用土地，二来还违反法律规定，导致合同无效，严重的还会触犯刑法，构成犯罪。

在这里，还需要指出的是，有些乡镇政府、村委会，由于受到利益的驱动，也参与到某些单位和个人向村民或村民组织受让集体土地的活动当中，作为转让方、“审批方”出现，也是违法的，甚至涉嫌犯罪。根据我国法律，只有县级以上人民政府，才有权依法征收集体土地、出让国有土地使用权，或者批准集体经营性土地入市，乡镇政府是没有这些权限的。

99. 酒驾飙车会入牢吗？

酒后驾驶和飙车发生交通事故，导致重大人身伤亡、财产损失的恶性事件屡屡发生，在网络、报纸等媒体曝光后，引发大众的高度关注和热议。对于这些恶性事故的肇事者，以往一般以交通肇事罪定罪处罚。有时即使事故造成人员死亡或严重伤残，在肇事者赔付了高额赔偿金之后，有些法院依然轻判，甚至判处缓刑。醉驾和飙车的人，其主观恶意明显，社会危害性大，造成后果往往很严重，太轻的刑罚无异于放纵，尤其是某些开名车的“富二代”“官二代”，肇事后表现出的冷漠和轻慢，深深地刺痛了大众的心。前几年对此类恶性案件，有些法院以“危害公共安全罪”予以重判，有些法院仍然按照“交通肇事罪”定罪处罚，而醉酒驾驶和恶性飙车，如果没有造成交通事故和人员伤亡及财产损失，都不会被追究刑事责任，种种不合理的情形，引发很多争议，并最终催生了“危险驾驶罪”，降低了入罪门槛，加大了打击力度，弥补了法律的空白。

自 2011 年 5 月 1 日起施行的《刑法修正案（八）》规定，在《刑法》第一百三十三条的“交通肇事罪”后面增设“危险驾驶罪”，在道路上驾驶机动车追逐竞驶（俗称飙车），情节恶劣或者在道路上醉酒驾驶机动车的，构成危险驾驶罪，处拘役并处罚金。同时构成其他犯罪（如交通肇事罪、危害公共安全罪、故意伤害罪、故意杀人罪等）的，依照处罚较重的规定定罪处罚。

2011 年 5 月 9 日，音乐人高某醉驾导致 4 车追尾、3 人受伤的交通事故。随后，北京市东城区人民法院以“危险驾驶罪”判决高某拘役六个月，罚金 4000 元。高某醉驾入狱打消了很多人的观望和侥幸心理，给广大的驾驶员敲响了警钟。

下面就危险驾驶罪和大家谈一谈。

一、酒后驾驶的法律责任

2011 年的《刑法修正案（八）》施行之前，对酒后驾驶的处罚相对较轻；施行后，除了醉酒驾驶行为入罪之外，《道路交通安全法》也进行了相应的修订，加大了对饮酒驾驶和醉酒驾驶的处罚力度。在道路上醉酒驾驶机动车的，即构成危险驾驶罪。罪名成立不需要造成实际的人员伤亡、财产损失的后果，也不需要存在危害公共安全的情形，只要在道路上醉酒驾驶机动车，都会触犯到刑律，构成犯罪，应当受到刑事处罚。发生交通事故或有其他情形构成其他犯罪的，按照较重的犯罪处罚。2023 年 12 月发布的《关于办理醉酒危险驾驶刑事案件的意见》规定，血液酒精含量达到 80 毫克 /100 毫升以上的，也不一定会被追究刑事责任，具有下列情形之一，且不具有从重情形的，可以认定为情节显著轻微、危害不大的，不认为是犯罪，不予追究刑事责任：（1）血液酒精含量不满 150 毫克 /100 毫升的；（2）出于急救伤病人员等紧急情况驾驶机动车，且不构成紧急避险的；（3）在居民小区、停车场等场所因挪车、停车入位等短距离驾驶机动车的；（4）由他人驾驶至居民小区、停车场等场所短距离接替驾驶停放机动车的，或者为了交由他人驾驶，自居民小区、停车场等场所短距离驶出的；（5）其他情节显著轻微的情形。

《道路交通安全法》根据《刑法修正案（八）》进行修订之后规定：“饮酒后驾驶机动车的，处暂扣六个月机动车驾驶证，并处一千元以上二千元以下罚款。因饮酒后驾驶机动车被处罚，再次饮酒后驾驶机动车的，处十日以下拘留，并处一千元以上二千元以下罚款，吊销机动车驾驶证。醉酒驾驶机动车的，由公安机关交通管理部门约束至酒醒，吊销机动车驾驶证，依法追究刑事责任；五年内不得重新取得机动车驾驶证。”

二、飙车的法律责任

有这样一个案例，年仅 20 岁的“富家子弟”胡某驾驶大红色三菱跑车在杭州繁华的街头与朋友飙车，将正在穿过斑马线回家的 25 岁青年谭某当场撞死。杭州市西湖区人民法院对该起交通肇事案进行了一审公开宣判，以交通肇事罪判处被告人胡某有期徒刑三年。被告人胡斌亲属，被害人谭某亲属、生前同事等各界群众 60 余人旁听了宣判。同时这起交通事故，引起了社会的持续讨论。胡斌案发前有多次飙车的违章记录，但是一直没有受到处罚，为酿造惨案埋下了祸根。

现在，飙车即使没有造成人员伤亡等严重后果，也会构成犯罪。根据《刑法修正案（八）》的规定，在道路上驾驶机动车追逐竞驶，情节恶劣的，即构成危险驾驶罪。情节是否恶劣，要结合行为人所处的环境、潜在的危险性、行为人的心态等综合考虑。一般来说，在闹市或车辆、行人较多的路段严重超速行驶，或飙车屡教不改，或者因飙车造成市民恐慌、交通拥堵的，均为情节恶劣，应该定罪量刑。当然，造成严重后果的，根据具体情形，结合构成的犯罪处罚。

飙车没有构成犯罪的，也应受到行政处罚。根据《道路交通安全法》，机动车行驶超过规定时速百分之五十的，由公安机关交通管理部门处二百元以上二千元以下罚款，可以并处吊销机动车驾驶证。

100. 同性之间能否构成卖淫、强奸?

同性恋现象在人类每个发展阶段都存在。随着社会的发展，同性恋也从地下慢慢走进人们的视野，同性恋者之间的法律问题也日渐被人们关注。其中，最主要的是同性之间的行为能否构成卖淫嫖娼、强奸?

一、同性之间能够构成卖淫

我国法律上对何为“卖淫”没有确切的规定。通常，卖淫是指以交换的方式有代价地或有接受代价之约地与不固定的对象发生的性行为，人们熟悉的是妇女为了获取经济报酬而向男性提供各种性服务。但随着同性恋的曝光率不断提高，同性之间“卖淫”的现象也随之显现出来。公安部在 2001 年 1 月 28 日《关于对同性之间以钱财为媒介的性行为定性处理问题的批复》中明确，不特定的异性之间或者同性之间以金钱、财物为媒介发生不正当性关系的行为，包括口淫、手淫、鸡奸等行为，都属于卖淫嫖娼行为。因此，同性之间是可以构成卖淫的。

认定同性之间能够构成卖淫是社会管理的需要。同性之间也会传播性病，其程度丝毫不亚于异性之间卖淫嫖娼，尤其是男性之间的乱性行为，更容易传播艾滋病。同时，现在社会对同性恋的认可、包容程度也有了很大的提高，同性恋者的数量不断增加。同性之间有不洁的性行为，会在同性恋人之间产生矛盾，其危害性并不低于卖淫嫖娼给夫妻或者异性恋人造成的伤害。因此，认定同性之间能够构成卖淫，能够有效防止性病传播，稳定同性恋者之间的关系，对维护社会安定具有积极的作用。

司法实践中，对于组织同性卖淫，容留同性卖淫构成犯罪的，已经有依法追究刑事责任的案例。

二、强迫同性发生性关系不构成强奸犯罪，但是可能会触犯其他法律

同性之间强行发生关系，能否构成强奸，要严格根据《刑法》关于强奸罪的相关规定判断，按照我国《刑法》的规定，同性之间不能构成强奸罪。

根据我国《刑法》规定，强奸罪是指违背妇女意志，使用暴力、胁迫或者其他手段，强行与妇女发生性交的行为，或者故意与不满 14 周岁的幼女发生性关系的行为。强奸犯罪中的受害者必须是女性，直接侵害人必须是男性（女性帮助男性强奸构成强奸罪共犯）。受害人遭受同性的侵犯，性自由权也被他人践踏，但是由于不符合我国《刑法》关于强奸罪构成要件的规定，不管是男男之间、女女之间强行发生性关系，都不能构成强奸罪。因为刑罚是国家最严厉的处罚，刑罚对人的否定是很大的，因此，对行为人处以刑罚处罚，要严格根据《刑法》的规定来定罪量刑，不能够对《刑法》规定的犯罪构成要件进行扩大解释。《刑法》的基本原则，是罪刑法定原则，法无明文规定不为罪。同性之间的侵犯，不满足《刑法》关于强奸罪的犯罪构成要件，因此同性之间不能构成强奸罪。

在国外，有些国家在立法或判例中，有将强行与同性发生性关系认定为强奸犯罪的情况。

虽然根据我国目前的法律，强行与同性发生性关系不构成强奸犯罪，但是根据具体的情形，可能会构成故意伤害罪（因强行发生关系导致对方身体受到伤害并达到一定程度），强制猥亵、侮辱罪。

随着社会的发展，同性恋会日益被人们包容、理解和接受，对同性恋者权益的保护将越来越健全。同性之间的恋情可以培育和发展，同性恋者之间也需要相互尊重和理解，也要自重和尊重他人。遵守法律规定，是公民的基本素养和要求。虽然我国目前不能认定强行与同性发生关系构成强奸犯罪，但是并非可以为所欲为。随着法律的不断完善，相信对于这类违法甚至犯罪的行为，将会予以严厉打击。